U0929292

诚人笃行

CHENG REN DU XING

沈从文的人生交游

SHENCONGWEN DE RENSHENGJIAOYOU

王 力◎著

恩怨沧桑

中国近现代文化名人交往丛书

方忠/主编

人民出版社

策划编辑:陈来胜
责任编辑:孔　欢
装帧设计:张新勇
版式设计:周方亚

图书在版编目(CIP)数据

诚人笃行:沈从文的人生交游/王力 著. -北京:人民出版社,2015.12
(中国近现代文化名人交往丛书)
ISBN 978-7-01-015524-1

Ⅰ.①诚…　Ⅱ.①王…　Ⅲ.①沈从文(1902～1988)-生平事迹
Ⅳ.①K825.6

中国版本图书馆 CIP 数据核字(2015)第 275371 号

诚 人 笃 行

CHENG REN DU XING

——沈从文的人生交游

王　力　著

人民出版社 出版发行
(100706　北京市东城区隆福寺街 99 号)

环球印刷(北京)有限公司印刷　新华书店经销

2015 年 12 月第 1 版　2015 年 12 月北京第 1 次印刷
开本:710 毫米×1000 毫米 1/16　印张:14.25
字数:196 千字　印数:0,001-5,000 册

ISBN 978-7-01-015524-1　定价:30.00 元

邮购地址 100706　北京市东城区隆福寺街 99 号
人民东方图书销售中心　电话 (010)65250042　65289539

序

在胡适、鲁迅的眼里，他都是最有前途的中国小说家，他与这两个人的关系却一热一冷，其小说创作成就举世公认，却长期淡出世人的视线之外。

他有非常优秀的学生——小说家汪曾祺，有挚友如诗人徐志摩、教育家杨振声以及梁思成、林徽因夫妇，也有一度联系密切而后来产生隔膜的朋友如丁玲、萧乾。他和这些人的交往，折射出作家在现代中国历史进程中的复杂处境和心境。

他没有读过大学，甚至没有读过中学，最后成为西南联大和北京大学的教授，和著名教育家杨振声、朱自清一起编纂了颇有影响的中小学语文教材。中年改业，又成了著名的文物专家。

本书通过沈从文与熊希龄、胡也频、丁玲、徐志摩、胡适、杨振声、鲁迅、周作人、巴金、萧乾、汪曾祺等人的交往，力图还原一个鲜活丰满的人，即站在他的一千多万字之外，从容生活的沈从文。当然，与他一生相伴的张兆和女士，写在本书最后。

这样的写作目的，基本还原了他从湘西走出，在中国南北辗转迁徙，最后寂寞谢世于古都北京的轨迹，大概最足以像他墓碑上刻着的两行文字：

照我思索，能理解“我”；
照我思索，可认识“人”。

目　录

CONTENTS

“我想独立”

——沈从文与熊希龄

晚清局势板荡，太平天国的旗帜在南中国纵横十四载，终于偃伏。第一批在硝烟中爬上南京城墙的湘军将士，是农民起义的埋葬者，其功过只能由后世史家来评说；他们也是晚清王朝的挽救者，受到封赏是自然的，其中之一便是沈从文的祖父沈宏富，由卖马草的农民而入伍，凭勇力搏性命越过战争，22 岁便任职云南昭通镇守使，4 年之后擢升贵州总督。然而祸福相因，不久即因伤病复发返回老家凤凰，卒于 29 岁。他所留下的一份光荣与一份产业，为后嗣在本地方占了一个优越的地位。熊家与沈家，起于湘西分于湘西，还承袭着老一辈在政界军界的光荣，到了民国就要踏上另外的道路各竞生存，却都与文相关。——武人的后代以文立世，这几乎是中国历史的通例，似乎也是因为这个通例，在普通中国人的记忆中，文人的名字比武人多得多。当然，这也是因为文人的遭遇普遍坎坷得多而又只能享得身后名，颇能引发境遇普遍不理想的芸芸众生的共鸣和想象。从祖父到沈从文，三代从军，将军梦破灭，转而习文，终于在文学界放一光彩，那要到民国二十年后才见分晓。凤凰小城的另外几个军人世家，始终在湘西乃至湖南军政界举足轻重，而且姻亲关系复杂，甲午海战那年中进士的熊希龄，则把湘西几大家族的影响拓展到北京。

北京，是沈从文与熊希龄的人生交合点，或者不妨说，他们的交往是中国近现代政治与文化的各个层面交错并生的一个缩影。熊希龄赈贫济弱，是为务实的慈善事业；沈从文书写优美人性，则是导人向善的务虚功业。他们各在政治权力的疆域之外拓出一片文化空间，以不同的侧面和形式彰显了湘楚文化勤俭质朴、淳厚自信的风尚性情。

出使西洋时期的熊希龄

辛亥以后袁世凯任中华民国大总统，熊希龄担任总理组成第一任“名流内阁”，此时沈从文还陶醉在逃学的快乐中。熊希龄左右受到掣肘，不久辞别政坛，转向慈善事业，其生活空间主要在北京；少年沈从文从军的一站，便是熊家安居的湖南芷江。熊希龄不仅在此建有公馆供母亲和弟弟居住，还把第一个女儿的名字取为“芷”，以慰乡思。五四运动爆发在北方古都，沈从文一无所觉，刚刚到达芷江县团防局做个小小办事员，主要职务是征收整个城里的屠宰捐。熊希龄的三弟是沈从文的姨夫，曾经有意招沈从文为婿，虽然翁婿名分未成，他家里的藏书却给沈从文带来了很大的乐趣。沈从文曾经在熊公馆勾留过一年半左右，按照他自己的回忆，“在那个院子中享受了一个夏天的清寂和芳馥”。沈从文走向现代文学的起点也在这里，他从楼上的两个大书箱中发现了一大套林译小说，狄更斯的《贼史》《冰雪姻缘》《滑稽外史》《块肉余生述》等，都是在那个寂静大院中花架边台阶上看完的。这些小说对于沈从文仿佛良师兼益友，给了他充分教育，也给了他许多鼓励，因为故事上半部所叙人事的一切艰难挣扎，和他自己的生活情况本有很多相似处，他甚至揣想着自己的人生下半部是否如书中所写，顺利发展。书箱中另外还有十来本白棉纸印谱，引导沈从文认识了许多汉印古玺的款识，他后来之成为文物专家，也和熊家有着不可分的因缘。熊希龄年过五十后偶然画的墨梅水仙，在少年沈从文看来，风味极好。

这个客厅中另外悬挂的一些字画，大多是民国初年熊希龄为老母在北京办寿时收下的颂祝礼物。有章太炎和谭延闿的寿诗，还有其他几个当时名人的绘画。家中陈列无金玉古董而多时贤手笔，沈从文当时并没有多少感觉，后来才意识到这一定是熊希龄精心选择的结果，示乡梓以富不如示之以德。其中有一幅是大总统黎元洪的五言寿联，字大如斗，气派豪放，联语仅十个字：“有子今人杰，宜年世女家。”三十年后，熊希龄辞世已届十年，这十个字在沈从文的印象中还很鲜明。熊希龄在十七岁的沈从文心中留下的印象非常特殊，文人风度有之，官员风范亦有之，亲近和疏离并存的情感大概是他们此后交往的基本特点。这和熊希龄长期处于文化中心北京那个遥远的大城有关，也和两家日渐悬殊的境况有关。当沈从文在湘西各地以小小士兵身份辗转漂泊时，熊希龄曾经返湘联系赈济灾民事宜，在芷江有所逗留，沈从文却从未对此着笔，一方面说明当时二人可能未曾见面，另一方面则说明少年沈从文还未进入成功人士熊希龄的视野。

缺皮少页的半本《新青年》，给 20 岁的沈从文打开了一个新世界，他决然到了北京，最先见到的两个亲戚是大姐沈岳锟和姐夫田真逸。田是熊希龄的嫡亲外甥，刚从盐务学校毕业，没有找到工作，也不想去找舅父帮忙。听到这个惯于逃学的人要来认真读书，而且要读大学，姐姐他们不禁大笑。几天后，他们给沈从文留下 30 元钱和一些被盖杂物返乡了。沈从文在酉西会馆的小房间住了下来，后来为了靠近北京大学，他在沙滩附近的银闸胡同，找到一个由贮煤间略加改造的小房间，一床一桌之外旋身都很困难，后来以“窄而霉斋”

青年时期的沈从文

的名字为世人广知。不过,1922 年的秋天,新文化运动已经稳住脚跟而不那么浮躁喧嚣,文化人群落渐显壁垒,沈从文闯进了一个有无限希望也有无数争端的大城。

沈从文所住的酉西会馆,正是当年熊希龄到北京参加会试时落脚的地方。这会馆由湘西永靖各府共 18 县的私人捐款筹建,湘西人到京后大多居住此间。民国三年,沈从文的父亲沈宗嗣也曾经住在这个会馆里,悄悄组织了个"铁血团",企图刺杀袁世凯,不成功便流亡关外。熊希龄是沈从文的姻亲,是袁世凯拉上台又赶下台的内阁总理,于家于国,他们的关系都有点像历史传奇剧的剧情。

从总统府到天桥,从京兆尹到小店员,都是陌生的,街上见得最多的是骆驼,带着满身风沙沉缓地走过。翻开报纸,除了议员的意见和新闻,就是学生的消息了。这些人和他同住在一百万人的大城里,却仿佛很抽象的东西,离得极远极远。那两年夏天的雨水特别多,《实报》每日新闻都有坍墙砸人的消息,沈从文的小房间潮湿得生了霉。一起来京求学的"满伙计"(后来沈从文小说《雪晴》中队长的弟兄),一个地主小儿子,肺病已入第二期,语声沙哑,天天想家,念念不忘家里的老母亲、菜园、碾坊和白狗。沈从文手和心都空空的,他想着今天和明天,伙食如何解决。没有一个人可以商量,也没有一本书能给予指示。

会馆四合院里住的同乡也让沈从文茫然,卸职候差的科长,报考落第的穷学生,退伍的小军官,领少额干薪的挂名部员。夜里到处都有咳嗽声,从声音即可辨别得出有多少是老病。住正房管会务的叶老表,常年躺在烟盘旁边,小火炉上还经常炖有猪蹄膀下酒,二太太手上头上金饰也亮灼灼的。长班小二瘦瘪瘪的如一片干姜,终日在各个房间串动,就算买两个烧饼也会从中克扣一点钱,买煤球照例拿七十斤充一百斤。生命或生活,既为雨水固定在会馆中,似乎有所等待,其实等待的只是“不可知”。一面茫茫然半天半天的站在会馆门前欣赏街景,一面又回到湿霉的小房间里,无聊地看着床前的绿苔和墙壁上的水渍。故乡那些士兵和百姓,唯其已经远离,反而栩栩如生,这种痛苦记忆,竟然成为沈从文最大的快乐和精神支柱了,此后沈从文的“湘西”始终混合着真实和幻念,掩去现实痛苦阴暗的一面,而保留着童话一般的美丽与静穆,即由此而来,作者生命经验的连续变化真是奇妙。沈从文后来不无自嘲地说:“搔不着痒处的赞美,实在比有意的讥讽还令人难受。”很多对沈从文与熊希龄交往经历的揣测,也适用这句话。

临近春节,沈从文已经囊中空空,且无处求告。住在西城时,有一个每到黄昏即摇铃铛串街卖煤油的老头儿,因为经常从他那儿买灯油而熟悉,沈从文向他借两百铜子,才度过了年关。这个人沉淀在沈从文的记忆里,后来演化成《边城》里的老祖父,一个充满善意为世人撑了50年渡船的老人。沈从文此后尽力帮助萧乾、汪曾祺那样的年轻人,一定程度上是因为这个卖煤油的老头儿曾经传递给他的善良心意,不同的生命由此到彼所得到的间接助力,有时就像两百铜子的影响那么深远。林宰平和熊希龄对于沈从文一生的影响,也与此相似。只不过,林宰平在精神上给沈从文以自信,熊希龄给沈从文提供了短暂的物质帮助。

熊希龄其实一直在沈从文的视野中,他的大舅黄镜铭,也就是画家黄永玉的祖父,此时正在帮助熊希龄建设香山慈幼院。他连大舅都不愿意求助,何况亲戚关系还隔了不止一层的人。沈从文到北京后没有去向熊希龄求援,大概是出于两方面的原因:他的大姐夫田真逸是熊希龄的嫡亲外甥,在北京盐务学校毕业后没有找到工作,便回家乡,后辗转各地。要么是他曾经告诉沈从文求告无用,要么是他的倔强影响了沈从文。青年人的自尊有时可能偏狭,在困境中仍坚持自尊则是成就事业的良好品质。从后来沈从文不堪香山慈幼院的人事倾轧而离开,也可以看出其性格方面的深层原因。其次是熊希龄方面的原因。熊希龄虽然组织人才内阁失败,离开官场后仍想有所作为,他创办香山慈幼院,可见一斑。无论如何,熊希龄在当时的北京都算一号人物,沈从文家境早已败落,地位相差悬殊,自然不会觍颜去求上流社会的远门亲戚。何况他在芷江时被一个女子骗去卖祖屋巨款的事,是他的舅舅和熊家都熟悉的,沈从文可以忍受贫穷和寂寞,也可以忍受误解而不作辩解,因鲁迅误会丁玲的笔迹和他相似而从不主动解释,就是一个例子。自尊,让他在困境中不失本心,又只能在孤立无援中苦苦挣扎。

不过,当沈从文确实无路可走,推荐者又是他所敬仰的林宰平、梁启超这些人物时,香山慈幼院便是一个可去的暂住之所了。

不少人从郁达夫为沈从文抱不平的那篇《给一位文学青年的一封信》,推测沈从文有一身傲骨,不愿攀附熊希龄。文学家的话有时是激情洋溢的产物,郁达夫当时经济上也不宽裕,他自己身上那股压抑不住的名士气,很容易使他对家财丰裕者持鄙视态度。沈从文与他在餐馆中的交谈,可能因为年轻人饱受挫折和冷眼的激愤夸大了某些事实。所以,郁达夫在文章中说那位同乡兼亲戚的"老 H"(熟悉历史掌故的都知道,指的是熊希龄),在慈和的笑里含着"尖刀",不妨去偷他,显然是混合了两个人激愤情绪的措辞。

1974 年,沈从文在给大哥和杨国勋的信中,都提到了早年受熊希龄帮助的真实经过:"到北京不久以后,对付日常三顿也拖不下去时,又像是得天保佑,给我们那位同乡亲戚,熊希龄找去,给我另外一种生活和教育安排。"看来还是熊希龄主动找到了沈从文,并且给予帮助。更值得注意的是,沈从文承认熊希龄不仅给了他物质生活上的帮助,还安排了他的教育进修,这不仅是指去香山慈幼院的图书馆做管理员，还应该包括熊希龄不久即派他去北京大学图书馆，跟随后来去美国的袁同礼学习书籍编目。沈从文后半生从事文物研究，常常涉及古籍考证，最典型的是对世传展子虔《游春图》的考辨文字，与这时期的图书版本编目训练，实在有非常密切的关系。林宰平和梁启超等人固然有推荐之功，最后主动伸出援手的还是熊希龄。沈从文早年关于香山慈幼院的一些文字，往往使读者觉得他在那里多受倾轧，以致最终跑到城里小公寓住下，继续蹭朋友饭努力读书写作。把沈从文自己的一些书信拿来比较，可以发现，也未必如此简单。正是沈从文自己的记录前后跨度比较大，而说法渐变，人们对他与熊希龄的交往也就多以他为中心，而有意无意把熊希龄置于被质疑的角色地位。

不少文章提到沈从文不接受姻亲熊希龄提携的原因，沈从文自己也多次说不会去找他，基本上是符合沈从文本人立场的，那就是要自立，努力挣脱本来已经非常复杂的家族亲戚关系网络。不过沈从文自己也承认，熊希龄“对我很好”。他到香山慈幼院之后，住在双清别墅附近，别墅本来是乾隆的一处行宫，悬空的古典建筑，采用乾隆最喜欢的楠木做廊柱，沈从文住在靠近山门处已经比较破旧的漱芳斋，门前有一棵大概七八百年的古树，沈从文每天就坐在树下看书。双清别墅是熊希龄处理慈幼院事务的地方，因此没有家人陪同，只他一个人住，这应该是他晚上常找沈从文谈话的重要原因。或在古松树下，或在经过沈从文住所去香山寺废墟途中的石级上，或在熊希龄的双清别墅里，时事、哲学乃至社会情形各有涉猎。

无论从沈从文成年后的谨慎行事来看，还是从当时他和熊希龄的年龄地位差距，在与熊希龄谈话时他都应该是听多而言少。沈从文的大舅黄镜铭曾经对熊希龄提过沈从文，有祈求提携之意，沈从文晚年回忆说自己在年轻时之所以生活艰难也不主动请求熊希龄的帮助，是想独立，这只是晚年的说法，或者说是自尊心逼出来而逐渐被自我强化的倔强表达。因为虽然熊希龄待他不错，但是香山慈幼院的一些管理人员却常常对他白眼相加。这就使得沈从文对熊希龄及其周围的上层社会，总是怀着一种混合着既自卑又努力自尊、既企羡又常常不满的复杂情绪。这种情绪其实在他早年以至中年对鲁迅的各种评价中也一再流露出来，他常以被人颂扬的“乡下人”自称，其实也是这种混杂情绪的产物。

郁达夫对沈从文的早年影响很特殊，不仅在于一饭之恩，还在于其自叙传小说笔法，在虚构的故事中大量加入自我生活经历和心理感受，自我所受的委屈往往是放大了的，曾经广受精神苦闷的青年读者的青睐。沈从文在香山时期的小说也是这个风格。熊希龄55岁寿辰时，宴会盛大，沈从文也去参加了，他事后写下《用A字记下来的事》这篇小说，描绘了豪华的宴会场景，还流露了一种屈辱的心态，觉得自己是一个“不重要的自己跑来凑趣的客，寿面、寿酒是搭到别人得一份——就是特为我预备一份，要我用五点钟以上的难堪去换取”。沈从文在熊希龄的视野里并不特别显眼，而熊希龄在沈从文的早年北京生活里非常重要。沈从文之所以终生感念徐志摩而对熊希龄略有嘲谑，盖出于他的敏感、自尊和自卑。

至于真正导致沈从文不辞而别，离开香山的原因，是他在《晨报副刊》上发表的两篇小说《第二个狒狒》和《棉鞋》，都与他在香山慈幼院遭受的白眼有关。小说不过是借以宣泄愤怒的载体罢了。

香山慈幼院当时的教育股主任是曾经留学日本的肖世钦，此人善于弄权，日伪时期当上了河北省伪省府教育局长，成为文化汉奸。他和沈从文自然是互相看不起，沈从文把他比作一个“狒狒”。和这个“狒狒”一道在香山看戏，发现剧场正中有空着的座位，沈从文不明所以就走过去坐下，而“狒狒”则只拣后面的座位。后来“老爷”引了两个“小玩物”到前排来了，专门留着的空座上“即刻就填上了两个奇丽肉体”。旧棉鞋底已经烂掉却无钱换新的沈从文没有眼色，处境越来越困难，对肖世钦等人有怨，对熊希龄却无法明言，索性一走了之。

从1924年董秋斯给沈从文的一封信可以看出沈从文对人对事的情感方式,这封信在抗战南迁舍弃众多物事、新中国成立后四次遭抄家的情况下还能够保留下来,足见沈从文的重视。录其内容如下,可以侧面窥知沈从文当时的处境和心境:

来信一字一句我都了解,都深深的感到:真一兄是我顶好朋友中之一个,他所嘱托我的事未尝不尽力为之:为了这两层原故,使我连回一封信的勇气都没有,所以沈(沉)吟到现在。我写到此处,深信你已经能明了我的一切了。不多说罢。

你会喝酒不?我们应当齐入酒之宇宙。十天以后,放了寒假,我打算备个小东,请你喝两碗白干,慢慢的一同商量个活着的道理。你如果还有这一点子闲情,请回我几个字。

董秋斯是沈从文姐夫田真逸(即信中"真一")的朋友,时就读于燕京大学,后来成为翻译家。信末署名为"难友",寓意当指他们都是为"活着"而挣扎的难友,按此信中透露的信息,沈从文曾经就求学或者经济困难联系过董秋斯,而董作为一个穷学生均无能为力,只能以两碗白干致歉兼互相鼓励。沈从文此时的窘迫可想而知。据董秋斯女儿董之林说,新中国成立后沈从文仍然经常去他们家,"文革"开始后他们兄妹被下放时仍然如此。董秋斯1969年底去世,沈从文从湖北干校返京后还经常去看望董秋斯患病的夫人,盖在于他们不仅是文学上的同道,更是在贫寒时结交的朋友。从沈从文与董秋斯、熊希龄的交往,不难看出他对人情的理解和执守,本无亲缘或利害关系的人给予落魄者某些安慰或支持,足令他感念终生;本有亲缘或利害关系的人对于落魄者未及时施以援手,落魄者可能长期耿耿于怀。只有等到沈从文境遇平顺且年事更长的时候,才能对和他有乡谊兼姻亲的熊希龄有更客观的评语。沈从文不是圣者,年轻时更不是,人们之所以在看待他与熊希龄的关系时免不了替沈从文抱屈,其实缘于常见的由果溯因思维方式:一个后来大有成就者当初不应该如此委屈的。其情可感,却也往往是误解事实的开端。

沈从文离开香山后的《给璇若》一诗，反映了他当时的复杂感受。璇若是他的笔名之一，这首写给自己的诗既有向人诉说衷肠的色彩，又有以此明志的意味：

难道是怕别人“施恩”，
自己就甘做了一朵孤云，
独飘浮于这冷酷的人群？
竟不理旁人的忧虑与挂念，
一任他怄气或狂癫，
——为的是保持了自己的尊严！

为了保持自己的尊严和人格独立是事实，因为他此后凭借在窄而霉的小斋中流着鼻血的辛苦写作撞开了文坛的大门；他在与人交往时摆脱不掉那种自尊与自卑混杂的情绪也是事实，他当时不仅怕接受别人的“施恩”，更感觉人群“冷酷”。

20 世纪 70 年代末 80 年代初，沈从文在给多人的信中说，他当初在北京努力多年后出版的《柏子》，终于突破了那些以亲戚、同乡、同学形成的文学集团的重重门槛，靠他一只手，在进京 6 年之后，把原来五四文坛大将们的阵容搞乱了，甚至说是搞垮了，不仅出版了十来本书颇得好评，还进入大学去教书。这不免有自夸之嫌，也许是当时绝大多数现代作家都被否定，复课的大学中文系只讲鲁迅，而港台很多书商盗印他的著作，销路很好，海外又有不少人都在研究他，所以才在给友人的信中宣泄长期被文学史雪藏的不满，顺带着把迟迟不接纳他的二三十年代文坛痛扁一次。

人在功成名就之后对于世事和世情的评价，比飘零困窘时要宽和得多，也理智得多，不平之气会随人的境遇改善而淡化、消解。沈从文后来专门写文章悼念熊希龄，评价颇高，也有境遇变迁导致心态变化的因素。

应该还有一个人也起到了良好的作用，那就是胡适。1921 年 10 月 9 日，胡适在游香山园时，适逢香山慈幼院周年纪念大会，他应熊希龄之邀发表演说。熊的夫人朱其慧是胡适好友朱经农的姑母，1922 年 4 月 2 日，胡适与朱经农同到香山，住进了双清别墅。胡适在与熊希龄交谈后，劝熊氏作年谱或自传以熏导世风。他赞同熊希龄的慈善举措，自然也会影响到沈从文对熊希龄的态度。

从坊间传说的沈从文与高青子情感纠葛，应该可以发现 30 年代沈从文与熊希龄的关系密切了许多，他多次去拜访熊希龄才得以和高青子结识，撇开高青子不谈，这里着重探究沈从文对熊希龄的态度改变，原因应该是“一二·八”事变后熊的倾尽家财捐助抗战。熊希龄当时慷慨激昂：“淞沪之役，我十九路军将士奋勇杀敌，捐躯赴死，不少人连命都丢了，我捐点家产又何足惜！”这种男儿血性在沈从文身上也屡屡呈现，他热情书写那个嫉恶如仇的年轻军人“虎雏”，即可见其性情，熊希龄的现实义举应该是更令他动容的。1933 年，沈从文携新婚妻子重新在北平安身，经常去熊希龄府上走动，吊诡的是，当初的疏远使他的人生道路逐渐畅达，此时的亲近又使他陷入婚外恋的窘境。此是题外话了。

从他的家信可以看出他与熊希龄的关系亲近了许多。1933 年 9 月 17 日，他结婚还不到 10 天，在给大哥沈云麓信中写道，熊希龄的小女儿很快将返湘一行，至沅州后可能再回凤凰过些日子，而且她说过，如果到凤凰，就和沈从文的母亲同住一月。这说明原来地位悬殊的两家，因为沈从文已经在外站住脚跟，且与熊希龄交往颇多，已经恢复了比较融洽的姻亲关系。9 月 24 日致大哥信中又提到：熊希龄的小女儿将要回湘，“闻至沅分家后或将过凤凰小住数月，曾托其带回一对菠萝罐头四筒，大约当在腊月始可收到耳”。从这些信息可以看出，此时沈从文与熊家的联系比较密切，不过七八年光景，他已经在上海中国公学、武汉大学、青岛大学教过书，成为口碑较好的作家，此时又在为南京政府编辑小学国文教科书，他面对熊希龄已经不再有心理落差。也正因为熊希龄在沈从文的生活中有了越来越多的痕迹，印象渐好，他在用三周时间一挥而就的《从文自传》中对于当初在熊家老宅的半年生活着笔温馨。

熊希龄晚年照片

1937年秋至冬，上海、南京相继沦陷。熊希龄和毛彦文转道香港绕广州到湖南，料理香山慈幼院迁址并设立湖南芷江和广西柳州两个分院事宜。他们与正准备前往昆明的沈从文在芷江有一次短暂的遇合，为此地留下了楹联佳话。畅游芙蓉楼时，熊希龄为三角亭撰写一联：“风梳三径草，月浸一泄花。”为半月亭撰写一联：“鱼游水底寻明月，树插石缝遮青天。”沈从文则为玉壶亭撰写楹联：“风动铃声穿楼去，月移塔影过江来。”接着，熊希龄撰写“民族英雄邱式籽，儒家政治王昌龄”楹联挂于旧县衙。熊希龄是前清翰林，沈从文是一代章草大家，联语贴切，书法精湛，人文景观再添新胜。在12月18日抵达香港时，熊希龄突发脑病，于25日病逝于香港。

正是因为对熊希龄认识的转变，在熊希龄晚年以至去世之后，沈从文对其后人多有照顾。熊希龄创办香山慈幼院，不仅是赈贫济难，还努力把所收养的幼童培养成各以其技能自食其力者。沈从文不会看不到这一点，他对熊希龄后人的关注，也重在其是否能够自立生存。1939年，沈从文辗转到达昆明，工作还没有确定，熊希龄的小女儿也到了昆明，沈从文颇觉意外，在他看来，这个大家闺秀简直是突发奇想，因为异族入侵而放弃安居十年的北平大屋是时局所迫，到昆明来也没有什么明确目的，那么来干什么？听她说还打算往重庆一路玩去,沈从文在给大哥的信中不无担忧:这个女子"想象之古怪,亦复出人意外"。他在昆明时期多有看虹摘星的玄想散文,与对家乡人乃至现代人生存状态的反思隐然相关。为外部世界介绍家乡而作的散文集《湘西》和长篇小说《长河》的序言与题记,多次流露出对历史变迁中人事消磨的痛惜,他不仅强调湘人对于抗战的意义,也呼吁湘人摒弃畛域之囿,放开眼光。

中年沈从文

这种认识变化与文学思考有关,更多地超出了文学之外,若有若无的,都牵涉到已经逝去的熊希龄。日本宣布投降的 1945 年 8 月 15 日,沈从文写下《湘人对于新文学运动的贡献》,从整个现代中国历史进程的角度总结湖南一域的文学演变,他从五四运动上溯到清末的维新变法,引发湖南思潮变革的是到湖南主持时务学堂讲新学的梁启超:"讲学在当时实多忌讳,虽得力于湘抚江西陈宝箴及其公子三立先生的支持,努力促其实现则为吾湘熊希龄先生。"有点以熊希龄为荣的意思,不过他此时还比较关注社会政治,所以对熊希龄的评价远不如对另外一位"湘人"谭嗣同:"然对于新问题的认识与发现,且企图从一较新的学术观点上,用一种较新的方式加以处理,这种有创造性革命性的工作,前辈值得我们特表敬意的,实应数谭嗣同先生,他是为此而献身成仁的思想家之一。"此文最初刊发于《湖南建设》,有专为本省写作的意味。经沈从文审阅后,湖南《吉首大学学报》1982 年第一期重新发表此文,说明沈从文对熊希龄的情感态度在抗战时期已亲切而理智。

对于熊希龄的身后事,沈从文也是克尽绵薄之力。1947 年 12

月25日为熊希龄逝世十周年，在纪念日之前，他去石驸马大街熊宅拜访，见到了熊希龄的遗孀毛彦文，谈及十周年纪念事宜，后致信胡适："前天我到石驸马大街熊家，听熊太太毛彦文谈及：'秉三前辈死去已十周年，想请先生写点纪念文章。能在一月三号载出，极感谢。'文章拟分别在各报发表，《大公报》上盼能有先生的文章。这文章如不太麻烦您，或能在二三日内写成，作独立时论稿分寄各处，自然更好。熊夫人说将过府上拜访，我怕她为慈幼院事忙来忙去，到先生家时又见不着面，心中着急，所以写这个信一说。"此时，熊家已经门庭冷落，沈从文此举不光是感念故人，还隐含着对世风不古的对抗。《华北日报》、天津《大公报》《益世报》等均出特刊，胡适、林宰平、叶景莘、沈从文、朱经农等皆有纪念文章。毛彦文本人也有一篇十分沉痛的作品。她的纪念文章曾请胡适修改。文内提及"世态炎凉，先夫一手提拔起来的某显要人物，往时对先生恭敬趋奉，视如父执，迨他去世后，即不通讯息……"胡适对毛彦文说："彦文，至诚文字不能改，不过我把你提及某君一段删掉了，人已去世，何必得罪人？明眼人一看便知道指的是谁。"政治风云峰起谷落，交往难及身后，已是常态；沈从文、胡适等与熊希龄的交往出于性情共鸣，不因世态炎凉而炎凉。

沈从文《芷江县的熊公馆》一文，是他人到中年的自我回顾，也是他与熊希龄的一个总括。结尾感慨蕴藉：

> 北平石驸马大街熊府，和香山慈幼院几个院落中，各处都有秉三先生手种的树木，二十五年来或经移植，或留原地，一定有许多已长得高大坚实，足当急风猛雨，可以荫蔽数亩。
>
> 又或不免遭受意外摧残，凋落萎悴，难以自存。诵召伯甘棠之诗，怀慕恭敬桑梓之义，必有人和我同样感觉，还有些事未作，还有责任待尽。

这番话用以总结沈从文自己的文学历程，也是确当的。不过，因为这篇文章，沈从文后来被冯乃超痛加贬斥，被定为延续着"清客文丐的传统”的“奴才主义者”和“地主阶级的弄臣”。这篇文章作为历史的咒语长期箍在他头上,而熊希龄的影子也常常闪现在他以后的生活中。

写下这番话时的沈从文已经45岁,对熊希龄的评价应该包含了回顾自我生命的意味:“但就我所知道的秉三先生一生行事说来,人格中实蕴蓄了儒墨各三分,加上四分民主维新思想,综合而成。可以说是新时代一个伟大政治家,其一生政治活动,实作成了晚清渡过民初政治经济的桥梁,然并非纯儒。在政治上老太太影响似不如当时朱夫人来得大。所以朱夫人过世后,行为性情转变得也特别大。老太太身经甘苦,家居素朴,和易亲人,恰恰如中国其他地方老辈典型贤母一样,寓伟大于平凡中。秉三先生五十以后的生活,自奉俭薄,热心于平民教育事业,尽捐家产于慈幼院,甚至每月反向董事会领取二三百元薪水。”赞词不多,情感醇厚,有低回之韵。在自奉俭薄而热心社会事业上,沈从文与熊希龄殊无二致,这是他们同为湘人辉映的美德,沈从文在这里特别强调熊希龄的贡献,不无自励色彩。

沈从文对张兆和提起熊希龄的次数应该不少,因为他们二人的书信中只需一个“熊”字就可代表。1963年6月,沈从文和故宫博物馆的人到西郊香山饭店,校对近八十万字的《工艺美术史》,住的房子由当年慈幼院宿舍改建而来。他在给张兆和的信中感慨悲凉:熊希龄的双清住处已是一片瓦砾。当年学校的其他房屋也多败落,此时虽然还有人住,但大多久已失修,唯一保护得较好还有所扩大的地区,就是他所住的饭店部分,而饭店周围原属于香山慈幼院的建筑都在衰落不堪中了。信中说“树木还多乾隆时物”,这句话应该包含了非常沧桑的思绪。

由熊希龄说到自己,往事一幕幕翻出来:40年前住过的小房子,至今还未坍圮,又有人住下了。原来整饬的校园如今到处荒草萋萋,住在这里的人也几乎都不知道熊希龄是谁了。“历史变化之大,真是不可设想。”那个从香山慈幼院负气而去的年轻人,已过花甲,正在做着命运塞给自己的工作,那支描写优美湘西的如椽之笔,只能偶尔在书信中隐晦地抒情了。曾经被排斥、一度被隐藏的同乡兼亲戚,在又一次巨大的历史动荡之后浮现为他的生命参照物,他毕竟是敏感的小说家,在这样的情境中,不能不以物喜或以己悲。

熊希龄逐渐成为他观察世界的一个参照,熊希龄不仅是湘西前贤,代表了故乡的文化性格,也自然包含了"人"这一复杂主体的优点或缺陷。1961年6月23日沈从文给大哥信中说道:"家乡人真是受山城限制,发展到一定程度,即难以为继,熊秉老(熊希龄字秉三)也难免。……和我在《长河》《湘西》提到的差不多,许多人都这样!"说这话时,沈从文的湘西故事已经被中国大陆严厉的政治空气掩埋,他对熊希龄的评价自然包含了对自己所钟情的湘西乃至对自我生命的重新检视。唯其表述于私人书信中,才更见影响之深刻。沈从文记得熊希龄一生都离不开家乡的酸菜下饭,以为是人间第一好菜,描述中不无调侃之意。在1974年12月28日给洪廷彦信中又有如下文字:"我的亲戚熊希龄,由'人才内阁'改作了红十字会理事长,晚年比托尔斯泰既糊涂又天真,作教主的兴趣特别浓厚,红十字会里高级干事告诉过我,会中由熊希龄亲手拟下个特别规则,一切大小职员,每天晚饭之后,必得诚心诚意对这位新教主默念半小时。"这段描述不可全部视为对熊希龄的嘲讽,以沈从文的语言能力,这段描述恐怕还有些讽刺"文革"中家家悬挂领袖像、早晚默祷的用意。他在获悉林彪出逃事件后,也曾经在信中流露了对家家迅速扯下画像那种既惶恐又欣快的心理的感喟。

1980年6月,沈从文接受中国大陆之外第一个写自己传记的美国学者金介甫采访,金介甫专门问及他突然离开香山的原因,而且是对熊希龄不辞而别。沈从文说是为了独立,"也为了其他一些原因"。1981年4月11日,沈从文在《湘江文艺》座谈会上的讲话中又透露了若干信息:"我有机会到熊希龄身边去做事情,那是我们中国的一位总理了,又是我的亲戚,他对我很好的。我自己偷偷跑了,离开了……我自己只想写小说，而且只想独立写小说。"他想独立写小说的目的实现了，而他对自己曾经心怀怨怼的熊希龄却流露越来越明显的谢意，这与其身份和心境的变迁都有关联。从嘲谑的"老爷"称呼，到越来越客观地述说熊希龄，沈从文经历了漫长的精神蜕变，他逐渐摆脱自己意识到的"湘人的局限"，而能够达观地看待熊希龄和自己。用他墓碑上的八个字来总结他与熊希龄交织并行的生命历程是非常恰当的："照我思索，可认识'人'。"

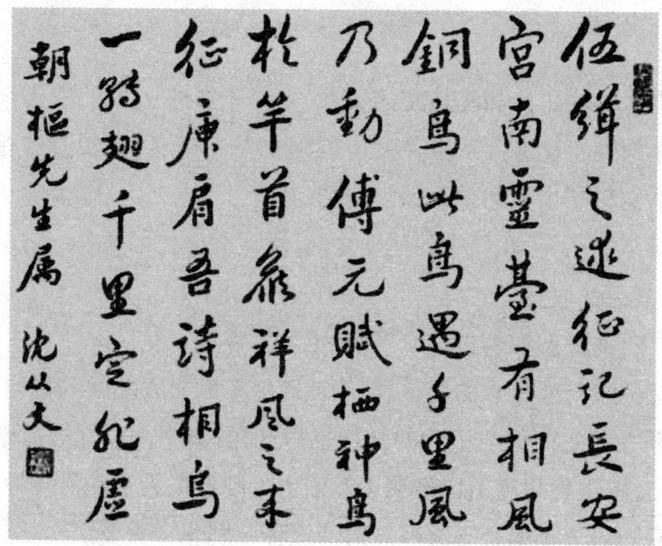

沈从文手书

“他胆小怕事，怕受连累”

——沈从文与胡也频、丁玲

世人关注丁玲和沈从文的关系，多缘于各享大名的二人早年友情笃厚却晚年交恶。从事件发生的因果顺序来看，其实应该首先探究沈从文与胡也频的关系，然后再来思考丁、沈二人，因为沈从文与胡也频结交在先，在新中国建立之前，沈从文记忆的重心一直都在胡也频，其记忆表达方式具有很强的民国文化背景。如果不了解这一点，对丁、沈关系的辨析难以准确，更容易雾里观花。

沈从文与胡也频的交往，属于比较纯粹的文人之间的惺惺相惜，胡也频去世之前他与丁玲的交往也是这样；新中国成立之后他与丁玲的交往，很大程度上已经属于政治力量肆意拨弄下的另一种形态，不再有知识分子的心灵共鸣。辨清这种差别非常重要。

沈从文与胡也频的交往资料，比较完整地见于沈从文的《记胡也频》以及回忆徐志摩等人的文字之中，《记胡也频》长约4万字，应该是最早的胡也频传记，起点是沈从文与他初识于北京，相识的缘由是约稿与写作，这种“记”的方式明确了沈、胡二人的交往基础是文学，沈从文是把胡也频作为一个文学工作者来看待的（这部作品最初分34次连载于1931年10月4日—11月29日的上海《时报》，前11次由编者加有小标题，总题为《诗人和小说家》，自12次始取消小标题，总题亦改为《记胡也频》）。就算后来引发风波的《记丁玲》，也是在精神脉络上接续《记胡也频》，“跋语”开头即以胡也频为起点：

“当时我所记下的，只多就我所知道的这个人的生活而言，虽不一定是最光辉的一面，却实在是最人性的一面。那文章并不在叙述一个革命作家的英雄性与神性，却记录了他表面生活发展的秩序。”沈从文对胡也频的情感侧重点是非常清楚的。沈从文如果没有与胡也频的交往，就不会有与丁玲的交往曲折。

沈从文在该文末的“附志”中交代写作的缘由，是因为胡也频去世后，“在许多刊物上，都有过一些不翔实的记载，在许多人的口里，也传着一些不正确的谣言，一面是证明关切他安全的人很多，一面却证明知道他的人很少”。为朋友正名是写作的内在动机。此文写于胡也频仍然被国民党政府当局否定的历史背景下，乃更真实可信，或者说具有更强的个人情感真实性。至于丁玲在《也频与革命》中的表述，重点是胡也频的革命者身份，写作时的政治氛围仍有“文革”余寒，所以丁文中的政治革命情感色彩非常浓郁。作为一个坚定的革命者，对自己的信仰轨迹和生命情感历程作完美的并置叙述，是很正常的举措。不过，人们往往忽略了这种深刻的内在差异。

沈、胡认识的时候，都是努力靠文字生存的无名小辈，这种情形下的友谊无疑是纯洁可贵的。当时沈从文还只在《晨报》上发过一篇文章，稿费是5毛钱的书券，还不认识徐志摩。胡也频承包的《京报·民众文艺周刊》，销量也不大，但好歹是个有些权力和资源的编辑，编辑主动来拜访，这对沈从文来说，是人生第一次，自然终生难忘：“说到这里使我想起最初几个朋友给我的友谊，如何鼓励到我的精神，如何使我明白那些友谊的可贵。我那时的文章是没有人齿及的。我在北京等于一粒灰尘。这一粒灰尘，在街头或任何地方停留都无引人注意的光辉。但由于我的冒险行为，把作品各处投去，我的自信，却给一个回音证明了。当时的喜悦，使我不能用任何适当言语说得分明，这友谊同时也决定了我此后的方向。”沈从文对胡也频的情感，牢牢地牵系在文学上，这一点，是毋庸置疑的。如果不是胡也频找到了他约稿而是一个照相制版学校的校长找到他，说不定他就成了一个照相技师,因为他那时还不明白自己究竟是学照相合适还是写文章合适,为了生活,沈从文当时一面投稿给报馆,同时还向那个照相学校的校长表示愿意去做一个学徒。从后果看前因,可以寻到相当多的必然性前提,从前事看后事,却往往发现某种偶然导致的必然。人与人的相识,其实更多出于偶然,一旦相识,后来很多事情就成为必然了。

虽然囊中羞涩,谈的都是关于文学的空话,吃的也只是白开水,他们淡如水的友谊也就开始了。"我那时,却似乎以为有了朋友,别的就不再需要了的,所以有了朋友,把生活的困难以及此后的一切也暂时忘掉了。"

胡也频则很快为情所燃,追丁玲追到湖南去了,沈从文又有文章发表,却仍然感觉前途渺茫,他很怀念刚刚获得的友情,到了写这篇纪念胡也频的文章时,还是念念不忘:"只有在这种使人心上暗淡的回想里,我才觉得那时几个朋友的印象如何永远润泽到我的生活。满叔远、唐伯赓、项拙、胡也频,这几个名字,是值得那些注意到我文章的朋友们也注意到的名字。这些人在我刚开始写文章时,就成了我的朋友,由于他们的友谊,我似乎活到这世界上更坚实了一点"。对于潦倒异乡、举目陌生的沈从文来说,在最初的人生道路上温暖了他的,都将铭刻在心底。他对胡也频的情感和对徐志摩其实非常相似,纪念的话也差不多:"这些人,到现在已完全各在这世界一小片的地面上,静静的躺下,悄悄的腐烂,成泥成灰了。只有我还算是一个活人,能总括这些名字在这里,成为一束不能忘却的印象。"如果不嫌冒昧,套用鲁迅的文章题目《为了忘却的纪念》,大致就可以明白民国时期那种既现代又古典的文人友谊。

沈从文接受熊希龄的援助,到香山慈幼院去工作,但他总觉得格格不入,所以当中秋节收到胡也频携丁玲回北京后的留言时,欣喜之情是可想而知的。在胡也频租住的小房子里,沈从文调侃胡也频在丁玲走后的咆哮和焦虑,然后三个年轻人开始幻想每人每月写出3

胡也频、丁玲合影

万字的文章,得到30块钱,那就足以度过寒冷的冬天了,接着幻想再得些稿费,就可以自己办一个小小周刊,甚至连门前该挂什么式样的牌子都各有设计,为此还争执了许久。这是典型的以乐景写哀的手法,沈从文特别强调他们三个人共度的第一个中秋,强调他们赖以过节的那片糖,悲苦之情几乎使读者窒息。

住在北河沿的汉园公寓时,他们想筹钱办一个杂志,就像《语丝》那样的,除了希望扩大自己在文坛的影响,还有就是不想让自己辛苦写出的稿子有寄无返,编辑对无名之辈的投稿不满意的话,可能随手就扔到废纸篓里去了,他们还没有抄留底稿的习惯。沈从文记得自己差不多有三分之一或更多的初期作品,就此永远失踪了。那时正是《语丝》的风格支配北方文学空气的时期,沈从文的《福生》被胡也频通过关系送到了周作人的手里后被刊登了，胡也频拿了一份样刊跑去告诉沈从文，看着自己文章的标题列在目录中，沈从文感动得只想抱着胡也频哭泣。他们都明白那些初次拿了一点文章给世人见面时的谦卑感情，也明白每一个在井中向群星望着的人，都得有一种自信。

沈从文发现了自己与胡也频性格上的明显差异："一切生活的向上，是从自信上打下基础的。我因为一种伴随到生活而来的弱点，缺少这个，永远在一种悲剧里过着日子。我永远惑疑我捞到手的并不是我最相宜的事物。我永远以为我还可以做一点别的事业。我永远以为自己做到的都不对，那些我还没有抓过一把的，却在那里等待我去着手。我的反复的自省，把我常常陷到一些泥淖里去，琐碎的注意，又常常蚕食到我的生命。我所希望的一种性格，就恰恰同我现成这种性格相反。"

他所希望的那种性格，在胡也频身上体现出来了："他是一个有自信的人。他的自信在另外一些人看来，用'刚愎'或'固执'作为性格的解释，都不至于相去太远。但这性格显然是一个男子必需的性格，在爱情上或事业上，都依赖到这一种性格，才能有惊人特出的奇迹。"他觉得胡也频有"敢于正视生活的雄心"，体现了男性的强悍，正是这个时代所不能少的东西。沈从文不是缺乏自信，而是把自信蕴在骨子里，胡也频则将自信焕发外露。他主动追求丁玲，从事自己信仰的左翼文化事业，都是这种性格的体现。

沈从文到《现代评论》报社去做收发，把胡也频的诗转到《晨报副刊》或《现代评论》去发表，当时有人以为是沈从文作的，从原稿字迹上看，编辑也以为是沈从文的手笔。因为他们都习惯使用硬硬的笔头，蘸上蓝色的墨水，在狭行的稿纸上，写小小的字，字迹的疏朗处以及勾勒的方法，又差不多没有什么分别，以至于《现代评论》社方面也有人以为"也频"是沈从文的另一个笔名。丁玲的字迹也是这样，《小说月报》的主编叶圣陶，看到丁玲小说《在黑暗中》的稿子，也从字迹上判断是胡也频或者沈从文的,所以才有鲁迅误会沈从文的插曲。相似的字迹后来还起过一种特殊的作用,那就是在胡也频去世后,沈从文以他的口吻写信给也频的父亲,安慰那个以为自己儿子还在上海生活的老人。

因为《小说月报》开始采用沈从文他们的文章,相熟的《现代评论》迁往上海,已迁上海的北新书局和徐志摩、胡适在上海开办的新月书店各为沈从文印行了一本书,沈从文便赴沪谋求发展。1928 年夏,胡也频、丁玲也到了上海。最初他们两个人留在沈从文的住处,法租界善钟路一座楼上,从《小说月报》拿到了一点钱,他们就到西湖边去了。这期间发生的主要事情,是人们都知道的丁玲和冯雪峰的情感波澜。和好归来,胡也频的创作到了一个高峰期,沈从文对此的评价是:“没有人能否认他们的作品的实力,没有人不承认这是一种崭新的收获。”乍一看评价很高,细品则非常含糊,情况究竟是怎样的呢?

原来,胡也频到上海后就与沈从文共同编辑《中央日报》副刊《红黑》,并在该刊发表诗和小说。不久《红黑》副刊停办,1929 年 1 月他们合作编辑出版《红黑》和《人间》两个月刊,两刊很快即夭折。胡也频这时非常关注文坛上开展的关于革命文学的论争,为此他阅读了一些苏联文艺理论书籍,受到很大影响。他的文学立场向左翼转,与左翼人士的交往渐密切,沈从文对左翼文学是冷眼旁观的,不过这没有影响他们的私谊。左翼思潮在当时上海非常流行,令人难以想象其热的程度,连陆侃如在中国公学讲《中国诗史》,为了适应学生口味,也得引用唯物史观方法。

1929 年夏,经陆侃如、冯沅君介绍,胡也频、丁玲到山东省立济南高中教书(季羡林当时就在该中学读书)。胡也频在学校里组织文学研究会,探讨和宣传唯物史观和马克思主义文艺理论。他开始与昨日之我决裂,公开批判自己过去为艺术而艺术的观点,强调文学在社会革命中的作用,并写出了长篇小说《到莫斯科去》,宣扬革命知识分子应该走的道路。激进言论和行动导致山东省政府通缉，只得回上海。胡也频加入了1930年3月成立的“左联”，被选为执行委员，任工农兵文学委员会主席。同年他还被推为“左联”代表参加了在上海秘密召开的全国苏维埃区域代表大会。他在被捕前已经秘密加入中国共产党，这一点，因胡适离开中国公学而担心饭碗的沈从文当时可能不太清楚，但从朋友的日常举动已经约略明白了一些。所以，他既是为了避开南京政府的新闻检查，也是要强调自己与胡也频的友情基于文学共鸣，才有这种语义含混的评价。

沈从文有意识地把胡也频和左翼文学区分开来，《记胡也频》中留下了多处痕迹。比如沈从文认为当时左翼人士提倡的“普罗文学”和亲南京政府者提倡的“民族文学”，虽然看起来一则不外乎同政府对立，一则不外乎为政府捧场，其实都是几个眼尖手快的商人所做的事。他说胡也频对此也不屑一顾。“那时骂人的同被骂的，都似乎是只有‘主义’而无‘作品’的人，所以这海军学生曾同我说，‘休(沈从文笔名休芸芸的简称)，他们倒热闹，好象很认真神气。让那些自己仿佛觉得有骂人权利的去骂人，让那些仿佛该挨骂的去挨骂；至于我们，是不相干的。我们自己努力，走我们自己的路，我们的成就，不是这些人可以估价的东西，也不必需他们估价。’我说，‘我永远是那么主张。’”沈从文觉得他和胡也频的共通之处在于：“我们尊敬那些负荷世誉的作者，同时却同一切毫不露面的作者握手。我们只是自己向一个很远的理想迈步，同时这迈步，却是沉默的，无声无息的。”沈从文所称“我们”的“很远的理想”，显然指的是文学成就。

左翼文学在喧嚷争鸣一段时间之后，缺乏真正有大影响的作品来证明文坛领导地位，渐趋沉默。不知者尚以为是官方权威约束的结果。在沈从文看来，这沉默是适当的。“使一个理想从空虚到坚实，沉默是必须的一种预备。”他和胡也频就此讨论过，胡也频对左翼文学的领导作用充满自信，沈从文颇不以为然：“文学方向的自由，正如职业的选择自由一样，在任何拘束里我都觉得无从忍受。但我却承认每一个作家，却可以走他自己以为是正当的途径，假若这方面不缺少冲突，那解决它，证明它的是非得失，还应当是他的作品。”那时胡也频也不同他争持，只是说：“过半年看，我也不敢自弃，会写一点东西出来。”每次谈话以后，沈从文总感觉这个朋友较以往强悍了一点儿，他甚至担心胡也频在没有把底层民众改造好之前，就先被改造了，他是很难走上同样道路的。

不妨作一个推测。假如胡也频没有遇害，他会不会在革命文学的道路上如同丁玲那样越走越坚定呢？如果那样的话，他和沈从文的友谊还能够延续到什么程度？这种令人苦涩的假设，后来岂不是某种程度上发生于沈从文与丁玲之间了吗？这似乎是那一代人在文学和政治之间想保持平衡最后往往失衡的宿命。鲁迅当年对冯雪峰说：“当你们的黄金世界到来时，我恐怕要在逃亡的路上。”被左翼文学尊为旗帜的他，似乎早就流露了对此宿命的深深忧虑。

沈从文明显感到胡也频的精神气质和以往不同，他“觉得这个人每日所需要的粮食，已和我的稍稍不同了一点。……因为另外一种营养，显然的，慢慢的在改造这个人的灵魂，表面消瘦了许多，灵魂却健康许多了”。对于胡也频的变化，沈从文也不是完全否定的，他也在思索胡也频所选择道路的合理性，因为胡也频在骨子里始终把自己看作一个作家。“他以为他使用最方便的工具还是一支笔，他不能同这个分手，并且也永远不想放下它。一群读者对于他能作一种向前的鼓励，他不愿同笔离开，也不愿同读者离开。但是，这支笔，在某一时节希奇的情形里，为了读者的原因，它是不是还适宜于写一点平常美丽悦目的诗歌，或一篇轻灵潇洒的故事？善于注意到读者温柔的心情，已经有了那么多作者；还有那些已经‘粗暴’了的，或始终在‘粗暴’生活里培养的感情，是不是也需要人注意，是不是还值得人去注意？”沈从文感到胡也频不仅适于写优美轻灵的抒情文字，他在《到莫斯科去》《光明在我们的前面》等作品中反映革命文学的粗暴美，也是值得注意的。这一点与沈从文比较通达的审美观也非常契合。也大概就是在这种角度上,他始终肯定胡也频的文学成就。

友直,友谅,友诤。沈从文对胡也频能够做到前两点,诤言相谏这种品质更多体现在胡也频身上。沈从文知道自己有很多毛病,比如缺少自信、稿件售价随意、不善理财、不遵守约稿信用等等,却又改不掉(即使后来有张兆和管束,他这些毛病也没有完全改掉)。不过在沈从文这一方面,又不时觉得胡也频对世事也还有些不明白。就这样,胡也频对沉浸在文学想象里、疏远现实斗争的"自苦"不满意,沈从文对胡也频浪费自己的才华忙碌那些活动的"自苦"也不满意。他们注定是文学上的朋友。

沈从文去武汉教书是在1930年秋,他也间或写信给胡也频,如同过去一样倾泻内心,胡也频的回信总是很简单。沈从文后来才意识到,胡也频已经更多从事实际的革命工作,他引用了回信上的一些话语:"休,你说的全是空话,同你做文章差不多!你受的苦永远是你自己想象的苦,这种苦却毫无可疑,同时在你生活方面,却是不能离开的一种东西。你想到的比别人都多,比别人都危险而且野蛮,同时也比别人更显得少不更事。你想的都不是你要做到的或你能做到的,干吗你不想一点象比文章还切实一点的事情?"这些引述应该是胡也频回信的大意,沈从文在其他地方没有提起,目前出版的《沈从文全集》或者关于胡也频的文集资料都没有收辑相关信息。胡也频的诤言虽然没有改变沈从文,却令沈从文念念不忘。

1930年冬天,沈从文利用寒假机会回到上海,重聚首时,从胡也频"更见得消瘦的脸上,我仿佛看到了一些秘密。在这个人生活上,有些使他十分劳悴的事情,没有机会可以好好休息,那是毫无可疑的。在这个人生活上,有一些事忙着,而这事情又显然是为一个极严肃的同时也是极艰难的企图,使他不能不忘了自己,这也是毫无可疑的"。沈从文不是在赞赏胡也频从事的革命事业,而是在赞赏那种为了理想而奉献自己的纯粹人格。"我明白那个决定的姿势,那种看生存为一种力的价值,而有意识的处置这力到一个理想上去的极美的姿势。我似乎明白得比有些自己那么作去的人都多。"沈从文的另外一个朋友张采真也是共产党员，就在 1930 年秋天被杀于汉口，他之所以在不同地方真诚地怀念这些共产党员朋友，不是因为政治信仰，而是因为对为社会为他人真诚奉献和工作的生命充满敬意。"尊敬那些死者，照那些死者的志愿而继续做去，是我们活人能作的唯一的事。"沈从文感觉自己尊重和理解胡也频比别人都深，在胡也频生前不相信关于他与丁玲的各种传闻（应该指丁玲表达对冯雪峰情感的《不算情书》发表后在坊间引起的各种闲言碎语），在他死后还撰文为之辩诬。

胡也频被捕当天中午，他们见了一次面，胡也频还在热切地演说自己对于成立作家协会、为作家利益与商人对抗的活动，沈从文看着他瘦削的脸和热烈的眼神，发现他也许比自己"做得认真"，而自己也许比他"想得透彻"。革命者和自由主义者的区别其实也就是这样，前者一旦抱定目标，便义无反顾地做去，乐于行动；后者则以沉思见长，议论发出若无回应就继续沉思和工作，默默工作和诚恳建言是其特色。沈从文特别提到他们这次见面的一个细节，那就是胡也频说房东儿子死了，要送一副白布挽联，而且要请沈从文来写这个挽联。如果留意到这个细节出现在《记胡也频》的结尾处，其意味就需要咀嚼了。胡也频给别人的挽联根本没有送出，沈从文的这篇长文恰是送给胡也频的挽联。长歌当哭，结尾又浓缩了挽联的象征，于行文可见沈从文的苦心经营，于友情可见其沉痛内敛。人们对于《记胡也频》缺乏足够深入的解读，对沈从文精心剪裁的细节和委婉的语言调度，也缺乏足够细致的品味。

在沈从文看来，胡也频是"为理想而生复为理想而死去"，下面的话应该有两种读法："一个人他生来若就并不觉得他是为一己而存在，他认真的生活过来，他的死也只是他本身的结束。一个理想的损失，在那方面失去了，还适宜于在另一方面重新生长，儿女的感情不应当存于友朋之间，因为记念死者并不是一点眼泪。"用于纪念优秀共产党员胡也频，读来自然充满为革命事业献身的神圣感和继承烈士遗志的悲壮感；用于纪念诗人、小说家胡也频，就沉缓悲郁，流露出对生命内涵的哀伤体验，显出坚守人生理想的沉静姿态。其差别就在于首先是把胡也频看成一个革命者还是一个作家。沈从文一生都在思考人，关注的是生命的神性，所以他从胡也频那里得到的启示是：

> 这个人假若是死了，他的精神雄强处，比目下许多据说活着的人，还更象一个活人。我们活在这个世界上，使我们象一个活人的，是些什么事，这是我们应当了解的。

从20世纪30年代开始，沈从文经常批判人的“阉寺性”、如“阉鸡”似的人，都和他对胡也频精神境界的判断有着内在的呼应。

为了营救胡也频，沈从文跑到北京找胡适写信给蔡元培，到南京却没有见到蔡，在陈立夫那里也没有得到明确答复，在上海、南京之间往返奔波求告之后，得知胡也频等已经遇害。这些事实已经无须赘叙，人们大可以从胡适、蔡元培等人的信函中探知真相。需要指出的是，虽然名列“左联五烈士”，沈从文对其他四位都不熟悉，也从未谈起，新中国成立后也不拿与烈士的曾经交往来装裱自己，体现了他做人的诚笃。鲁迅在《为了忘却的纪念》中主要记录的是柔石和白莽，大概是同样的情况。“五烈士”的光环使人们的判断不觉间偏向革命者胡也频，了解沈从文与胡也频的交往则不能不正本清源，从文人私谊的视角去解读其言其文。

在《记胡也频》的结尾，沈从文写到丁玲闻知噩耗时神情镇定，微微地笑着，好像在说：“一切的灾难，假若是认定了自己应分担当那一分，迟早这一分是还得接受的。”当时的丁玲对命运突然掷下的巨大打击只能承受，“微微的笑着”一句画出了革命者的坚定和悲怆。谁都没有想到的是，近五十年后沈从文承受了另外的一份打击，却已经笑不起来了。

现在再来说沈从文与丁玲的交往。

关于丁玲与沈从文的友情和晚年反目，大多数的观点是偏向于沈从文的，其原因主要有两个方面：其一，从文学成就的角度来看，目前海内外都认为沈从文比丁玲至少高出一筹，而丁玲最终又是受到官方高度认可的一位，人们无论是从尊重文学成就的角度还是从内心里挥之不去的民间情绪，都更同情沈从文。其二，相对于丁玲，沈从文在新中国建立后文学成就虽被贬抑，文物研究的学术成就非同凡响，按照“天将降大任于斯人也”的古训，沈从文也比丁玲更值得高看一眼。

斯人已逝，衡斤论两恐怕也不由今天说了算，对于他们二人的交往，最好的办法是划分出几个基本阶段，这样能够大概看出彼此的性情，也利于得出比较公允的判断。

李辉的《恩怨沧桑——沈从文与丁玲》一书，把较大篇幅放在20世纪20年代和30年代，这是一种比较好的历史发生学思路。不过，作为自由文学青年时期的交往与政治立场殊异之后的来往，牵扯到许多复杂的社会背景因素，如果不对新中国成立后30年间两个人都辗转挣扎于底层的各种因素细细厘辨，既难以深刻理解民国时期文人交往的情感内涵，也很难真正理解“文革”后二人突然冲突的合理性。因此，新中国建立之前沈从文与丁玲的交往与胡也频相似，属于审美观相近的文人私谊，绝交发生在属于新中国的历史阶段，所以直接的导火索虽然是写作发表很早的《记丁玲》，其深刻原因则是两个人的审美观已经大相径庭，且长期缺乏沟通了，这就需要重点梳理新中国成立后30年间两个人的遭遇和往来。

事情应该要从1949年初解放军进北京开始说起。事实上，由于1948年3月，郭沫若在香港发表了把沈从文定性为粉红色作家的《斥反动文艺》，这肯定会影响到还未进北京的丁玲对沈从文的态度。郭沫若已经理所当然地成为新中国文化界的舆论领袖，即使还有杨刚等不少老朋友去看沈从文，那也更多属于礼节性拜访而不是志同道合者的呼朋引伴，当时的统战政策鼓励他们接近留用的文化人。

由于自感“罪孽”深重，沈从文对来自陈沂、杨刚、吴晗的“帮助”不抱信心，而把希望寄托在丁玲身上，他的情感模式显然也很自然地停留在过去。1949年3月13日，他致信内侄女张以瑛，张兆和的堂兄共产党烈士张鼎和的女儿，说自己天生性情内向，难与迅速变动的社会现实适应，不免游离于人群的进步理想以外，孤寂而荒凉。如果安排的工作恰巧和时代需要相配合，当然还可为国家、为下一代做些事。他觉得纵使不能用笔写小说之类的文章，就算去做美术史、小说史研究，也必然还有些新的发现，理出一个新路，足为后来者方便。他极想见丁玲一面。他这种期望也不是仅凭过去的友情就产生的，毕竟1936年丁玲解脱幽禁之后曾经到北京找过他，沈从文也曾经在抗战初期和曹禺等人一起找过徐特立，有过去延安的设想。改朝换代之际，沈从文的学院派朋友都在自谋出路，他这样做无可厚非。基于民国时期文化人交往的方式和情感基础，他的心理障碍不大，毕竟在文坛底层合力打拼过，又曾经在胡也频去世前后冒死救助过。

关于解放军进城后沈从文与丁玲的初次见面，据张兆和回忆，他们在得知丁玲回到北京的消息后，非常高兴，沈从文马上带着虎雏前去拜访，这次重逢给沈从文家人的记忆却是失望多于高兴。在虎雏的记忆中，丁玲显得很冷淡，说话没有老朋友的样子，只是在礼节性地接待客人。不久张兆和与沈从文一起去看望过丁玲，张兆和说她本来预料丁玲见到他们会感到兴奋的，因为她与丁玲已有十多年没见面了。张兆和特地带上当年看望幽居南京的丁玲时为她儿子拍的照片。丁玲拿到照片，没有任何激动或高兴的表示，只是不在意地放在一旁。对他们的求助，也只是淡淡地敷衍几句。就此时的沈从文来说，在相隔时间较短的情况下两次去拜访丁玲，求助的迫切心理宛然可见，不过，地位悬殊，沈从文并没有对此产生怨言，个性中的倔强、隐忍使他接受了现实。

陈明说当时他和丁玲曾一起去看过沈从文，大概是在沈从文自杀之前，丁玲和陈明约何其芳一起去的，事先收到沈从文书信要求丁玲去看他。“我们见到他神经很不正常，很紧张，说话也有点语无伦次。他说，今天早上我听到鸡叫，鸡鸣散，我的家就要散了。丁玲告诉他，共产党即使整再多的人，也不会整你的。”陈明说在他看来，那时从公从私，丁玲和沈从文都没有芥蒂。政治上的因素没有影响他们个人的友谊。对于这类说法，就像张兆和在沈从文去世后回忆当年丁玲和沈从文不无情感纠葛一样，不能完全听信，家人往往希望对逝者作完美的补叙，而一旦陷入对个人情感秘闻的追索，就乱如麻团了。

对此，巴金在沈从文去世后写下的《怀念从文》的表述更为客观也更为真实：“他在围城里，已经感到孤寂，对形势和政策上也不理解，只希望有一两个文艺界熟人见见他，同他谈谈。他当时战战兢兢，如履薄冰，仿佛就要掉进水里，多么需要人来拉他一把，可是他的期望落了空。他只好到华北革大去了。”

沈从文对朋友抱着希望又对“人”的复杂性忧虑重重，对流行的“人民”也自感疏远。1949 年 9 月 20 日，沈从文从华北革命大学给张兆和的信中写道：“人不易知人，我从半年中身受即可见出。但我却从这个现实教育中，知道了更多‘人’。大家说向‘人民靠拢’，从表面看，我似乎是个唯一游离分子，事实上倒像是唯一在从人很深刻的取得教育。也即从‘不同’点上深深理解了人的不同和相似。”

他和丁玲的家人还时有接触。1950 年 9 月 12 日，沈从文在复张梅溪（黄永玉夫人）信中，提到自己和丁玲母亲见面的情形：“前几天，到颐和园去，在‘云松巢’那所房子里，见到丁玲的母亲。……蒋老太太八十岁了，听到永玉又长成大人，还画得很好，即刻把印象带回三十年过去。我们就谈了许久常德。事实上，那个地方的一切，早在抗日炮火中毁去，现在完全不同了。我们却各自对那个三十年前学校有个极清楚的印象，保留到回想中。生命真正离奇！在颐和园，我又看到丁玲的儿女,也成了大人。他父亲也死了二十年。他那时还不到三个月大,被我送回到常德交给那位老太太的。他在我面前,可想不出我是谁,我却正想起他被第一回交给了那外祖母,裹在一片白绒毯里,闭着个眼睛,那老太太当时感动得厉害,一双老眼湿湿的情形。”

值得注意的是,新中国建立后30年间,我们能够见到沈从文多次提到丁玲,却极少见到丁玲谈及沈从文。这也难怪,丁玲在那30年间大起大落,需要考虑的是毛泽东、周扬等的言辞和态度,应该没有心思去关注慢慢隐入文物堆里的故人。沈从文更多靠记忆来保持与现实压抑的心理平衡,丁玲不能不接受一波又一波浪涛,密切应对现实,也因为密切应对现实,她始终被卷在现实的漩涡中心,左冲右突,难以自主。她从陕北解放区开始,就和另外一个著名的湖南文人周扬存有芥蒂,进入北京各居高位,又各有言论阵地,矛盾潜生。在这样的情况下,已经“落水”的沈从文不会牵涉丁玲的多少精力。沈从文始终在暗中关注着丁玲,也许是以丁玲地位的稳定与否作为考量自我未来的一个参照,也许是对旧朋友的一种关切。沈从文对当时的文坛并未如人们想象的那样隔绝,他在密切关注着巴金、老舍这些人,不然的话,他后来也不会提起这些人在天上飞来飞去、参加冬宫碰杯等事。

1951年秋沈从文去四川参加土改前后,写了一个长篇的检讨《我的学习》,寄给丁玲,1952年12月11日刊于《光明日报》。这不过是政治表态文字,于今已经没有细读的必要,他这一时期写给张兆和信中描述山水风物人情的淡雅文笔,倒还保留着《湘行散记》的风致。只要远离人群,沈从文的心灵便复原了诗意;处在人群中他就感到孤独,充满诗意的景色也染上一层悲意。他在1951年曾有一封未发出的信:“每天虽和一些人同在一起,其实许多同事就不相熟。自以为熟悉我的,必然是极不理解我的。听到大家的说笑声,我似乎和梦里一样。生活在此类不相干的笑语中,越说越远。”傍晚独自站在午门城头上，看着暮色四合的北京风景，他觉得自己孤独无依，“因为明白生命的隔绝，理解之无可望”。他渴望理解和认可，原来因徐志摩、胡适结识的一批人要么远在海外，要么各自担忧着度日，他的彷徨无着是很多人都有的遭遇。没有必要把沈从文打扮成始终对权威不屈不阿的人，他有时候对执政者也产生些幻想和期待，尤其当自己以之为老朋友的有帮助能力时。这是人之常情。

1952 年 8 月，沈从文从四川回到北京，给丁玲写过一封信，称谓仅“丁玲”二字，连个“同志”都没有。信的内容如下：“寄了篇文章来，还是去年十一月在四川写的，五月中寄到一个报纸编辑处，搁了四个月，现在才退回来，望为看看，如还好，可以用到什么小刊物上去，就为转去，不用我名字也好。如要不得，就告告毛病。多年不写什么了，完全隔了……你如有钱，望为借一百万（约合后来 100 元），也派个人送到博物馆那边，我因特别事急要钱用，大致可分二次还你。”既托文章，又借钱，从称谓、信的内容都给人感觉他们关系很不错，事实如此吗？或者只是沈从文的一厢情愿？不称同志，应该是沈从文考虑后的措辞，他和丁玲既不是政治上的同志，此时称同志既有巴结之嫌，又违其本心，其他给丁玲的信也不称同志。寄托文章大概是个由头，或者不妨看作沈从文对丁玲乃至对当时文学界的一种试探，希望自己还有写作的可能。从 1961 年他欣然接受中国作协的安排去井冈山采风近半年、写作很多旧体诗的事实来看，此时沈从文还对新中国的文坛抱有某种期待。他在后来完全放下小说、散文之后，还不时流露“跛者不忘履”的苦恼：“这个人如果本来会走路，即或因故不良于行时，在梦中或在日常生活中，还是会常常要想起过去一时健步如飞的情形，且乐于在一些新的努力中，试图去回复他的本来。”何况这一时期丁玲提出的“一本书主义”，和沈从文的文学观存在较大的共鸣。

沈从文既有政治敏感又缺乏政治“觉悟”或“资本”，大概是他和丁玲渐行渐远的根本原因。无论他们在年轻时的交往如何，郭沫若已经给沈从文定性，信仰新政权的人最多会给予沈从文同情，却不可能是无私的援助。试看一下，沈从文的老朋友有哪一个在“文革”前为沈从文正面说过话？丁玲保持与沈从文的距离是必然的，她的政治立场越坚定，越容易对沈从文采取俯视态度，即使她被自己所信仰的主义贬斥，也不会改变对沈从文的态度。对于信仰坚定者来说，信仰带来的苦难适足以证明自己的奉献和精神纯洁，丁玲晚年在哥伦比亚大学的演讲就说明了这一点。当丁玲被打成“丁陈反党集团”的首领，遣到北大荒去改造，对她本人固然是个沉重打击，对沈从文又何尝不是？他此后完全废掉抒情的散文、小说和诗歌，专心去研究文物，与当时的文学大气候相关，也似乎与丁玲被逐出文坛有着某种关联。

沈从文在午门担任解说员时的照片

1955年11月21日，沈从文再次致信丁玲求援：“帮助我，照这么下去，我体力和精神都支持不住，只有倒下。感谢党对我一切的宽待和照顾，我正因为这样，在体力极坏时还是努力做事。可是怎么做，才满意？来帮助我，指点我吧。让我来看看你吧，告我地方和时间。我通信处东堂子胡同廿一历史博物馆宿舍（是外交部街后边一条胡同）。”

时任中国作协副主席的丁玲未见沈从文，而是于次日把沈的信转给了时任中国作协书记处第一书记的刘白羽和时任中宣部文艺处长的严文井，另写一信说明情况。为还原历史，照录全文如下：

白羽、文井同志:

转上沈从文给我的一封信给你们看看。

一九(四九)五〇年,我同何其芳同志去看过他一次。那时他的神经病未好。五一年土改前他来看我一次,我鼓励他下去。后来又来信说不行,我同周扬同志说,周扬同志说他要王冶秋打电报叫他回来好了。可是沈从文给王冶秋的信又说得很好,可能是后来回来的。五二年问我要了二百元还公家的账,大约他替公家买东西,公家不要,我没有问他,他要下就给他了。去年他老婆生病想进协和,陈翔鹤同志要我替他设法,好像不去不行,我又向陈沂同志替他要了一封介绍信交陈翔鹤同志给他。现在又来了这样一封信。我知道他曾经同陈翔鹤还是谁谈过想专搞创作。过去好像周扬同志也知道。我那个时候觉得他搞创作是有困难的。(当然也不是绝对不行)在历史博物馆还是比较好。看现在这样子,还是不想在历史博物馆。这样的人怎么办?我希望你们给我指示,我应该怎样同他说?如果文井同志能够同我一道见他则更好。我一个人不想见他,把话说扭了就说不下去了。我看见他的萎糜〔靡〕不振,仿相隔世之人的样子,也忍不住要直率的说吧。有另外一个人就好得多了。怎么样?敬礼!

丁玲廿二日

丁玲对沈从文的俯视是显然的,这缘于她的政治自信。1950 年她为《胡也频选集》作序提到与沈从文是“精神上有距离的友谊”,称沈从文“一贯与新月社、现代评论派有些友谊”,“他下意识地对左翼文学运动者们不知为什么总有些害怕”,“我看出我们本质上有所分歧”,“我自以为我比他们懂得些革命,靠近革命,我始终规避着从文的绅士朋友”。不论她的“自以为”是什么时候确立的,至少在写这番话的时候,她已经如此“以为”了。在中央文学研究所(后改称中国作家协会文学讲习所)作报告时,批评《烟的故事》《我们夫妇之间》等作品，捎带着说沈从文的作品是小资产阶级的东西，“味道是不好闻的”。在她眼中，沈从文的形象已经是“萎靡不振”，所谓“隔世之人”，大概指年轻时意气风发的沈从文吧。她对沈从文继续搞创作持明显怀疑态度，对沈从文妻子的称谓也见出粗暴。此信虽然还在帮助沈从文，却隐含了较大的不屑成分，她自觉已经与沈从文无话可说，如果没有一个人同去见面的话难免僵局。

林斤澜也有回忆文章写到，1960 年第三次文代会在北京召开，当时已在北大荒的丁玲也受邀返京参加会议，她仍然留任中国作协理事。在东单总布胡同的一个四合院里，中国作协举行过一次作家联谊会，沈从文也参加了。林斤澜看到，几乎没有人和丁玲寒暄，政治站队已成社交习惯，人人自危。只有老舍大声问她北大荒冷不冷，丁玲喜形于色。沈从文无例外地同许多场合一样，悄悄坐在角落里，既没发言，也没与丁玲寒暄。但联谊会结束后，在总布胡同附近的一个公共汽车站上，林斤澜却见到了沈从文与丁玲见面的特殊情景。

丁玲在等车，沈从文匆匆赶来，面带笑容地看着丁玲，说了很多，林斤澜不便站得太近，所以没有听到谈话内容，但他感觉沈从文明显表露出一种关切；丁玲则始终板着面孔，而且不大愿意和沈从文交谈，眼睛不时望着别处。后来，便是沈从文一个人离开车站，走回家去。在林斤澜看来，这个细节似乎能反映出他们在当时那种情形下的某种心态，沈从文出于关心而询问一些情况的可能性极大，丁玲在沈从文面前表现出的冷漠态度，足以说明丁玲自觉到他们之间存在着矛盾，或者说她即使已经在政治上落水，也和曾被认为是“反动文人”的沈从文有根本区别。林斤澜的两句评语很值得品味：“这是两位昔日友人在特殊时代的一次重逢。但它只是一片落叶，没有生机，没有绿色的喜悦，仅仅点染出暮秋的萧瑟。”

1953 年底，沈从文回复过翻译家高植一封信，自嘲“低能”，自称“卑职”，凡事要先禀告本部主任，然后禀告另外一部主任，到馆长，到处长，经过五级最后到达当初的朋友、当时的国家文物局长郑振铎。这封信不知是高植收到后又归还还是怎么回事，残稿被沈从文保存，1962 年沈从文在信尾加的附注颇耐品味：“距彼初次由南京大学相识已卅余年。也频丁玲被捕，曾为奔走过。”此时丁玲已经蒙着右派帽子下放北大荒劳动改造去了，这种“故人凋零”之感，与当年他回忆徐志摩、胡也频的语调极其相似，也足以说明直到这个时候，沈从文的待人接物思维还停留在新中国成立之前。

还是在 1962 年 10 月 15 日致程应镠的信中，沈从文又提到了丁玲：“十多年来我得到一个朋友的帮助极大，即‘凡有利于党、国的事，尽可能多做；不利的，尽可能不做。’我当时情绪混杂，头脑一团纷乱，却老记住这两句话，作下去，学下去，只除了‘阿谀’学不来，别的凡是在工作上应学的应作的全尽了力。”时过境迁，很难说这些话是真诚的感谢还是苦涩的自嘲，不过这“一个朋友”肯定指的是丁玲。沈从文去四川参加土改前曾经咨询丁玲，如何可少犯差错，沈从文牢牢记得她有一句话：“对党有利的就做，有害的就莫做。”

1978 年秋，舒新宇到北京修改书稿《向警予》，为了解一些情况，就在 10 月 2 日到小羊宜宾胡同 5 号拜访沈从文。因为向警予当年曾经与丁玲的母亲结拜为姐妹，丁玲在上海读书时，身为中共中央妇女部长的向警予还去看望过丁玲。当时丁玲尚未平反，沈从文对舒新宇的介绍应该是以私人情感为前提的。

沈从文说他们在上海办《红黑》杂志时，不会搞社交，也不搞小团体，只凭个人去闯，不依附任何一个政治势力。那时就是靠稿费吃饭，拼命写。丁玲那时同他一样，也是闯出来的。“红黑”本来是湘西土话，即“横竖”的意思，的确是一种充满“蛮子气”的刊名。也就是在这次谈话中，沈从文提到了《记丁玲》，说是误听传言丁玲已死，心里难过，就写了这本十多万字的小书寄托哀思，书出版了丁玲又被释放了，这本书似乎成了一个笑话。沈从文认为这书是公开出版的，丁玲应该看过。而丁玲说自己并未看过，在逻辑上也是讲得通的，一来在囚禁中自然不会读到为她鸣冤的作品，二来虽然她 1936 年开释后曾去北京见过沈从文,沈从文是不便提起的。此外,当时丁玲忙于找组织关系,联络者也没有必要把这本书提出来;此后她去陕北,那里的文化空气是不适于这本书传播的。虽然该书的完整普及本出版于1939年,中国始终硝烟弥漫而革命者的事情又多,无人注意这本书都是很正常的。

实际上,丁玲愤怒的不是这本书,而是书中的一些表达方式,这体现了她和沈从文文学趣味的冲突。也就是说,沈从文把丁玲看作文学上的红颜知己,丁玲却没有把沈从文看作蓝颜知己,尤其是在政治价值立场上。

“文革”结束后,丁玲很快回归中国作协副主席的高位,沈从文仍然是故宫博物院的一名研究员,他仍然主动去拜访丁玲。拜访回家后感慨良多,在给虎雏的信中流露了羡慕也流露了郁闷:“昨妈妈去了拟定的新住处,总拢来只比小羊宜宾大些,共不及四十平方米。初步估计,还得另想办法。虽然在人大会堂茶会时,周扬和巴金都提到‘房子已为解决’,但实现却不知何年月,亦不知向何人询问。昨曾到木樨地丁玲、江丰等新住处看看,一单元分二组,或各五间,或四六各一,以江丰四间而言,真是高级之至!但照迁入者等级而言,多属副部长级,且为党员,我则至今还只算个四级研究员,那有希望可能?”

沈从文没有意识到,丁玲已经对他非常不满,据袁良骏回忆,就在《也频与革命》发表之前,丁玲就已经表示要写一篇文章揭穿沈从文的假面。她在日本学者送的《记丁玲》书上作了大量批注,表现极大的愤怒,然后才有那篇斥责沈从文“胆小”、“怯懦”的文章问世。其实,丁玲此前是否看过这本书并不重要,关键是这时的细读和批注。虽然沈从文在书中写道“她亲切却不狎亵,她爽直却不粗暴”,丁玲的批注却反复显示出对于沈从文用笔“狎亵”的愤慨,觉得沈从文“用低级趣味来丑化我的人格”。丁玲这篇文章不仅是对沈从文的全面清算,也可以看作她与“莎菲”时代的昨日之我决裂的一种姿态,她此时真的是一个完全抛却了女性情感的严肃革命文学家,这篇文章的题目其实也在提醒读者注意,作者是"左联五烈士"之一的革命伴侣。

其实,丁玲写这篇文章是经过仔细斟酌的。1980 年 1 月 27 日,她给赵家璧信中,表明自己将对《记丁玲》"逐点加以改正","而且要在沈从文在世的时候"。她虽然"真正觉得他近三十年来还是倒霉的。其实他整个一生是一个可怜可笑的人物",也坦言"我的文章的发表对他是一个打击,或许有点不人道"。看来这时丁玲的文章已经写成,因为信中提到"我是以一种恻隐之心强制住我的秃笔的"。她甚至对文章发表后可能产生的反应都考虑到了,这期《诗刊》出版后,她就寄了一册给日本学者中岛长文夫妇,信中措辞比较婉转:"沈先生早年曾是我和也频的朋友,但因他抱有的思想、立场和我们不一样,他是不能正确理解我们的。"对于沈从文"以我们为题材,胡说八道地编撰小说,这种近似造谣的行径使人感到不快"。沈从文一直认为自己为胡也频和丁玲写的是传记,丁玲则看作小说,而小说的虚构性远大于传记,作为当事人对于传记所言要批驳需有足够证据,对于小说的批驳则简单多了,斥之为"胡说八道"即可。

丁玲文章发表后,不少知道当年事情经过的人都觉得难以理解,施蛰存、徐迟、邵燕祥等人写信安慰沈从文,中山大学中文系主任吴宏聪,在见到丁玲时,当面问她这些文字是怎么回事,丁玲顾左右而言他,说是有两个原因使她很生气:第一,1933 年底,沈从文回湘西,没有去看望她母亲,她母亲生气,她"也就十分生气"。第二,是她被捕时,冯雪峰曾经找沈从文出面营救,沈从文没答应,于是她"也十分生气"。袁良骏也提到丁玲"生气"的这两点理由。

沈从文说自己那时之所以赶回家,主要是因为母亲病重,而当时家乡军队和黔军正在作战,死伤不少,沈从文在家乡军阀和友邻的印象中有左的嫌疑,所以回家也不敢见什么人,只是在母亲病床边陪了四天,给母亲过完生日(他自己也没有料到这是见母亲的最

丁玲晚年照片

后一面）即匆匆回北平了。老母病危尚不能守孝床前，遑论去看丁玲的母亲？

被丁玲文章骂过之后，沈从文重新看了《记丁玲》，发现问题可能出在自己当时在文章中流露了对冯达的怀疑，又从别人那里了解到，丁玲之所以被捕，就是因为冯达知道她与冯雪峰的关系，向国民党告发了她的住处。丁玲被关押在南京期间，沈从文曾经去看望她，地下党员左恭告诉沈从文，真正作保释放丁玲的是彭学沛。后来丁玲被软禁在中山门外狮子桥附近的一座小洋房里，沈从文去看望时，冯达正在被软禁处养病，丁玲正在被软禁于同一座楼上的姚蓬子家里玩麻将，虽然在软禁中，当时丁玲每月还有一百元的生活费，比教书的沈从文不差。

1980 年 4 月上旬沈从文复信邵华强，说自己正在编选集，得知丁玲文章事后，就把有关胡也频、丁玲的东西都取消了。

1980 年 7 月 2 日他给徐迟信："在她因内部矛盾受排挤时，都是充满同情。到明白转过山西时，还托熟人致意。"对此，他引用了鲁迅的一句话：“不意熟人从背后来一刀。”

《诗刊》副主编之一的邵燕祥是沈从文的学生，他对发表《也频与革命》给沈从文带来的刺激感到内疚。据吴泰昌回忆，丁玲的文章见报后，邵燕祥让他去告诉沈从文可以写文章辩驳，沈从文表情严肃，带着几分压抑，张兆和激动地在一旁说：“没有什么好说，没有什么好写。”

后来，沈从文在 1980 年 7 月给邵燕祥信中写道：“上次你来信，提及丁玲在《诗刊》上胡骂我的文章，感情上总像过意不去。依照近卅年社会习惯，有‘权力’即有‘道理’，我得承认现实，不会和她一般见识，争什么是非，更不会对你有什么意见的。我因搬家，一切乱糟糟的，最近又病了一个月，没有作复，使你心中总像不安。昨天吴同志（指吴宏聪）来，还转告我这件事，其实这事太小了，万望不必在意为合理。《诗刊》上既有那么多副主编，肯定都经过考虑同意发表，甚至于同意她那些离奇古怪提法的，你那有什么责任可言？即或由你负责审定发稿，也无碍于事！总之这是一种十分平常的小事，不必为此放在心上，感觉什么不安！”

对于丁玲在《也频与革命》中的说法，沈从文觉得不大可信，比如：丁玲说她母亲在胡也频等左联五烈士遇难之前，即已了解辩证唯物主义，这就比较夸张了。对左联五烈士的遇害经过，美国的《密勒氏评论》有详细报道，说是共产党内叛徒向南京告发了开会的情况，所以才在东方饭店一网打尽。中国共产党在王明主持的时期，有过内部人向南京政府举报同志以壮大自己势力的事例，党史研究者心知肚明。沈从文当时知道这篇文章的大体内容，只是国内虽然有人翻译了却不许发表。沈从文觉得丁玲这种手法和江青一样，怕人提及过去，所以拿他来祭旗。对于丁玲的母亲，沈从文印象一直不错，老太太爽直，也喜欢打麻将，不仅在上海经常和沈从文母亲、大哥以及胡也频打麻将，50 年代初在颐和园见面时，也还正在打麻将。老太太没有忘记送孩子回湘的旧事。说是：“也算对得起也频，抗战后，组织上派人把孩子接过了延安，我算尽了责任。”

1981年，丁玲在湖南文联演讲，说沈从文是反动作家，长期在沈从文身边工作的王亚蓉很生气，要写文章反驳，沈从文说：“她那么大年龄了，又有病，随她去吧，她这些年也没少受罪。”

沈从文一直没有公开反驳丁玲，推测起来原因大致是这样的：他有受了别人误解攻击而不还击的习惯，这一点部分缘于他对自己文学成就的强大自信，更多缘于他坚忍“自苦”的性格。20世纪40年代的时候，聂绀弩读到一篇他以为是沈从文对鲁迅和周作人的评价文章后，就著文驳斥，沈从文没有回应，后来聂绀弩知道不是沈从文写的，如是评价沈从文：“他这个人也有意思，你骂你的，他干他的，骂对了也不作声，骂错了也不作声。”对于当时尚不熟悉的聂绀弩如此，对丁玲自然也不作声了。此外，他在给相熟者的信中已经说清了原委，老年之患在于争，沈从文应该明白这句古训。对此，邵燕祥1993年11月回顾这一事件的《政治·功利·友谊》中一段话值得参考：“我们曾看到新月派的徐志摩把左派国际友人史沫特莱介绍给中国的左翼同志们，而史沫特莱最终成为中国共产党的真诚朋友；我们也看到与革命政治有一定距离的傅雷，给处于危险中的共产党人楼适夷提供过无私的保护，这种从简单化的角度看来复杂的表现，如果不表明徐、傅‘政治头脑’简单，就是他们具有别样一种‘友谊’观吧。”他在文章结束处颇有感慨：“沈从文、丁玲、胡也频的友情，近七十年前开始的贫贱之交，实际上在一九二八—二九年在上海已因政治介入而出现了危机，至一九三一年胡也频遇难即已结束。嗣后沈从文的一系列行动所表现出来的道义精神，只是早年纯真情谊的得不到真诚回应的尾声罢了。”

既亲临历史现场又和丁、沈二人都是朋友的巴金在当时一言不发，在两个当事人都去世后发表的《怀念从文》中有这样一段话，可以看作一种对世人的委婉提醒：“五十五年过去了，从文在达子营写连载的事，我还不曾忘记，写到结尾他有些紧张，他不愿辜负读者的期待，又关心朋友的安危，交稿期到他常常写作通宵。他爱他的老友，他不仅为她呼吁，同时也在为她的自由奔走。也许这呼吁、这奔走没有多大用处，但是他尽了全力。”

岁月长如流水，人情随水或渐流为干涸，或渐积蓄如深潭。沈从文与胡也频、丁玲二人的交往当作如是观。

“只希望把他对我的一切好意热忱，反映到今后工作中”

——沈从文与徐志摩

青年徐志摩

初到北京，求学求业均无着落，沈从文更感兴趣的是观赏宫中的字画和瓷器，这是在琉璃厂见不到的宝物。范宽的《雪山图》，夏圭的《溪山清远图》，赵松雪的《秋江叠嶂图》，李成、郭熙的枯木瘦石，李公麟的马，都深深吸引着他。这些艺术珍品不仅激发了他的丰富想象，也影响到他后来在写作时对于山山水水的遣词用意，着墨轻重。

就是在这个时期，困顿中的沈从文开始在写作上起步，师友中年龄最轻，帮助最多，理解特深的，应数徐志摩。

1935 年沈从文为上海良友公司编辑《从文小说习作选》时，题记中特别提到了徐志摩：“没有他，我这时节也许照《自传》上说到的那两条路选了较方便的一条，不过北平市区里作巡警，就卧在什么人家的屋檐下，瘪了，僵了，而且早已腐烂了。你们看完了这本书，如果能从这些作品里得到一点力量，或一点喜悦，把书掩上时，盼望对那不幸早死的诗人表示敬意和感谢，从他那儿我接了一个火，你得到的温暖原是他的。”就像那个卖煤油的老人转作《边城》中的老船夫，徐志摩对于已经在文坛站住脚跟的沈从文来说，是火，也是光。这不免令人想到徐志摩那首著名的《黄鹂》：

一掠颜色飞上了树。
“看，一只黄鹂！”有人说。
翘着尾尖，它不作声，
艳异照亮了浓密——
象是春光，火焰，象是热情，
等候它唱，我们静着望，
怕惊了它。但它一展翅，
冲破浓密，化一朵彩云；
它飞了，不见了，没了——
象是春光，火焰，象是热情。

沈从文初识徐志摩，是在1925年9月，第一次见面的地点在北京松树胡同七号一所洋式房子里，徐志摩的住处。洋房后面有个小院落，齐腰栏杆边放着几盆菊花和秋海棠，一面墙上挂满了绿叶泛黄的爬墙虎，这种秋意浓郁的氛围似乎非常适合两个诗意人物。不过，面对已经名满京城的徐志摩，沈从文那天是忐忑的，一开口便说：“你那散文可真好！”然后无话。徐志摩其时刚起床不久，穿了件条子花纹的短睡衣，一面收拾床铺一面谈天，他随便问了问沈从文当时的生活和工作，就从枕边取出头一天晚上写就的两首诗，有腔有调自得其乐地念起来。过一会儿，又把一小卷纸拿出来欣赏，原来是林徽因的来信。他随即开始向沈从文介绍这位远在美国宾夕法尼亚留学的朋友，且告以他和写信人的种种友谊，沈从文记得很清楚，诗人“神情天真”。而“天真”一词，后来常被沈从文用来形容没有机心、性情率真。他们初见即非常投缘。

徐志摩对沈从文的赏识既有性情相投的原因，和当时北京文坛的走势也大有关系。当鲁迅的学生孙伏园主编《晨报副刊》的时候，沈从文的文风是不大受欢迎的，发表过一篇小文得到的稿费还不是现金，而是一张5毛钱的代书券。是年8月，经擅长作喜剧的丁西林介绍，沈从文到创办不久的《现代评论》杂志社做薪酬微薄的收发员，他因此与刊物主编陈源、文艺编辑杨振声等成为熟人。就在这段时间里，孙伏园离开《晨报副刊》编辑部，鲁迅等创办《语丝》以为发表阵地，且与《现代评论》屡有文字争锋。人的生存都要依托某种圈子的，大而言之进入圈子可拥有权力，小而言之加入圈子可保饭碗，文人也不例外。沈从文在见到徐志摩之前其实就已经被看作《现代评论》这个圈子里的人了，与鲁迅的交恶固然有其他原因，但那不过是触发点而已。徐志摩、胡适等人对沈从文的长期提携使这种圈子关系更加稳固。众所周知，《语丝》的文人圈和《现代评论》的文人圈颉颃并立。

据与徐志摩私谊甚好的梁实秋回忆，沈从文最初以“休芸芸”的笔名向《晨报副刊》投稿时，用细尖钢笔写的稿子非常出色，徐志摩因此到处揄扬他。1925年10月1日是徐志摩接编《晨报副刊》的第一天，当天就发表了宣言性的《我为什么来办，我想怎么办》，把沈从文和胡适、闻一多、陈源、郁达夫等人一起列为约稿作者。其他人的名字对北平读者来说已经很熟悉，沈从文列名于“新近的作者”榜首，显然得力于徐志摩的推举。这个圈子的归属，最初自然是利于沈从文在文坛立足的，不过对于他更长时间的人生来说，却无异于一道紧箍咒。

有一次，沈从文拿了一叠文稿送给徐志摩，徐志摩翻看之后问有没有发表过，沈从文回答说“全都没发表过”，徐志摩便把这叠稿件全都留下。《晨报副刊》在徐志摩接编后的一个月里，接连发表了沈从文五篇作品，密度之大，快要赶上孙伏园主编时期为鲁迅、周作人等大家发稿的状况了。

《晨报副刊》发表沈从文的散文《市集》，是他们二人交往中一个别致的插曲,发生在徐志摩担任主编后的第二个月。这篇散文描摹乡村集市的人声喧嚷和猪羊嘶叫,洋溢着浓郁的乡村生活气息,对于久居都市的读者而言,清新可喜。有意思的是,这篇文章是徐志摩从前任编辑留下的一堆废稿中清理出来的,编发之后,他还充满激情地在文末写了一段《志摩的欣赏》,夸赞“作者的笔真像是梦里的一只小艇,在波纹鳞鳞的梦河里荡着,处处有着落,却又处处不留痕迹”。对于这样的作品,奖励纯属多余。“因为春草的发青,云雀的放歌,都是用不着人们的奖励的。”其实,徐志摩欣赏的是文章中那种人与自然和谐相得的腔调或氛围,就像他自己那篇洋洋洒洒的《我所知道的康桥》。

面对赞扬和鼓励,沈从文既欣喜又不安。这篇稿子因未被及时采用,已经被朋友焦菊隐发表在《燕大周刊》上,接着又被胡也频转载于其所主编的《京报·民众文艺》上,虽然那时等米下锅的作者情急中难免一稿多投,这篇文章可是被徐志摩郑重推荐的,沈从文觉得“不是丑事总也成了可笑的事”。他赶紧写一篇《关于〈市集〉的声明》认错兼感谢。徐志摩不仅没有责怪,还把《声明》全文照登,又加了一段俏皮的附言:

> 不碍事,算是我们副刊转载的,也就罢了。有一位署名“小兵”的劝我下回没有相当稿子时,就不妨拿空白纸给读者们做别的用途,省得搀上烂东西叫人家看了眼疼心烦。我想另一个办法是复载值得读者们再读三读乃至四读五读的作品,我想这也应得比乱登的办法强些。下回再要没有好稿子,我想我要开始印《红楼梦》了!好在版权是不成问题的。

而实际上,附言中提到的那个“小兵”,就是沈从文。哪怕仅此一次,也足以见出徐志摩对沈从文的嘉许和回护,这种嘉许和回护足以令沈从文感念终生的。

这个插曲过后不到一年,就在当时新开放的北海静心斋,沈从文参加了徐志摩与陆小曼的婚礼。他记得胡适是介绍人,记得最清楚的是证婚人梁启超的话，训诫色彩极浓，不像祝语倒像咒语："徐志摩，你这个人性情浮躁，以至于学无所成，做学问不成，做人更是失败，你离婚再娶就是用情不专的证明！……不要以自私自利作为行事的准则，不要以荒唐和享乐作为人生追求的目的，不要再把婚姻当作是儿戏，以为高兴可以结婚，不高兴可以离婚，让父母汗颜，让朋友不齿，让社会看笑话！……我希望这是你们两个人这一辈子最后一次结婚。"沈从文虽然一向觉得梁启超才气纵横、不拘小节，此时却感到有点酸秀才味，在还未结婚的沈从文看来，那时大人物讨一两个姨太太都不会有人异议，徐志摩不过是离婚后又和一个刚离婚的女人结婚而已，没有必要说得那么严重。这显然出于他爱徐志摩太切的缘故，徐志摩为了陆小曼而离婚，放弃儿子，固然可以说是风流豪迈，在一个男人和父亲应担的责任和应尽的义务方面，则不能不说有所亏欠。当时徐、陆两家的父母都极力抵制这桩婚事，拒绝出席，只有发妻张幼仪的弟弟张嘉铸盛装而至。梁启超严肃的证婚方式，有规劝之意，毕竟他是徐志摩的老师，徒不教，乃师之过也；再者，梁启超是经多人劝进才出席的，本就不大情愿。

1925年，鲁迅、周作人与陈西滢频繁笔战，胡适、徐志摩都居间调停。1926年1月31日，徐志摩致信周作人："关于这场笔战的事情，我今天与(俞)平伯、(江)绍原、今甫(杨振声)诸君谈了，我们都认为有从此息争的必要，拟由两面的朋友出来劝和，过去的当是过去的，彼此大家合力来对付我们真正的敌人，省得闹这无谓的口舌，倒叫俗人笑话。"沈从文此时供职于《现代评论》，对于笔战过程应该是非常清楚的，徐志摩的态度他也应该知道，因为希望"息争"的不光是徐志摩，胡适也曾经写信给周作人劝和。此事对沈从文会产生两个方面的影响：一是更倾向于徐志摩、胡适等的为人处事方式，从他在北京与武汉都接触陈西滢夫妇却过从不多也可侧面看出这一点；一是亲见文坛争讼不已而往往成为混战，使他后来不愿胶着于论争，更愿意埋首创作。

此后两年，沈从文在北京发展得比较顺利，稿子有人要，稿酬足以维持生活，不过，他这种情况在文坛上只能算崭露头角而已，远未达到“红”的地步，当然也就远未达到靠写作获得舒适生活的程度。其实，沈从文终其一生也没有达到这种程度，他的作家身份始终和教师、编辑、研究员等交织着，小说家的光荣徽号遮掩着的其他工作，才是他安身立命的饭碗——徐志摩如果没有大学教职和父亲的资助，光靠写诗也过不了日子。1928 年 1 月，沈从文离开北京前往上海，很多人认为他是为了寻求文学事业的进一步发展，这其实是善意的误解。北伐结束，北平的文化中心地位迅速低落，虽然它仍然拥有当时国内最好的大学和最优秀的学者群，却不再是新文学的唯一大本营了，上海因为贴近新都南京，且是南京政府最重要的经济后盾，吸引了大批的文化人，其报纸杂志和书店远多于北平，各种背景和层次的作者和读者也远多于北平。上海因洋而兴，其文化特征本来就是无所顾忌，且因租界分属各国，文化特色殊异，读者的口味也驳杂不一，从激进反对政府的声音到优雅的乡村牧歌再到名媛绯闻，都能够找到合适的发表园地，且用稿量大。对于除卖文为生之外一无所长的沈从文来说，“逐水草而居”是必然的选择。何况能够帮他发表文章的徐志摩都已经到了上海。为文学而去上海是一个美丽的说法，为谋生而暂时离开北平倒是不争的事实。一旦饭碗有托，沈从文还是喜欢北平那样沉静古朴的老城。——在整个民国时期，北平始终是学者和作家最青睐的居处，盖因为这种文化底蕴的吸引力，连寄居上海的鲁迅都不止一次流露出想定居北平的念头。不过，对于沈从文，那得是五六年之后的事情了。

北伐前夕，北新书店因为印《语丝》和鲁迅杂文，《现代评论》因刊发胡适、罗隆基鼓吹民主的文章，在北方都站不住脚，人员先后迁移到上海。北伐成功后，北方文坛也相对空虚了，上海的新刊物阵容扩大，吸引了卖稿的作者，也成为商人投资的对象。当时上海出版界的情形是，文学类刊物中小说的比重最大，无论原创的还是翻译的，销路都不错,小说家也就成为一个比较时髦的称号(著名学者吴宓对很多做学问的都不怎么佩服,唯独对鲁迅、巴金、沈从文非常敬佩,就因为他们小说写得好)。出版商一般的做法是,通过一个人缘较广的编辑约作者、要作品,报酬通例是千字三元,稿子到了出版商手里他就可能少付些或暂时不付。作者可以凭单行本预支一二百元,往往又等于买断版权。有些更损的书店,把作者或译者的稿子抄一份,原稿奉还,过不多久,他倒先出了书,作者也无处打官司;最坏的是收了稿件,书也印出发卖,作者去索要版税时,书店负责人避而不见,即使作者已经见到书摊上自己的作品,也最终会收到一封信,说书无销路,作者倒欠若干得补还书店。沈从文是当时最高产的小说家之一,鲁迅还为此嘲讽过,沈从文自己也不引以为荣,却又不得不然,原因有二:一是有读者才有市场,二是生活迫切需要。有一段时间,上海的几个大型文学刊物,每月都有他的作品。但是面子在外光鲜,里子单薄得可怜。1929 年春天,沈从文和丁玲、胡也频各有新书摆放在四马路几个新书店的玻璃橱中,他们去向书店要钱,一文未得,最大的收获便是在大减价引来的人潮中伸着脖子看了很长时间的热闹。沈从文竟然觉得这也不妨事,在写作上他必须对读者负责,出版商付不付钱,那是商人的道德或良心,就算永远不付,也是无法勉强的事情。有这样的工作态度固然有助于优秀作品的产生,实际生活却是相当狼狈的,于是沈从文便努力写,流鼻血,总是穷,再努力写。他后来常用以自我安慰的一句话是:“正其谊不谋其利,明其道不计其功。”

沈从文初到上海的境况并不佳,他所能依赖的还是先到一步的徐志摩等人。徐志摩再婚后,因为陆小曼不耐北方气候而移居上海,不久就和叶公超、闻一多、梁实秋等人联合创办《新月》月刊,1928 年 3 月 10 日开始出版,新月书店也开始运转。沈从文除了经常在《新月》杂志上发表作品,还在新月书店出版了《蜜柑》《阿丽思中国游记》《好管闲事的人》《沈从文子集》等小说集。他已经是个比较有名的小说家了，不过经济上还是比较窘迫，书店给的稿酬很低，还常常以书抵酬，因此常常不得已而去麻烦当时住在上海福熙路的徐志摩。后来沈从文回忆起这段时间与徐志摩的交往倍感温暖。有两次徐志摩邀他到福履坊吃饭，都是从后门进去，在灶披间同车夫厨娘坐在一起吃的。徐志摩对这家的雪里蕻烧豆腐大加称赏，说是比前不久招待泰戈尔的锅塌豆腐还要透味好吃。

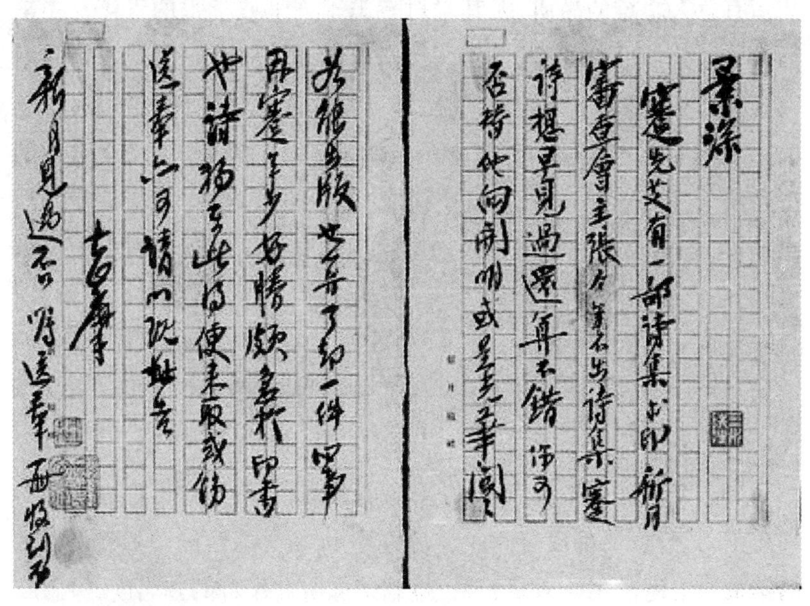

徐志摩致赵景深手书

徐志摩也劝过沈从文回北平去，但这时沈从文的老母亲和九妹已投奔他到了上海，上海米贵，本就大不易居，何况多了两口人。沈从文觉得卖文没有什么出路，又突发奇想打算进上海美专跟徐志摩的朋友刘海粟学习绘画，这当然更不能解决柴米油盐问题。最后，还是徐志摩生出一个大胆的念头：“你这样子还去念什么书？还不如去教书呢！”诗人虽然当过大学教授，毕竟骨子里不是学院派，也不大讲究学院聘用教师的规矩，他就直接给“我的朋友胡适之”写信推荐了。按照一般的思路，胡适是严谨的学院派，当时刚刚主持上海中国公学不久,对这个提议应该是婉拒的可能性远大于接受。理由太简单了:沈从文没上过大学,在旧学问方面还没有什么根基;没有留过洋,不识外文字母,洋学问可以说等于零。敢于把这样的人推荐出去的,怕也只有诗人徐志摩了。

没想到胡适欣然接纳。不少人称赞胡适此举,誉之为慧眼,甚至把沈从文因此情定张兆和都归功于胡适,其实未必恰当。一来因为胡适有急人之难的品质,尤其是对有志于文学或学术的青年。二来因为中国公学已经聘请了冯沅君、饶孟侃、叶公超、梁实秋等新文学作家、评论家,多一个小说名气已经可观的沈从文也无可厚非,毕竟前述那些人都创作渐少而以评论或学术见长,胡适给沈从文定位的课程是主讲大学一年级"新文学研究"和"小说习作",与沈从文的特点相称,清华大学已经有朱自清尝试把年轻的新文学研究引入大学讲堂,胡适又是好开风气之先的。当然还有一个相对隐秘的原因,那就是沈从文在《现代评论》打过工,也在上面发过一些文章,基本上可算胡适那个圈子里的人(更具体细致的原因当在沈从文与胡适交往的章节里分析)。

徐志摩是理想主义者,合办书店的梁实秋、胡适等也都有很强的理想主义气质,又都没有商业经营的天分,新月书店经营不善是自然的结果。上海的书店看重销量,报刊杂志讲究作者的知名度,徐志摩恰恰对这两点都不在意。他因为离婚而跟父亲的关系比较僵,经济渐窘,而陆小曼大手大脚惯了,最初他们住在环龙路(今南昌路)花园别墅 11 号的三层洋房,为缩减开支才搬到福熙路(今延安中路)四明村 923 号的老式石库门洋房,每月租金还得银洋百元左右。刘海粟记得,1930 年 12 月在巴黎收到徐志摩的一封信,足见诗人之窘况:"此间生活,如蹈大泽,无可攀援,费容支撑,且为奈何。"对刘海粟寄的一条丝帕大为感谢,"小曼得帕如小儿得饼"。出身富豪的一对爱人,已经到了如此地步。沈从文靠在中国公学教书和写作,日子仍然过得紧巴巴的。因拒绝党化教育,南京政府教育部一再拒绝立案中国公学的大学资格，缘于愤激也出于被迫，胡适在 1930 年 5 月 19 日辞去校长职务，很快被蔡元培聘到北大，沈从文的饭碗却很难保全。徐志摩所能够提供的帮助，便是给在北平时就很熟悉的杨振声写推荐信，杨振声刚被任命为青岛大学校长，正在励精图治，亟需得力人才。但是蒋介石与阎锡山、冯玉祥的中原大战导致山东、河南等地学生无法如期赴校报到，开不了学也就没有沈从文的职位，他等米下锅，只得去武汉大学暂谋稻粱。

青年徐志摩照片，上面原有题签"送适之"。

在武汉，沈从文看到《新月》虽然已被南京政府限制不许在当地出卖，而陈西滢、袁昌英等人拿到一本，即视为宝物一样传阅，他在给胡适的信中表达了对徐志摩的关心。他也知道徐志摩与父亲不睦，明白一切皆因陆小曼，但是自己仍在无奈漂泊之中，只能对诗人的困境稍稍表达一些同情。等冬天回到上海，胡也频被捕，他又不得不去麻烦徐志摩。虽然徐志摩此时刚刚接到胡适的推荐，准备前往北京大学任教，还是迅速伸出援手，一方面因为沈从文的关系，另一方面因为胡也频也是徐志摩所熟悉的作者，给他主编的《晨报副刊》和《新月》都写过稿子。虽然徐志摩不赞同左翼文学思想，却对南京政府的做法非常不满："参加什么党派，是个人的信仰，怎么可以凭借这一点来抓人呢?"信仰"爱"与"美"的诗人仅凭直觉做出的判断，一语击中胡也频被捕事件的要害。他当即写下短简让沈从文到南京去找蔡元培，同时写信让胡适劝蔡元培帮忙；蔡元培虽然是国民党四大元老之一，但头上只剩下国民政府建设委员会委员的虚衔，处于政治权力的边缘，对于胡也频的命运已经回天无力。一介文人的性命，在政治大博弈的格局中是渺若微尘的。确认胡也频死讯之后，沈从文准备护送丁玲母子返回湖南常德，囊中羞涩，又不得不去找徐志摩借路费，徐志摩手头不便，转而找到金屋书店的老板邵洵美，才解决了问题。

再回上海，靠写作仍然难以维持生计，除了徐志摩、胡适这些人，沈从文在上海的交往圈子很小，他们一走，沈从文卖稿都成了问题。5 月间，沈从文接受徐志摩的建议，到北平谋职，但多方寻觅均无着落，沈从文感到这“不是我住得下的地方，我的文章只有在上海才能写得出也才卖得出的”。自信只能是自慰，返回上海依然改变不了困境，最终还是在 8 月间由徐志摩出面联系杨振声，希望能够兑现一年前的聘约，这才有了沈从文在青岛比较稳定的三年教师生活。上海是沈从文与徐志摩的重要人生交集，也是两个人都不太如意的一段时光，好在这一时期他们相知更深。

徐志摩的猝然离世在沈从文心中烙下了一道深痕，1931 年 11 月 21 日下午接获噩耗，记忆便定格。他只要提起那天的所闻所见，细节就变得非常清楚，哪怕相隔几十年后，描述的场景和语调都极其相似，已经沉淀为灵魂中无法磨灭的一部分。其实，从另外一个细节也可以看出沈从文对徐志摩的感情，在青岛收到噩耗当场，还有闻一多、梁实秋、孙大雨、陈梦家等，都是新月社的中坚，徐志摩的挚友，讨论的结果是唯独沈从文一人搭夜车去了济南。对于其他人来说，徐志摩是个可爱的朋友，死去当然值得惋惜，但可能还没到揪心欲裂的地步，沈从文已经到了这个地步，因为联结他和徐志摩的不仅是友情，更重要的是恩情。

电文是从北平发到青岛的，沈从文正在杨振声家里与闻一多、梁实秋等喝茶聊天，济南发来的电文中只说“志摩乘飞机于济南附近遇难”，同时通报了北京大学张奚若、金岳霖、梁思成等拟乘车到济南，于时任齐鲁大学校长的朱经农处会齐的消息。朱经农曾经在北京大学任教，说起来，沈从文和他还有一层比较特殊的关系，他的姑妈朱其慧，是熊希龄的第一位夫人。大家惊愕之余，尚对电文中的“遇难”没有完全接受。沈从文当即表示乘晚车去济南了解事情经过。在车上，沈从文想找个学生模样的人聊聊，告诉他那个生龙活虎的诗人已经不在了，却无人可以诉说，只能偶尔打开车窗呼吸冰冷的空气来缓解抑郁，看着漆黑的夜慢慢变白。事情的确来得突然，就在13日，他还写信给徐志摩，因为听到社会上传言胡适将到南京政府的财政委员会去做官，希望转告胡适不要受骗，像他沈从文这样对政府的主张和行为都心存疑惑的人，只要胡适振臂一呼，都愿意响应的。没想到，这个把他介绍给胡适的人，遽然去了。

清早抵达齐鲁大学，正好北京大学的梁思成等人也到了，不久，张幼仪的弟弟，那个代表全家出席徐志摩、陆小曼婚礼的张嘉铸，带着徐志摩的长子也到了。在停灵的小庙中见到了徐志摩的遗体，已经用瓜皮小帽和长袍马褂殓好，诗人平素喜欢的西服领结和金丝眼镜，在济南置办不到，也不需用了。潇洒飘逸的诗人顷刻间成了故人，而且穿上这么一份大不相称的寿衣，独自躺在一生只来一次的这个小庙一角，而小庙的名字就叫福缘庵，兼作售卖瓦盆瓦罐的处所，如此多的不伦不类，引起在场诸人的渺茫悲痛感觉。大家无话可说，在棺旁沉默站了一会，便在潇潇寒雨中回到齐鲁大学。

徐志摩棺木南下，张奚若、金岳霖、梁思成等人北上，沈从文当晚回青岛，向杨振声、梁实秋等人报告成殓情况。11月24日，他致信胡适，建议购买那架失事飞机以作纪念，又提议定下一个日子，在上海、南京、济南、青岛、北平、武昌各地，分地同时举办一个徐志摩的追悼会。飞机没有买成，各地的纪念会先后举行。沈从文的感情慢慢沉淀，直到三年后，浓缩成一篇纪念文章，从题目看，记忆仍然定格在闻知噩耗之时:《三年前的十一月二十二日》。他写自己坐在青岛开往济南的火车上时，产生了一个古怪的念头，那就是人为什么忽然会死。就在1931年，沈从文失去了四个好朋友，都是在北京时期结识的，另外三个都是共产党员，胡也频在上海龙华监狱被乱枪打死，张采真在武汉被人牵到欢迎劳苦功高的什么伟人的彩牌楼下斩首,董振先在故乡那个使读书人神往倾心的“桃源洞”前被捷克制自动步枪打死。最后,是这个“想飞”的诗人,烧毁在云雾里。“一切痛苦的记忆综合到我的心上,起了中和作用。我总觉得他们并不当真死去。多力的,强健的,有生气的,守在一个理想勇猛精进的,全给早早的死去了。却留下多少早就应当死去了的阉鸡,懦夫与狡猾狐鬼,愚人妄人,在白日下吃,喝,听戏,说谎,开会,著书,批评攻击与打闹!想起生者,方真正使人悲哀!”对世情的愤慨缘于所爱者的英年早逝,沈从文进而觉得,倘若这些死者值得纪念的话,纪念的方法应当不是眼泪,不是仪式,不是言语。那是什么呢?沈从文自己的纪念方式是向学生和世人介绍徐志摩的诗文,用徐志摩点燃自己的那把火照亮更多的人。

一年后,他携张兆和到北平定居,起初住在胡适家的楼上,那本是徐志摩生前的住处,胡家人后来不敢住。半夜里胡适上楼来聊起徐志摩,沈从文这才知道徐志摩、陆小曼、凌叔华、林徽因之间的复杂关联;也才知道他在上海向徐志摩屡屡告援的时候,徐志摩日子过得并不轻松;也才知道徐志摩之所以搭乘那架邮政飞机,是赶来参加当天晚上林徽因关于中国建筑艺术的讲演。而之所以赶上这架飞机,是因为迁居上海后,陆小曼的开支太大,徐志摩把南京中央大学和北京大学的薪金全部给她,自己只留下30元零用,还是不够陆小曼的花销,不得已趁着蒋百里出售上海愚园路的房子,徐志摩以中人名义,签了个字,得一笔款给小曼,于是在上海多留了几天。胡适和沈从文都觉得,一切都近于凑巧而成此悲剧。

沈从文记起就在徐志摩出事前不到十天,11月13日,他还饶有兴致地给诗人写信,希望徐志摩能够帮助刚在青岛跟闻一多不欢而散的方令孺“找点事做”,对自己作品入选陈梦家编选的《新月诗选》略表羞涩,还对胡适可能去南京政府做官的传言表示了担忧,甚至开玩笑地说,想把冰心对徐志摩不无揶揄的诗作以及相关文字编成一本书，作为送给徐志摩五十大寿的贺仪。

1934年底，沈从文写下了第一篇纪念徐志摩的文字《三年前的十一月二十二日》——已经问世的《徐志摩传》之类作品基本上都参照了沈从文这篇文章。沈从文在陈述了徐志摩逝世情况后，高度评价了他的人格和精神：

> 我以为志摩智慧方面美丽放光处，死去了是不能再得的，固然十分可惜。但如他那种潇洒与宽容，不拘迂，不俗气，不小气，不势利，以及对于普遍人生万汇百物的热情，人格方面美丽放光处，他既然有许多朋友爱他崇敬他，这些人一定会把他那种美丽人格移植到本人行为上来……

在《谈朗诵诗》《回忆徐志摩先生》等文中，沈从文评价徐志摩都集中在人格特点：“为人和易亲人”，或者“无机心、胸襟宽广”。他追怀徐志摩的一首诗语言平朴：

> 他是一个无仇敌而有朋友的人。
> 他是一个能从各样人中取得友谊，
> 培养到自己的生命的人……
> 他永远总是过分的年青、热心、富于感情。
> 他永远十分信任凡是他认为朋友的熟人。
> 他在人面前，由于他的亲切，洒脱，
> 使一个生人也没有拘束。

几乎可以看作对徐志摩总体评价的一个提纲，没有发表，可能是沈从文拟作一篇大文章的提要，却最终觉得这些简白的文字已道出徐志摩为人的精髓而无须修饰，无须再作任何铺展。

之后，他又写出了《论徐志摩的诗》，将胡适、周作人、郭沫若等近30位诗人列为考察背景，包括了文学研究会、创造社、新月社几个主要社团。可以说，这是对徐志摩的一次全面评价，也是对现代诗歌早期生态进行的一次独特梳理。在这样的视野中评价徐志摩，不仅见出沈从文对朋友的真诚怀念，还可以看出他对徐志摩诗歌的深刻理解。试摘录他对徐志摩《在常州天宁寺闻礼忏声》等诗作的评语就足以明白两个人心灵契合的程度："以生命的洪流，作无往不及的悬注，文字游泳在星光里，永远流动不息，与一切音籁的综合，乃成为自然的音乐。一切的动，一切的静，青天，白水，一声佛号，一声钟，冲突与和谐，庄严与悲惨，作者是无不以一颗青春的心，去鉴赏，感受而加以微带矜持的注意去说明的。"其中诸多关键词都会出现在人们评价沈从文小说和散文的文字中，这不一定完全符合徐志摩的诗歌追求，却无疑反映了沈从文心目中的徐志摩形象。

1936 年，沈从文凭记忆绘了一幅"白马山"地貌图，这是目前存世的有关徐志摩遇难地的唯一历史图像资料，作为《沈从文全集》第二十七卷前插页图片，永远保留着对徐志摩的纪念。

中年沈从文

沈从文视野中的中国新诗，始终围绕徐志摩展开，似乎在回应徐志摩的一句话："一个时代见不着一个真诗人，是常例；有一个两个露面已够例外；再盼望多简直是疯想。"为西南联大师范学院学生上课的讲义《从徐志摩作品学习抒情》，发表在 1940 年《国文月刊》上。

他摘引了徐志摩《云游》一诗的判断后，分析文字中不自觉流露出一种对亡友的哀伤：

“单独”是一个耐人寻味的现象。我有时想它是任何发见的第一个条件。你要发见你的朋友的“真”，你得有与他单独的机会。你要发见你自己的“真”，你得给你自己一个单独的机会。你要发见一个地方(地方一样有灵性)，你也得有单独玩的机会。我们这一辈子，认真说，能认识几个人？能认识几个地方？我们都是太匆忙，太没有单独的机会……

人们评价徐志摩的时候往往会使用那个“真”字，沈从文这里伤感的是人生太匆忙。“我们这一辈子能认识几个人”的深长感喟，令人掷书兴叹。能够从灵魂深处认识却只能将所认识的人保留在灵魂里，不仅因为彼此“太匆忙”，更因为人们往往缺乏那种单独品味友情和自我的意识。当沈从文后半生不得不单独面世，也无法匆忙度日的时候，这种记忆和怀念会滋润他的灵魂，也会啮咬他的灵魂，一直持续到晚年。

1944年，云南的松山、腾冲一带激战正酣，沈从文在自己收藏的1930年光华书局出版的《一个天才的通信》后扉页上写下了一篇题识，回忆起当年被杀害的友人张采真、胡也频之后，又写到了早逝的诗人，感伤不已：“代为介绍这个小书出版的徐志摩，也死去了十三年。因这个，使我有机会见到中国公学教书的胡适之，如今正若在半放逐中不能归国。这就是时间。”故人飘零之慨，溢于纸面。

1947年初，沈从文在给一位年轻朋友的信中写道：“廿三年前我认识了宰平先生、志摩先生，随后是适之、西滢、西林……诸先生，从他们所得，正和我读书一样，和他人所得稍稍不同。有些人从读书得章句知识，文学史知识，从人方面得的也类乎这些东西。我不知为什么，认识这些人，却得到一种作人虔敬的力量。”在沈从文的记忆名单中，徐志摩始终排在前列，不仅因为认识得早，更因为感念深沉。沈龙朱的话可作旁证：“爸爸是专门从青岛赶到济南看了怎么收拾徐志摩的尸体等整个过程。北京有些人也去了,都是朋友。这些过程他在我们很小的时候就给我们都很详细地讲过。徐志摩是爸爸很重要的好朋友。”

在“文化大革命”中,徐志摩家乡的人竟以为这位家境富裕的诗人是用金头配上殉葬的,坟墓因之被毁。园林大师陈从周是徐志摩的表弟,他后来写信告诉沈从文这一闹剧,沈从文只能徒叹奈何了。1975 年秋,他给陈从周信中写道:“志摩先生过去帮助我极大,也可说是一生关系最密切的良友益师;思成夫妇也是一生最好朋友之一,不幸都已成古人。若还活着,知道我放弃‘空头作家’以后,面对全国开了那么一个‘大杂货铺’,一定会感到十分有趣。”自嘲自伤与忧悒怀念交织。陈从周寄纸请沈从文写字,沈从文复信附赠了一个条幅,自惭写得不好,又有一句:“记得志摩先生还有个亲戚姓查,似叫查士标、士元两昆仲,是否还活着?”对徐志摩的亲故仍殷殷问讯。

1979 年 9 月,沈从文在复赵家璧信中叙述徐志摩遇难一事仍然非常痛切:“到山东时,白马山只隔济南廿五里,因大雾飞机下降,触及山腰失事致祸。一切都近于凑巧而成此悲剧,不仅当事亲友,为此含悲抱恨终生,以国家言,也是一不可挽救之大损失。”其中若干文字,是他在 1934 年《三年前的十一月二十二日》中就已经写下的,45 年的光阴对他的记忆和感受没有什么影响。

1980 年,沈从文赴美国哥伦比亚大学讲学,在当年徐志摩介绍给他的朋友王际真家里,看到了自己当时向王报告徐志摩遇难的信,保留完好的信笺已经发黄,近五十年的记忆如水流泻:从济南回到青岛,已经是 11 月 23 日晨,沈从文立即写信把诗人遇难的消息告诉王际真,12 月 5 日再写一信。两个耄耋老人已经没有多少话可说。这次见面和回忆,后来凝结为一篇题为《友情》的长文,发表在《新文学史料》上。文章的绝大部分内容,和 1934 年所写的《三年前的十一月二十二日》相同,对此,不能简单理解为沈从文照抄旧文,而应该把重复叙述的方式看作对亡友始终未变的纪念。沈从文认为必须坚持的观点，会一字不易地出现在不同时期的文本中，《从文自传》《边城》“题记”中的很多文字都重新出现在散文集《湘西》和长篇小说《长河》“题记”中。

徐志摩把沈从文引入文坛，沈从文对徐志摩的人格敬仰和精神共鸣，一方面体现为将那热情助人的火种传给更多的人，另一方面就体现为对徐志摩作品的深切体味和推广。1982 年 7 月 22 日，他复信给一位关注徐志摩的“昭淳先生”，对当时人们研究徐志摩其人其诗的现象和门径表达了自己的看法。他觉得，如果真作研究的话，不必琐琐于作者的身世，因为对于不了解大诗人的读者来说，偶一留意就足够，专业研究人员怎么能老是在这种事情上浪费精力？不如从欣赏出发，反复咂摸品味徐志摩诗歌、散文的内容，多写个人阅读心得，这样才算是新印象，能够给人以新的启发。沈从文一直认为，徐志摩对于新文学的贡献，在他那个历史阶段中十分突出，大大不同于并世作家。而如果有人想了解徐志摩的个人私事，沈从文表示“我即或知道得再多，也无从奉告”。因为对“研究”毫无用处，“真值得研究的，应当是作品”。

“总还是个够得上叫做自由主义者的知识分子”

——沈从文与胡适

20世纪60年代初，胡适在台湾谈起旧日的朋友时说：“现被三反五反之后的钱端升、朱光潜、沈从文、华罗庚等人，听说过得非常的苦。”

这就是胡适，对于他所认同的知识分子，一旦陷入困境，总是萦绕在心的。而这个时候中国大陆真正能被称作知识分子的人，的确都过得非常苦。沈从文这时被胡适牵挂，幸亏消息没有传到北京，才得以在漩涡中心相对安稳地度过。不过，能够和朱光潜、华罗庚等人并列，充分说明了沈从文在胡适心目中的分量。沈从文的文物研究这时尚未享名，胡适看重的，除了友情，当然是沈从文的小说成就。

他们的友情应该起于上海。1925年徐志摩开始在北京大力推介沈从文时，胡适正在专心学术，虽然在《独立评论》的圈子里也能够接触到沈从文，毕竟不多，他们的交往是徐志摩居中联系起来的。著名博士胡适和著名作家沈从文的人生交集真正发生于1929年的中国公学。彼时胡适任校长，沈从文生活窘迫亟需稳定工作。

有的研究者说胡适当时就看出沈从文前途不可限量，所以慨然允诺徐志摩。这大概是对胡适的为人作风不太了解的缘故。胡适对人尤其是努力上进的青年善作奖掖，以至于很多人在时隔多年后或因有所成就而感谢当年胡适的眷顾，或因后事追溯前因而赞叹胡适眼光卓远，其实胡适只是顺手帮人成了习惯，受惠者多，而渐成一种人格评价。这一点，也符合那副有名的挽联："新文化中旧道德的楷模，旧伦理中新思想的师表。"不过，如果一味将美好的结果归因于美好的动机，这个世界也太简单了。胡适接受沈从文到中国公学任教，有多重原因。

中国公学成立于1906年2月，胡适在这所学校读过三年书，1909年以庚款留学生身份赴美。1926年7月，他借出席伦敦"中英庚款委员会议"之机，做环球旅行。没想到1927年4月将回国时，中国政局突变，南北对峙尚未结束，原作联盟的国共双方瞬间分裂，整个中国隐隐然呈多方割据之势。留在北京的人们道路以目，日报、晚报甚至周报，多有空白，《现代评论》时有被抽删文稿的现象，一切出入北京的书信与电报都须接受严格的检查，截留甚多。这种现实是导致沈从文离京赴沪的一个重要原因，胡适清楚得很，他自己就无法返回北京，而为谋生计不得不就任上海光华大学教授并兼课于东吴大学。就此而言，接纳《现代评论》的旧盟友，他必须伸出援手。

还有更深刻的原因。1928年春天，中国公学爆发学潮，学校董事会先后推举于右任、蔡元培出任校长，都被学生拒绝，理由是"于、蔡二人道德学问虽好，可惜兼职太多，恐不能专心办学"。无奈之下，关心学校命运的王云五、朱经农等人找到胡适，请他出山，化解危难。胡适却不过情面，再加上对母校的情感，就答应暂时主持两个月，学期结束就辞职。两个月后，校方极力挽留，他也就继续"勉为其难"了。他提出了多

中年胡适照片

项治校主张,强调有志于数理的人须学点文史知识,有志于文史的人须学点自然科学,为此,他亲自兼任文理学院的院长。这样一来文史类的教员需求增多,而从他延聘的名单中,可以看到不少诗人的名字,都是《现代评论》或新月社中人,比如梁实秋、罗隆基、叶公超、饶孟侃,另有新文学作者郑振铎、黄白薇、冯沅君等。如果再加上名气渐升的小说家沈从文,不仅可以和新月社互相呼应,成就新文学在上海的一个中心,还可以和日趋高涨的左翼文学思潮平分秋色。胡适长于治史,眼界宽阔,故常能领风气之先。他在1934年2月14日的日记中还颇为自得地写下了一段文字:"偶检北归路上所记纸片,有中公学生丘良任谈的中公学生近年常作文艺的人,有甘祠森(署名永柏,或雨纹),有何家槐、何德明、李辉英、何嘉、钟灵(番草)、孙佳汛、刘宇等。此风气皆是陆侃如、冯沅君、沈从文、白薇诸人所开。……北大国文系偏重考古,我在南方见侃如夫妇(按:即陆侃如、冯沅君)皆不看重学生试作文艺,始觉此风气之偏。从文在中公最受学生爱戴,久而不衰。大学之中国文学系当兼顾到三方面:历史的;欣赏与批评的;创作的。"

胡适之所以聘用沈从文,还缘于他的教育理念,不重文凭重水平。中国公学每年招生结束后,教务处总要发出大批公函,向考生所在学校查询文凭真伪,如果发现假文凭,便照章开除。但滑稽的是,有的学校根本不存在,发出的公函石沉大海;有的学校回信后,拿假文凭蒙混过关的学生已经上了半个学期的课。更滑稽的一件事是,胡适在学生遗弃多年的杂物中,发现了一个大学公章和一枚校长私章,面对这伪造证件的铁证,胡适他们只能苦笑,因为作伪者早已毕业。而当时文凭作假成风是不争的事实,胡适的本家曾经同他商量为自己的侄子造假,以便报考清华;四川某校长拿空白毕业证送人的事也传到他的耳朵里。这些理由都可以让胡适接受虽然谈不上有实学却有真才的沈从文。

不过,想进大学念书都没有机会的沈从文,对于将要去教书这件事还是非常忐忑的，接到胡适的聘书之后仍然感到难以胜任，从他给胡适的信中可以看出这种担忧多于惊喜的心理：“为从文谋教书事，思之数日，果于学生方面不至弄笑话，从文可试一学期。从文所以不敢作此事，亦只为空虚无物，恐学生失望，先生亦难为情了。从文意，在功课方面恐将来或只能给学生以趣味，不能给学生以多少知识，故范围较窄钱也不妨少点，且任何时学校方面感到从文无用时，不要从文也不甚要紧。可教的大致为改卷子与新兴文学各方面之考察，及个人对各作家之感想，关于各教学方法，万得先生为示一二，亦是实为幸事。事情在学校方面无问题以后，从文想即过吴淞租屋，因此间住，于家母病人极不宜，且贵，眼前两月即感棘手也。”

当时比沈从文名气更大的小说家废名也打算到中国公学任教，他托老师周作人推荐，周作人没有直接写信给胡适，而是让俞平伯联系，俞平伯最终没有向胡适推荐，才有了沈从文的机会。不过，当陆侃如把废名有意前来的消息告诉沈从文，他的忐忑加重了，又给胡适去一信：“我在学校功课实在对付不好，因为我还是不知道爬上讲台去说什么是同学有用的话。”然而母亲生病、房租昂贵、稿酬菲薄、九妹求学等现实需求无法回避，沈从文只有硬着头皮搬到浦东校园住下开始教书。众所周知，他的第一堂课是失败的。尽管胡适说他第一堂课没有被学生轰下台就是成功，沈从文其实从来不曾有像胡适、徐志摩、闻一多那样学生都拥挤坐在窗台上听课的轰动效果，他在联大时期上课被人记起最多的是板书漂亮和备课认真以及向报刊热情推荐学生作品。著名的现代文史学者吴宏聪，是沈从文在西南联大时期的学生，他也提到，在昆明时选沈从文课的“学生不多，因为他不擅长上课，声音小而且有浓重的湘西口音，和同系的闻一多相比，沈先生的课可以说是不动人的”。

但沈从文自有他人不及之处，就是“改作文改得特别好，他批改的字往往比学生的作文还长，字又漂亮，所以很多学生都把习作珍藏了几十年。他不擅于公开演讲，但是个别谈话特别有针对性，能根据学生的思想情况和写作问题谈，还为学生提供材料去作研究”。在青岛曾与沈从文同事过的梁实秋的评价，也从另外一个方面肯定了沈从文的教书能力，并且间接肯定胡适的引介：“一位教师不善言辞，不算是太大的短处，若是没有足够的学识便难获得大家的敬服。因此之故，从文虽然不是顶会说话的人，仍不失为成功的受欢迎的教师。记问之学不足以为人师，需要有启发别人的力量才不愧为人师，在这一点上从文有他独到之处，因为他有丰富的人生经验和好学深思的性格。”梁实秋 1973 年在美国西雅图写下这段话时，怎么也不会想到，身患重病的沈从文当时刚享受完湖北丹江口干校的“独到”生活。

沈从文教书期间遇到很多麻烦，一是身体不好，大概是初到北京时期艰苦生活落下的病根。再者因为经济窘迫而对教书和写作常不自信。有一次，发烧得厉害咳嗽严重，想去看医生，却因为所有的钱都花光在还账、日用、替妹妹缴学费方面，他只得致信胡适，希望能够预支一个月的薪水。事情解决之后，他又对自己的教书能力发生了深刻的怀疑，也不好意思为私事常去麻烦胡适，有时去拜访却不遇，更使他不愿觍颜再往，只能在信中诉苦。直到一年后，他还念念不忘：“一年来在中公不至为人赶走，无非先生原因。现在觉得教书又开始无自信了，所以决计在数日内仍迁上海，暑期也不敢教下去了。我想我自己还得整顿一下，把意志弄强一点，文章做不好也得低头干下去，现在最适于我的，恐怕还是把生活放得不大安定，从不安定中我会慢慢的把性子变好一点，也会把人变更韧一点。所以我预计来重新生活一阵，或到什么地方找个小职员做做，或仍然尽其此事可作，或有机会到一些新地方新事情上吃点苦，见识见识，大致对于我一定还有益一点。我读书好像是无希望可言了。”他觉得自己的性情同书本学问是永远不能连在一处的。对于生活常常青黄不接的沈从文来说，顶着小说家的招牌而稿酬菲薄且屡被克扣，时有不在月底写成一书就无法支持的情形，苦恼是难免的。不过，他对自己写小说的信心大大增加了，对胡适表示，大约还要写12年小说，应该能够把小说写好，在这事上他不缺少耐心，只要生活马马虎虎，将把自己力量完全用到这件事情上，“将来或者做得出稍好一点的小说”。

沈从文在十多年后执教北大时，把胡适给自己教书的机会称作“尝试的第二集”，不仅影响到他此后的工作选择，更重要的是影响了他对工作的态度，以及这个态度推广到国内相熟或陌生师友同道方面去时，便慢慢扩大了“自由主义”在文学运动中的健康发展。胡适把自己的白话诗集命名为《尝试集》，来自陆游的诗句“自古成功尝试无”，他的白话诗作算不上怎么成功，不过像他比较喜爱的龚自珍名句，“但开风气不为师”；他把沈从文引上讲台倒算是比较成功的尝试。

中年沈从文照片

1929年7月，中国公学第18届学生毕业，胡适的《毕业赠言》围绕一句话展开：“不要抛弃学问。”针对有人担心条件不够、生活困难的情况，他简捷地指出：凡是要等到有了图书馆方才读书的，有了图书馆也不肯读书。凡是要等到有了实验室方才做研究的，有了实验室也不肯做研究。你有了决心要研究一个问题，自然会撙衣节食去买书，自然会想出法子来设置仪器。一个人如果每天肯看10页有用的书，每年可看3600多页书，30年读11万页书可成一个学者。反过来，每天看三种小报也得费一点钟的工夫，四圈麻将也得费一点半钟的光阴。这些话无疑深刻影响了沈从文，他后来在故宫的库房里用十年光阴细细揣摩那些衣料和文物,不仅消解了被雪藏的抑郁,蚌病成珠,转成文物研究专家。

不能不说到沈从文与张兆和了,在这个著名的爱情故事中,胡适起到的良好作用主要不是对于女方,而是对于男方。沈从文写了很多情书给张兆和却没有得到任何回应(当然,他当时还不知道自己已经被编为“Frog 十三号”),焦急之下在 1930 年 6 月 30 日的情书中写道,如果再无回音,他就自杀。他找胡适提出要离开中国公学,理由之一就是求爱不成,胡适劝他“莫走”。家庭经济有困难,他会去解决,也可以“在这件事上帮忙,做一切可做的事”。胡校长要亲自找张兆和谈话,正好张兆和拿着沈从文的一大叠情书来讨说法了。胡适趁机夸赞沈从文是文学天才,对兆和爱情真诚,且表示可以代为作伐,去向张兆和的父亲提婚,被张兆和直接拒绝了,因为她觉得校长在为沈从文吹嘘,也没有觉得自己是在和一位有名学者谈话,就告辞了。胡校长只能回过头去写信安慰沈从文,表示自己听了这个女孩子的话后很是“怃然”并给沈从文打气:“我的观察是,这个女子不能了解你,更不能了解你的爱,你错用情了。”这次居中斡旋虽未获理想结果,沈从文却平静下来,继续一封又一封情书地写下去,他的最终成功归因于自己的真诚努力,和胡适其实没有多少关系的。胡适喜欢替人牵红线,还有一本月老簿,专门记载成功案例,沈从文被记录在册,胡适似有贪功之嫌。

胡适对沈从文的经济状况很了解,也多次施以援手,在劝说张兆和被拒后写给沈从文的信中劝他想开些,千万“不要让一个小女子夸口说她曾碎了沈从文的心”,至于家常费用,“有什么困苦,请告我”。沈从文在《新月》方面的稿酬拖欠较久,又不好意思催徐志摩等,胡适善解其意,“新月款我当代转知”。沈从文始终没有忘记胡适的帮助,他与张兆和订婚后,即从青岛把这个好消息报告给胡适:“多久不给您写信,好像有些不好意思似的,因为我已经订了婚。人就是在中公读书那个张家女孩子。”自得之余,不忘调侃一下胡适,那就是他们两人每次谈到过去一些事情时,总觉得应当感谢的是适之先生:“如不是那么一个校长,怎么会请到一个那么蹩脚的先生。”1934 年 11 月 20 日,沈从文与张兆和的长子龙朱出生,他也没有忘记写信告知胡适这一喜讯:“母子均平安无恙,足释系念。”

胡适在主持中国公学期间,因发表《人权与约法》《知难,行亦不易》《我们什么时候才有宪法》《新文化运动与国民党》等文章,批评国民党政府的党化教育,提倡独立思想和民主自由,结果触动了当权者的神经,也为自己招惹了大祸。当局以“侮辱总理,背叛政府”的罪名,要求严惩和缉办“反动文人胡适”——有意思的是,若干年后胡适又戴上了“反动学术权威”的帽子。于是在全国范围内,从属于南京政府的舆论界掀起了全面“围剿”胡适的浪潮。最后,南京政府敕令教育部对胡适予以“警告”,迫使胡适于 1930 年 5 月辞去中国公学校长职务。既是作为道义上的呼应,也因为在一定程度上失去了有力的照应,不久沈从文也辞去中公的教职前去武汉。

在武汉大学,沈从文仍然从讲师做起,这里他仍然和《现代评论》圈子的人联系而且更加密切,以“闲话”和鲁迅对峙的陈西滢在这里,诗人孙大雨也在这里。1930 年 11 月 21 日,他从武汉写信给胡适,报告《新月》在当地不许出卖,陈西滢、袁昌英等人拿到一本,即视为宝物一样传阅。不久沈从文回到上海探望母亲和妹妹,遇上了胡也频被捕事件。他所能求助的,还是胡适和徐志摩这些人,当时胡适已经受聘到北大任教,对政府的影响甚微,不过,尽量帮助别人是沈从文和徐志摩、胡适的共同爱好,于是他写信给蔡元培,嘱托他助一臂之力。沈从文拿上胡适的信,立即赶回上海去找蔡元培。原信现在已经无法看到了,不过胡适的日记有清楚的记载。1990 年台北远流出版公司出版的《胡适的日记》手稿本第 10 册中,1931 年 1 月 20 日记有“沈从文来谈甚久。星期六与星期两日,上海公安局会同公共租界捕房破获共党住所几处,拿了廿七人,昨日开讯,只有两女子保释了,余 25 人引渡,其中有人为文学家胡也频。从文很着急,为他奔走设法营救,但我无法援助”。2 月 24 日日记中附有蔡元培 20 日给他的复信,其内容就是关于沈从文奔波于京、沪、宁之间营救胡也频的。蔡元培信中说:“自京回沪,大驾已北上,不克恭送,甚歉。沈从文君到京,携有尊函,属(嘱)营救胡也频君,弟曾为作两函,托张岳军(即张群,时任上海市长)设法,然至今尚未开释也。”

1933 年 5 月,丁玲被绑架囚禁,沈从文只能再次求救于胡适,他在信中充满感激与焦虑:“丁玲事承向各处说话,费神,实在感谢……先生提倡人权有年,且因提倡人权,每当说了些比较公平的话时,就吃过政府的小亏,在这件事情上还盼望能主持公道,说几句话,提醒一下政府。”此信所说的小亏,指的就是三年前胡适因反对南京政府党化教育而被迫辞职一事。除了告援,沈从文还写了《丁玲女士被捕》一文,准备在胡适主持的《独立评论》第 52、53 期合刊(6 月 4 日出版)上登出,公开呼吁。文章即将出版发行之时,胡适收到上海市市长吴铁城的回电:“报载丁玲女士被捕,并无其事。此间凡一切反动案件,不解中央,即关地方法院。万目睽睽,决不敢使人权受非法摧残。”对政府说法且信且疑的胡适要了个小手法,他一面登出沈从文的文章,一面特加了个“编者附言”,说:“此电使我们很放心。因版已排成,无法抽出此文。”他把吴电作为“最新消息”,“以代更正”,是一种通过公共媒介向官方施压的曲线营救策略。只不过秀才遇到了兵,文化人的舆论施压根本产生不了任何效果。

就此而言,“文革”结束后丁玲指责沈从文懦弱不敢出头的说法,应该是没有看到这些史料的缘故吧。

营救胡也频、与丁玲一起送遗孤去湖南,耽误了武汉大学的开学时间,沈从文第二次失去了教职,蛰居上海写作仍然不是办法,便由徐志摩、胡适介绍到青岛大学去。那里是沈从文的福地,佳作频出,《八骏图》等就是这个时候完成的;良友云集,杨振声、闻一多、梁实秋等都在此处;爱情得偿,张兆和终于在家人同意之后,来此团聚,不久成婚。就连享誉文坛的《边城》,也酝酿于此,更不要说这时沈从文和巴金成为好朋友之类的事情了。与这些相比，沈从文认真指导的女学生李云鹤，后来成为毛泽东夫人江青，倒不算多重要的事情。

好事一般不长久，对于沈从文的一生似乎都是这样。青岛大学也闹学潮，校长杨振声辞职，沈从文跟着校长辞了职，他与大学的缘分还要再过几年才能续上。南京政府考虑到杨振声的声望和建设大学的贡献，便安排他去北平主持编辑中小学国文教材，以教育部的名义发一份薪水，沈从文被杨振声列为编委之一，1933 年 8 月间开始定居于北平。胡适早在 1930 年底到北京大学任教，南京政府对知识分子的策略稍有变化，胡适以名教授身份每月领 600 元薪水，且可以到他处兼课兼薪，加上政治中心南迁，北平的空房多了，房租也便宜了。为此胡适已经从陟山门搬到后门米粮库 4 号的大房子，设施齐全，徐悲鸿、徐志摩、丁文江等朋友，这个时期都在他家住过。沈从文新婚燕尔，自然选择独居，在西城达子营，长有一枣一槐的小院子。

这时的沈从文已经和胡适那个圈子密不可分。1934 年长子龙朱出生，他写信向胡适报喜；刘半农去世，沈从文 7 月 23 日写信给胡适："刘半农先生正当能够做事时死去，真为中国学术界一大损失，《文艺》想为他出个专刊，拟请先生为写点文章（另外请岂明、平伯两先生也各写点文章），若事务还不太忙，很希望先生能为这件事，分出一点时间。"11 月 17 日，给胡适信："闻从上海归来，想来极累。今天下午六点，《文艺》编辑部在锡拉胡同东'雨花台'请客，大约有十二个人，商量一下'若这刊物还拟办下去将怎么办'的事情，并且十八为志摩先生三周年纪念，《文艺》出了个特刊，希望从先生处得到点文章，得到点意见。若下午并无其他约会，我同今甫先生很希望您到时能来坐坐。在座的为佩弦、平伯、一多、西谛、岂明、上沅、健吾、大雨等。若怕吃酒，戴戒子来就不至于喝醉了。"胡适自称 PTT（怕太太）协会的会长，以江冬秀所赠戒指躲酒的策略是人们熟知的，所以沈从文以此调侃。

在抗战之前的这段时间里，沈从文、胡适交往中最重要的事件当属由沈从文引发的京派海派论争，虽因插入何家槐、徐转蓬抄袭事件而偃旗息鼓，历时短暂的京派海派争鸣却成为现代文学史上一桩著名公案，牵带出文学流派对峙、文化人群落归属若干深远话题。

远因是沈从文在上海受到出版界的盘剥和目睹沪上写作界的诸多不良习气，近因是他在北平有了稳定的收入，可以安心读书写作，且刚到北平就被北方舆论界最著名的《大公报》邀请做文艺副刊的主编。生活安定，又拥有如此好的言说园地，他对不良文学风气积蓄已久的不满就表达出来了。他抛出的第一篇文章是《文学者的态度》，从题目看，就有为文学正名的意图。他首先肯定自家做饭的老景态度诚恳，饭菜质量很好，完成本职工作后对其他事既不插手也不评议，沈从文觉得严肃的文学者就应该有这种态度，而当时许多作家粗制滥造又热衷于各种与文学无关的事务或唯利是图，是恶劣的海派作风。不仅上海有，北平也有，看看沈从文的原话就知道，他所瞧不起的海派，本来没有完全限定在上海一域，只是举例而已："平常人以生活节制产生生活的艺术，他们则以放荡不羁为洒脱；平常人以游手好闲为罪过，他们则以终日闲谈为高雅；平常作家在作品成绩上努力，他们则在作品宣传上努力。这类人在上海寄生于书店、报馆、官办的杂志，在北京则寄生于大学、中学以及种种教育机关中。这类人虽附庸风雅，实际却与平庸为缘。"仔细品读之后会发现，沈从文居然是对北平地方文学界的不满更多些，"大学、中学以及种种教育机关"这些指称更适合京津两地。

真正惹嫌的是他用了"海派"这个词。那就不能不说到为何"海派"一词在人们的心目中一直有点贬义色彩。鸦片战争中国战败，上海开埠而西洋文化迅速涌入，洋人的玩意儿像自鸣钟、珐琅表、西服领结都来了，在持正统文化立场的人眼里，这些穿戴都是海派，非我族类——这大概是"海派"的本意，海上舶来的洋鬼子做派是也；晚清董其昌等寓居于此，画风大变，浓彩重墨蔚成风气，在热爱淡雅水墨的人看来，这也是海派——这大概是新生的"海派"内涵，以上海为中心典型背叛正统的东西,“素以为炫,灿烂之际,归于平淡”是孔夫子的话,也是国人审美圭臬,董其昌的作品于今天可卖天价,在当年所受讥议可是不少;上海的戏曲表演重唱腔韵味更重服装道具,梅兰芳当年在上海的戏服就要好多箱子才装得下,在喜欢闭着眼随锣鼓节奏摇头晃脑品赏的人眼里,这也是海派,花里胡哨。在沈从文眼里,最讨厌的莫过于为钱而写、劣稿的报酬远高于严肃写作的报酬。不过,沈从文非常谨慎,他知道不能树敌太广,把鲁迅、叶圣陶、茅盾这些作家都排除在海派之外。

上海的作家虽然派系纷杂,但是看到“海”字的反应几乎是相同的,就像某地人不能容忍别人说某地的不好一样。苏汶对左翼文学的激进态度有批评,对沈从文的持中之论也不认同,开始为上海文学界张目。左翼文学界的反应也敏感,他们其实对上海文学界的不良风气早有不满,也对沈从文那种不偏不倚护卫文学的态度不满,激进者与温和改良者很难达成一致,持中之论常被归入保守行列。不过,沈从文这时遇到两件事,写下万多字的《论“海派”》澄清自己的说法之后,就沉寂了。

其一,是他接到母亲病重的消息,返回湘西,途中的副产品是给张兆和写下的几十封文辞优美、情深意长的信,后来整理成为散文集《湘行散记》,辗转一个多月才回到凤凰,在老家被人看作左派,人皆疏远,他轻易不敢出门,在母亲病床前守了四天就因挂念妻子和北平的事务匆匆返回北平,到北平没几天就收到老母病逝的噩耗。在这种情况下,哪还有心思挥笔上阵与他人论短长。南京大学王爱松教授的分析颇有道理:“在痛失至亲的时间段里,很少有人能化悲痛为力量,去写越战越勇的论战文章。”沈从文自己在老家的遭遇和在天地山水中往还的沉思,对他远离论争的漩涡也应该有深刻的影响。

其次,就是论争过程中被扯出的何、徐抄袭事件。何家槐当时已经是左联比较有名的年轻作家,沈从文也很看好他的一些作品,不料《申报·自由谈》1934 年 3 月 7 日发表了侍桁的《徐家槐的创作问题》,引用储安平、徐转蓬的话,明确说何家槐多篇作品抄袭徐转蓬,而且沈从文、施蛰存等都是不光彩的知情者:“这事当不止安平一个人晓得。恐怕沈从文、施蛰存和邵洵美都晓得的,因为我有一篇文章先拿给从文修改,改了很多,而发表出来则变了何家槐的名字;也有先投给《现代》和《新月》的文章,写着是我的名字,而既经拿回来在另外杂志上发表,又变了名。”抗战后,储安平创办《新观察》,萧乾与他唱和,呼吁第三条路线,沈从文有所不满,大概与这次储安平的爆料有些关系。

储安平、徐转蓬的证言引发了京沪两地文学圈的围观和热议。鲁迅倒是看出了可能有人想在文坛上浑水摸鱼,所以写了两篇文章后就冷眼旁观。胡适有点坐不住,因为何家槐是他的老乡和学生,不仅求过字,还曾登门拜访;《新月》是徐志摩和他的心血,诗人已逝,他要维护刊物的名誉;当然,此事还牵涉到沈从文,不仅可能毁了一个优秀的作家,自己也难免失察之责。这种焦虑可以从他给吴奔星的一封信中看出来。吴奔星应该是看了侍桁的文章之后,于 3 月 13 日给胡适写信询问真伪,吴奔星的儿子吴心海推测,侍桁的文章也随信寄给了胡适。对于徐转蓬“有一篇文章先拿给从文修改,改了很多,而发表出来则变了何家槐的名字”的说法,胡适觉得不合理,他在信中问吴奔星:是谁“拿给从文”呢,谁“发表”呢?难道是沈从文帮着何家槐“偷”吗?他劝吴奔星不要“道听途说”。

不过,胡适心里未必十分踏实,就在同一天,他致信沈从文:“你是认得何家槐的。现在有人说他偷别人的作品,并且牵涉到你的名字。”“附上两件,请你一看。”“如果你认为家槐是受了冤枉,我很盼望你为他说一句公道的话。这个世界太没有人仗义说话了。”

两封信出自同一天,很可能胡适把侍桁的文章和吴奔星的信都寄给了沈从文,重要的是胡适希望何家槐没有抄袭,否则沈从文难逃訾议的。何家槐很快承认了自己抄袭,需要仗义执言的严肃事件演变为闹剧,沈从文与胡适恐怕都始料未及,自然都无话说。而关于京派海派的论争至此早就严重跑题,变成捍卫文人名誉的乱战了。当年参与论争的绝大多数人其实都无心插柳的,居然成就了后来吸引很多人反复著述的学术之荫。

何家槐事件并没有影响沈、胡二人的私谊,在沈从文心目中,胡适不仅是新文学的开山者,也是能够主持大局的人物。他在 1934 年 6 月 25 日写信给胡适,希望胡适能够说服中华教育文化基金董事会拨出部分款项支持新文学事业。1936 年 4 月 9 日再次为这事给胡适写信:“正因为现代中国文学对于中国青年人的思想问题关系十分密切,国家对这事除了消极禁止以外,从不积极奖励,一切文化学术机关又因主持者的拘迂与浅见,更把它除外。”沈从文的视野已经不只关注自己的文学事业,也许是京派海派争鸣后不自觉地放大,也许是受了胡适等的影响所致。1937 年 5 月 1 日,朱光潜主编、商务印书馆发行的《文学杂志》创刊,因为强调纯文学品格,受到左翼文学阵营嘲讽,当月 23 日,沈从文写信给胡适:“商务刊物已出,上海方面似乎有人说:‘聚集《新月》《现代评论》《学文》三种余孽来个死灰复燃。’不过既已燃了,骂骂也就完事,对刊物前途似无妨!”虽然沈从文屡屡表示自己不属于任何团体或派别,这里的语调显然是与上海的左翼文学界对峙的。

抗战爆发,胡适接受蒋介石的委托担任驻美大使,沈从文辗转迁至昆明,开始了他的玄想散文创作。也许是对官场的天然排斥,他不仅拒绝了老舍希望他主持文抗云南分会的提议,跟胡适的联系也沉寂了。不过,胡适已经沉淀在他的记忆里,他在《芸庐记事》中描写大先生(即沈从文大哥沈云麓)相貌时,顺手把胡适描写了一番:“他个子单细,却是灵活之极。他长成一种相书以外的相貌。胡适先生可以说有点像他,高脑门,直鼻梁,长人中,往下挂的下嘴唇,加上厚实的下巴……但没有他充分、夸张。对于他,胡适先生只是具体而微。他更全面,简直长得痛快淋漓……”直到 1944 年 9 月 16 日,胡适已经卸去大使的差事,沈从文才从昆明乡下给七年未见的胡适写了一封信，对于当时文学界的情况深表不满，觉得文学运动似乎已到末路，有与政治官僚合流的趋势，因此“更加感到当年三五书呆子勇敢天真的企图，可敬可贵。算算时间，廿年中死的死去，变的变质，能守住本来立场的，老将中竟只剩先生一人，还近于半放逐流落国外，真不免使人感慨”。他认为胡适离开外交职务，真正为中美友谊可尽的力，为人类可作的事，也许更多。他在国内过的是挖土种菜、磨刀生火的琐碎日子，并不感觉痛苦，但是想起与生活离得相当远的国家社会种种，却不免难过。而长期呆在美国的胡适，也并不轻松，风光的大使头衔背后，是拮据的生活。胡适把两个儿子带到美国读书，积蓄不多而薪俸不够开销，他努力写稿、演讲赚钱，不愿受人资助，孔祥熙送来 3 000 美元被他婉拒。在艰难之中，沈从文和胡适以不同的方式在为“国家”和“民族”这两个抽象的概念而努力。

抗战后北大光复，他们重续淡泊之交。1948 年，在北大 50 周年校庆前夕，解放军包围了北平城，南京政府派特使陈雪屏带着飞机来抢运学者教授，陈是沈从文的朋友，沈从文也在名单上，但他和大多数被抢运对象都选择了留下。胡适仓促登上去南京的飞机。他小儿子胡思杜没走，带着在胡家多年做杂工的小二和一只长毛波斯猫，搬到中老胡同，恰巧和沈从文是隔壁邻居，和江冬秀的嫡堂弟江泽涵住对面。

选择留下的沈从文此时陷入精神危机之中，自顾不暇。该年 3 月，郭沫若的重磅文章已经给他的身份定性，在《斥反动文艺》中称他为“粉红小生”，与朱光潜、萧乾并列为要扫进历史垃圾堆的反动作家。郭沫若同期还斥了胡适三次。北大学生虽然没有在大字报上痛斥胡适，却跟着郭沫若以大字报的形式把沈从文斥了好几次。沈从文次子沈虎雏和胡适次子胡思杜有过一段交往。胡适长女早夭折，所以平时称胡思杜为“小三”，虎雏叫他“胡三爷”。也是在这个春天，沈从文由历史博物馆安排，进了革命大学。胡思杜虽然积极努力地融入新社会，但他是胡适的儿子，尽管他写过《对我的父亲——

胡适的批判》表示与胡适划清界限,还是在“大鸣大放”时被打成向党进攻的右派分子,和胡适一起被批判,1957 年 9 月 21 日在绝望中上吊自杀。沈从文后来写成《炊事员》一文,里面提到长毛波斯猫的后裔在食堂里跑来跑去,流露了对胡适家人的某种忧伤感慨。

1949 年 11 月 27 日,《人民日报》发表了朱光潜的《自我检讨》,留用的文化人纷纷表态,沈从文再次陷入焦虑之中,他也是要写的,多次请教包括梁思成夫妇在内的熟人们,这表态文章究竟该怎样写法。据他的学生马逢华说,沈从文在一天傍晚忽然把一份初稿拿给他看,题目是“给胡适之先生的一封公开信”,五百字一张的红格稿纸大约写了七八张。马逢华连内容都没看就问:“沈先生,你为什么用这样一个题目?”沈从文压低了声音说:“你不懂。他们希望这样,对外面可以有一点作用。”

这封公开信在申述了共产党执政的合理性之后,劝告胡适和其他在海外的中国学者尽早归来“为人民服务”,国内大势已成“定局”,若还存心观望,等候所谓的国际局面变化,恐怕只能是一种幻想。

马逢华认为公开信写得很消极,不仅不能起到表态的效果,恐怕还会有反作用,不如不写。沈从文听了连连摇头,似乎有难言之隐。当然,后来就没见到这篇文字发表。沈从文所说的“他们希望这样”,不知道是他自己揣摩时代趋势的主动举措呢,还是受了暗示或指点之后的被迫动笔。做出这样的揣测并无损于沈从文的形象,当时公开表态的不止朱光潜,吴宓、冯友兰、金岳霖等人都有此举。著名历史学家罗尔纲在《胡适琐记·胡思杜》里,回忆起自己读胡思杜批判乃父的文章之后,思路大变:“胡思杜与胡适还可以划清敌我界线,我做学生的,更可以与老师划清敌我界线了!从此解决了心头的难题,豁然开朗了。二十年前,我是胡思杜的老师,今天胡思杜是我的老师了!”他与胡适有特殊渊源。就在胡适被迫从中国公学辞职的那年夏天,罗尔纲从该校毕业即失业,沈从文在自己同样失业的情况下写信把他推荐给了胡适,胡适也就把罗尔纲聘作胡思杜的家庭教师，付以薪水。胡适已成众矢之的，无论是朋友之伦还是师生之伦都抵不过“划清历史界线”的强大现实压力。

既然和胡适有过密切的关系，那么在历次政治运动中都不得不反复交代这个历史遗留问题。1952 年三反、五反运动后，沈从文填写《博物馆工作人员交代社会关系表》，先说 1928 年熟悉胡适，“私谊好，过从不多”，对胡适搞的政治和哲学兴趣不大，“但私谊甚久”，然后表示自己“对于凡在美国住下受敌利用，深觉厌恶。和胡适也完全要断绝一切联系”。这种表达颇可以看出沈从文既要表白政治立场又要避免说违心话的策略。于公，他反对美帝，撇清自己与政治的瓜葛；于私，他承认私谊。所谓“断绝一切联系”是很有意思的表达，中美已经宣战，沈从文就是想和身在美国的胡适联系，也是难上加难。不过，断绝联系并不意味着断绝关系和私谊，稍微懂得修辞的人都应该明白这种区别。既说“私谊好”又说“过从不多”，也耐人寻味，这样的情况如果不是淡如水的君子之交又是什么？大概是沈从文工作的地方偏离政治旋涡的中心，也或者是审查人员没有仔细品味，所以留下了这种奇特的文字，和沈从文写散文的含蓄文风倒是比较相称。

胡适在美国寓居纽约东八十一街 104 号，比较简陋的公寓。他的经济情况和健康状况都非常糟糕，而江冬秀坚决要求到美国和他同住，打牌的劲头不曾稍减。他在普林斯顿大学的葛斯德东方图书馆做管理中文图书的职员，手捧纸袋到自选市场采购食物，也常在电车上被挤得东倒西歪。这种生活和北京的沈从文太相似了，每天都是一个人到堆满资料的地方上班，基本无人交流，只不过沈从文手上捧的是烤白薯，胡适捧的是面包，沈从文即使了解政治上的波诡云谲也不开口，胡适却密切关注台湾海峡两岸的动态。

1954 年 2 月 18 日至 4 月 5 日，胡适到台北参加选举，并且作为代表把总统证书递交蒋介石，离开台北的时间是在清明扫墓之后。这种政治立场随即导致中国大陆的严重警告，10 月 16 日，毛泽东就

《红楼梦》研究问题致函中国共产党中央政治局委员及有关人员，号召开展"反对在古典文学领域毒害青年三十余年的胡适派资产阶级唯心论的斗争"。胡适和《红楼梦》研究都被提高到中共中央政治局来讨论和批判的高度，不知应该说是胡适的幸运抑或不幸？其时，胡适在台湾政权的眼里也是不受待见的，1956 年 12 月，台湾"国防部总政治部"甚至发出级别为"极机密"的"特种指示"，称胡适为"思想上的敌人"。

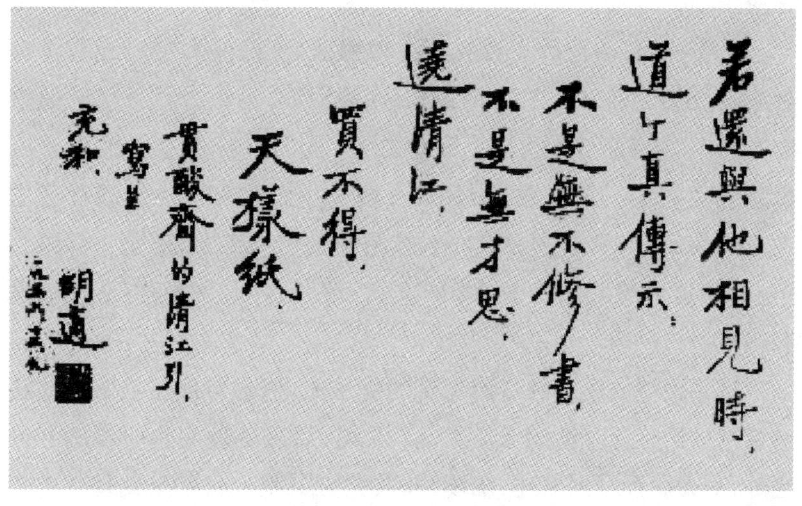

1956 年 12 月 9 日，胡适手书《清江引》给张充和夫妇。

划清界限是当时的时髦动作，且看沈从文是如何划清与胡适的界限的。就在中共中央政治局都在讨论如何清算胡适的 1956 年底，沈从文根据上级布置写下带有交代性质的《沈从文自传》，再次提到胡适，再次强调自己对胡适的哲学思想和政治活动不熟悉也不关心，"但是以为二十年来私人有情谊，在工作上曾给过我鼓励，而且当胡也频、丁玲前后被捕时，还到处为写介绍信营救，总还是个够得上叫做自由主义者的知识分子，至少比一些贪污狼藉反复无常的职业官僚政客正派一些。所以当蒋介石假意让他组阁时，我还以为是中国政治上一种转机。直到解放，当我情绪陷于绝望孤立中时，还以为他是我一个朋友”。一般的研究者引用这段文字，往往不注意丁玲已经在1955年受到大批判的事实，所以对沈从文与胡适、与丁玲的交往以及沈从文本人的人格都没有正确理解。沈从文客观指出胡适曾经营救共产党员，而且比那些“反复无常的职业官僚政客正派一些”，既有为胡适辩诬的意味，也有为丁玲鸣不平的用意，而这种品质固然和沈从文外表柔顺内在倔强的个性有关，也和胡适当年在中国公学时坚持“为人辩冤白谤，是第一天理”的人格追求遥相呼应。

居美期间，胡适除了孜孜不倦地考证《水经注》之外，还通过多种渠道收集大陆对他的批判文章，逐篇阅读，不止二百万字。他想解开一个“大谜”：自己三十多年之中，从没有发表过一篇批评或批判马克思主义的文章，为什么会成为中国马克思主义和社会主义思想的最早的、最坚决的、不可调和的敌人？他想写一篇题为《清算胡适思想的历史意义》的文章，解开这个“大谜”，至死也没有写成。

从北大被放逐到故宫博物院的沈从文，似乎与远在美国的胡适有着奇妙的感应。他每天除了为“人民”填写各种文物旧器的号码之外，努力研读马列著述，细读“联共党史”，晚上在家里梳理中国瓷器史，有时到通宵不眠的地步。张兆和劝说无效，就请一些还愿意来走动的北大学生劝告。沈从文的回答正常得有点不像正常人：“他们说我是废物，对我过去的工作成绩全不承认，说我是白吃了几十年的饭。现在我得加倍努力，作些成绩出来，抵补过去那些白费的光阴。并且——我怎么能睡得着觉！闭下来，不能睡，我又不敢想下去！不把自己埋在工作里怎么成！”他也有一个谜，只是不想去解开，而想以努力工作的方式忘记。他埋在古物堆里的十多年，加上被汪曾祺称为“抽象的抒情”巨作的《中国古代服饰史》，其实都是“为了忘却的纪念”。

对照沈从文一生的行状，看看他与胡适的交往，最适合用胡适的一段话来作结:“从前禅宗和尚曾说,‘菩提达摩东来,只要寻一个不受人惑的人。’我这里千言万语,也只是要教人一个不受人惑的方法。被孔丘、朱熹牵着鼻子走,固然不算高明……我自己决不想牵着谁的鼻子走。我只希望尽我的微薄的能力,教我的少年朋友们学一点防身的本领,努力做一个不受人惑的人。”这种思考能够解决沈从文的精神困惑,却不能解决他所处的现实困境,因为靠“思”而生的时代暂告结束,靠“信”而活的潮流方兴未艾。

晚年胡适照片

“哪有还没有结婚，就当小姐的戒指之理”

——沈从文与杨振声

沈从文与杨振声结识的时间大约在 1925 年末。因为杨振声 1924 年从美国留学归来，次年春和郁达夫一起去武昌高等师范学校教书，年末到北京大学文学院任教，不久即进入《现代评论》编辑部。据陈先初《重评现代评论派》(1989 年第 4 期《近代史研究》)：“陈源每期写闲话，文艺方面写的人很少，由杨振声负责看稿，决定登与不登。事务方面由沈从文管，他当会计，收发电报，也看稿子。”这种陈述基本符合事实，不过沈从文并非会计，他只转发过若干人的稿费，准确的身份是收发传达，帮助看稿子也是后来的事情。杨起口述《杨振声：湮没无闻许多年》中说杨振声 1926 年发现沈从文的文学才华，与事实略有出入，1925 年他们就已共事且徐志摩已多次称赏沈从文，杨振声不可能不知道，而杨起这时候还在山东老家，应该无从亲见，大概是根据他人述说而出此判断。沈从文写于 1982 年《我所知道的杨振声先生》未刊稿中记：“丁(西林)时主持北大物理系，兼管《现代评论》总务杂事，杨(振声)看艺术文稿，在北大中文系教书。”不过，彼此身份悬殊，最多是认识，还谈不上私人情谊。彼此都写小说，共事久了才谈得上交情，杨振声为人豪爽热情，喜欢提携后进，加上沈从文已经颇得徐志摩赏识，杨振声对他比较友好也是情理中事。

1926年8月，杨振声被燕京大学聘为中文系教授，主讲现代文学，这一年沈从文曾经报考北大未成功，杨振声便说动燕京校方为沈从文安排了一场单独考试，至于结果，沈从文1980年11月7日在哥伦比亚大学演讲时幽默地说：“考燕大二年制国文班学生，一问三不知，得个零分，连两元报名费也退还。”据杨起回忆，杨振声得知后非常惋惜地问主考人：“这样的学生你们都不要？”

1926年10月，杨振声和俞平伯到广州中山大学中文系任教，两年后，杨振声返回北京任清华国文系主任，开始与朱自清共事。沈从文已经迁到上海，写作颇有进展，但生活仍较窘迫。他和杨振声一度建立的联系也淡了。

1930年6月，国立青岛大学筹备成立时，因蔡元培举荐出任校长的杨振声去上海延揽教员。此时，沈从文在中国公学担任讲师，因校长胡适离任、追求张兆和无果加上经济困窘而决意离开上海，他此时大概见过杨振声，徐志摩、胡适等《现代评论》旧人都见过，且沈从文与他们关系不错。至于有的研究者说杨振声“竭力邀请沈从文加盟青岛大学”，恐怕是夸饰之语，无论就沈从文当时的名声、学养都还不够，能够被“竭力邀请”的，是刚辞去武汉大学文学院长职务的闻一多，另外则是梁实秋。沈从文应该是在胡适、徐志摩的竭力推荐下才被聘的，虽然拿到了路费，他对去青岛教书心里也没底，8月17日给胡适信中谈到此事，充分流露出找饭碗的心态：“至于青大，则初开学，我胡涂也容易混得去，所以拿了他们的路费，预备月底动身。”沈从文当时的经济压力比较大，8月19日沈从文访好友程万孚时说到去青岛大学教书的事，程万孚在次日致程朱溪的信中说：“生活的担子，简直把温文笃实的他压死了。从文之母同哥哥都返湖南去了，妹妹同他一起住着，一个月后同去青岛，非去不可的。”后因中原大战导致青岛大学无法正常开课，沈从文谋生急迫，便在胡适和徐志摩介绍下应陈西滢之聘于9月16日到达武汉大学，寒假中又因为胡也频事件耽误武大开学时间而失业，这才有1931年秋续旧约赴青岛之行，以讲师身份主讲“小说史”和“散文创作”。

在青岛，沈从文和杨振声来往渐多，虽然也参与聚会和游玩，但是和多数同事交往泛泛，即使和杨振声也远不会达到像梁实秋、闻一多那样与之揎袖豁拳的亲切地步，可能是由于职位差别或者是乡下人与留学生的心理差距吧。据沈从文自己说：“同事中熟人虽不少，我却很少去过他们家里，只每星期有二三次被邀到校长杨振声先生家中喝喝茶或吃吃饭。又同去过崂山许多次。有一次入山达六天之久，到达棋盘石时地处高寒，虽值盛夏，黄昏前即各借下事先为游山备好的棉袄。大家都嚷冷嚷饿时，我却独自爬上大而平可以活动的棋盘石，面对远处金碧明灭无从形容的大崂观群峰痴望，面对这种无比的自然景色，对于我可以说是一生最重要的教育。”据梁实秋的回忆，杨振声经常和他、闻一多、赵太侔游崂山，提及沈从文同行的不多，而杨振声在1932年9月辞去青岛大学校长职务后到北平定居西斜街，与梁实秋有多封信交流，安排去职后校务及相关事宜，可见梁实秋才是他在青岛时期最得力的人。

徐志摩出事，山东教育厅长何思源最先得到消息，他也是1920年与杨振声一起赴美留学的同学，半夜致电杨振声：“志摩乘飞机在开山失事，速示其沪寓地址。”杨振声也不清楚徐志摩在上海的确切住址，遂派人去问梁实秋，据梁实秋回忆，他被叫醒后不知道出了什么事，写好之后就继续睡觉了，青岛大学熟识者第二天便全部知晓。大家商量应该做些什么事，“最后决定由沈从文遄赴济南探寻一切”。沈从文在济南盘旋了几天，“有信给今甫报告实情”。

杨振声因为地方军阀干扰以及校内微妙的人事困扰而离开青岛，沈从文继续留在这里教书，大海边的风景和空气滋养了他的体魄和心灵，他酝酿推出了《八骏图》这篇多年之后还极为自傲的作品，以及《三三》等一系列结构谨严的佳作。大概正是这些作品使杨振声认识到他的才华和勤奋，后来把他拉进编写中小学国文教科书的队伍。在哥伦比亚大学拿到教育学博士学位又到哈佛大学攻读过教育心理学的杨振声，明白编写教科书需要什么样的人。

1932 年 11 月 1 日，南京政府参谋本部下令秘密成立国防设计委员会，下设 7 个小组，杨振声是首批 39 位委员之一，在教育与文化组，主要研究各国训练青年方法，并约请相关专家编写国语、公民、地理、历史等中小学教科书，作为发展国民教育的“国防建设之知识的、体力的及精神的基础”，杨振声负责编写中小学国文教科书。他毕竟是著名的“五四”学生领袖，在教育界名望颇高，国民政府不会弃而不用。梁实秋在《忆杨今甫》中说：“听说最高国防委员会给了他一笔款项，委托他编一套中小学教科书。这事为什么由国防会议主办我不知道，其动机安在，我亦不晓。国文一科，他邀沈从文与他合编；公民一科，他邀陈之迈担任；历史一科，他请吴晗编写。”在《忆沈从文》中也写道：“那时国防建设委员会有一笔经费，负责人是王世杰，他要杨振声住颐和园编教科书，是给中小学生的，杨振声就找了陈之迈编公民，吴晗编历史，沈从文编国文。”梁实秋在抗战中被聘为重庆政府教育部“中小学教科书编辑委员会”教科书组主任，他自然知道编辑这套教科书的来龙去脉，也能够看到这些编就的书稿。从这个国防委员会成立的时间和工作内容也可以看出南京政府既有完善建制的长远规划，也有应对九·一八事变后国际格局的针对性目的。

从另外的资料可以看出，杨振声很快就投入了教科书编辑工作，而且考虑把沈从文拉进来。1933 年 1 月 1 日，朱自清有记：“赴今甫招，座中有沈从文君，又有梁思成夫妇，今甫谈话甚佳，但不免有些做作耳。”这时沈从文还在青岛，应该是杨振声邀他来谈编教材事。似乎朱自清不大欣赏杨振声爱高谈阔论的派头，从后来朱自清的日记看来，杨振声最先考虑的合作对象也不是朱自清，而是沈从文。因为朱自清 8 月 12 日记：“又谓《子夜》初读甚佳，日久仍觉其多非文学。今甫意文学首重性情，次靠聪明。仅靠聪明，理智而已。又谓为国防委员会编高小教科书，此事甚奇。”七个月后朱自清才知道有这回事，把他拉进编辑组还是再过一年的事情，而就在这个暑期当中，杨振声已经再次函邀沈从文。

沈从文结束学期课务之后，就携张兆和到达北平，初到时在胡适和杨振声家里都借住过。在杨家短暂借住期间，发生了一件趣事，既反映了杨振声为人的热情爽朗，又反映出他对沈从文的确非常体贴。据张充和回忆：

> 一天，杨家大司务送沈二哥裤子去洗，发现口袋里一张当票，即刻交给杨先生，原来当的是三姐的一个纪念性的戒指。杨先生于是预支了五十元薪水给沈二哥。后来，杨告诉我这件事，并说："人家订婚都送给小姐戒指，哪有还没结婚，就当小姐的戒指之理！"

杨振声照片

沈从文到北平后，便经常和杨振声一起参加聚会，拜访京中文化名流，在周作人、胡适、朱自清日记中都屡见他们二人共同出现的记录。在周作人1933年9月5日的日记中，沈从文第一次去他家就是和杨振声同去的："下午，杨今甫、沈从文二君来访。"在朱自清、胡适等人的日记中杨、沈二人也长期是这样的主从关系。这种书写方式容易使后来的读者产生一种印象，即沈从文始终是受到杨振声提携的，始终笼罩在杨振声的光环之下。要了解沈从文与杨振声的交往和情谊，七年间合作编辑教科书与《大公报》副刊是最重要的事实基础，沈从文获得稳定工作乃至进入西南联大任教机会直至抗战后执教北大，都与杨振声的提携密切相关。至于沈从文在文学界越来越大的影响，与杨振声倒没有多少关系。

沈从文与朱自清的交往也是杨振声居中联系起来的。1933年9

月9日，沈从文、张兆和在北京中央公园水榭举行婚礼。朱自清有记：“下午沈从文结婚。今甫谓我精神较好，实在说这些日子精神真坏。今日当两戒指，颇受气也。”朱自清之所以参加教科书编辑工作，一个重要原因是在清华的处境不顺，虽然他为了与清华校园留学英美的学者平等对话而于1932年游学欧洲，仍未完全改观。当然，经济压力也是重要因素。对朱自清的心理和生活状况，曾经当过清华大学教务长兼国文系主任的杨振声非常清楚。因为朱自清的《背影》与《荷塘月色》当时已经被多地选入中学国文课本，请他编辑教科书也是量才而用。

从这时开始，杨振声和沈从文还有另外一项合作，即合作编辑天津《大公报》的《文艺副刊》，为此还多次向胡适、周作人、朱自清等催稿。8月31日曾为此事聚餐，座中有林徽因、郑振铎、张兆和。朱自清起初对张兆和印象不是太好：“沈太太谨慎，推三阻四，殊令人腻味。”这时沈、张还未结婚，谨慎羞涩再正常不过了，朱自清未免苛责。9月23日，杨振声、沈从文合编的《文艺副刊》第一期出版，此后由杨、沈在北京编成后寄往天津发排，每周三、六各一期。

1933年底，京派海派论争发生而沈从文匆匆返乡，上海方面的批评文字多而京津回应少，沈从文返京后，就和杨振声商议着手改良《国闻周报》，1934年2月19日胡适日记有载。经过半年左右的交游加上《文艺副刊》明显的文学成绩，沈从文在北京文化圈的形象得到较大提升，周作人、朱自清日记中提到他的语气都变得亲切了。2月25日周作人有记：“午，至丰泽园应大公文副之招。来者今甫、从文、平伯、振铎、公超、闻一多、陈登科、卞之琳、巴金诸君。”从周作人的语气可以看出他对沈从文等人较为亲近，而对闻一多等则稍客气。周作人日记中对人称姓与字表示尊重，姓名全称则情感色彩较淡，只称名或字表示较为亲近。周作人3月17日又记：“六时，往丰泽园应大公报胡政之君之招，来者今甫、从文，巴金，一多、上沅、公超、振铎等。”杨振声和沈从文的名字始终紧挨着，一方面是因为他们的工作关系，另一方面是他们在别人眼中的身份和形象定位。这是沈从文努力的结果，也绝不可忽视杨振声合作提携的潜在作用。从1933年9月到抗战爆发，杨振声经常和沈从文出现在一起，1934年8月28日郁达夫到北平，午饭时在丰泽园遇到杨振声、沈从文、凌淑华等，几个武汉旧识一直谈到下午四时。

所谓同声相应，沈从文对杨振声的了解也逐渐加深。沈从文早年从军时对于碑帖下了一番苦工，他的章草可称一世之杰，当勤务兵时常在夜间为长官摊开许多古画细细欣赏，见识颇多。杨振声喜欢收藏字画，鉴赏能力很强，与他往来密切的容庚是有名的金石字画鉴赏专家，曾经主编《燕京学报》兼任北平古物陈列所鉴定委员，杨振声能够与他共赏字画，水平自然不凡。1934年10月，沈从文为《大公报》的《艺术周刊》诞生作推介，推崇杨振声、凌淑华对于古画的鉴赏能力，这其中含有对杨振声书画鉴赏能力的真诚推崇，也有为之揄扬的因素在内。当沈从文进入文物研究领域之后，就不再提到这些了。

编辑教科书，之所以一年多之后才有朱自清的加入，原因可能在两个方面，即朱自清可能主动流露过类似的愿望，或者杨振声在与沈从文合作一段时间后感到工作量太大，才考虑请朱自清加盟，而编辑教科书是政府行为，必须征得官方同意。1934年12月24日朱自清记："沈从文先生来访。给我看杨的信。信中说当局已同意我协助编辑中学语文课本。但从信中的语气看，他目前似乎还不能摆脱那里的工作。他说他曾与冯友兰磋商，根据冯的意见，他们只能每月付我一百元，每周工作半天。张子高（清华大学化学系教授，时参编别的教科书）已有先例。我告诉沈我将于下周进城与冯商谈。"这样看来，杨振声仍在统筹中小学国文教科书编写工作，沈从文是专职编教科书又兼了《大公报》的差，朱自清是清华专职教授而兼了编教科书的差。冯友兰是杨振声同学，也是当时清华大学文学院院长，朱自清在外兼职须征得他同意。另据师陀回忆："1935年夏天，丁玲到了北平，我才去向他（沈从文）打听了丁玲的住址，那并不去他家里，我记得当时他在西城杨振声家里办公。”常风也有与此相似的回忆文字，杨振声社交事务多，经常外出，沈从文便老老实实到杨宅办公。1933年10月17日，沈从文给大哥信中也提到经常去杨宅办公，“总而言之则是无日不看书，一时虽仿佛无多大成绩可言，久些则大有进步了”。

从另外的信息也可以看出，沈从文需要听从杨振声的安排，不是性格或资历问题，而是“组织程序”。朱自清1935年4月1日有记：“访沈从文，请他收到薪金后退寄回执，他未慨然允诺，而以抱歉代替。他说杨先生写信催要他已编就之高小教科书。”隐隐有催促朱自清加快工作进度的意思，而且催促之意出于杨振声，沈从文只是委婉转述。从朱自清1937年2月25日所记“我开始动笔以来已有两年半的时间，未见成效，甚感惭愧”来看，杨振声的略有不满其因有自。相比之下，沈从文的工作进度快得多，杨振声已经用他编好的部分作品拿到小学试行教学了。

1935年9月，杨振声赴南京作为教育部评议专员到各省考察教育，《文艺副刊》便由沈从文和刚从燕京大学毕业的萧乾署名合编，开始每周出四期。杨振声在外的时候，仍由沈从文打理具体事务，向朱自清等编辑组成员通报情况。1936年6月27日朱自清记：“下午进城，遇新自南方归来的沈从文，谓杨代表教育部与正中、商务、中华、世界签订合同。四书店五年内每年提供编辑费二万元云。”

1933年—1934年的京派海派论争有一个意外的效果，那就是上海的文化投资者开始充分关注京津地区的作者群，要么像郑振铎那样把编辑部设到北平然后以京沪为中心辐射全国，要么频频向京津作家约稿，在上海发表或出版，客观上起到了融通南北的作用。另外，左联设有北方支部，其活动范围和影响渐大，也促使上海出版商拓展北方市场。邵洵美开设的金屋书店起色不大，也想获得京津作家支持，1936年7月27日，杨振声、沈从文在同和居招待来京的邵洵美,朱自清也参加了,看来他对邵洵美的印象不深,本日所记有一句:“有菜名小豆腐,为青豆糊,甚佳。”根据朱自清有闻必录的记事风格来看,青豆糊的味道比邵洵美的提议更吸引人。

9月,《大公报》文艺奖金评选委员会成立,包括了杨振声、沈从文与林徽因、朱自清等10人,其中李健吾、巴金、靳以、叶圣陶都来自上海,凌叔华来自武汉,这个组成体现了一种较强的兼容性而又弱化了左翼色彩。文学是一种权力,评选文学佳作也是权力的运用,就此看来,在政治权力管控不紧的背景下,京派虽然松散却很善于借助大众媒体巧妙运用文学的权力。沈从文感念自己所处文人圈子的帮助,1936年《习作选集》出版,他在代序中对杨振声的感激与对徐志摩、胡适等人是一样的:“这样一本厚厚的书能够和你们见面,需要出版者的勇气,同时还有几个人,特别值得记忆,我也想向你们提提:徐志摩先生,胡适之先生,林宰平先生,郁达夫先生,陈通伯先生,杨今甫先生,这十年来没有他们对我种种的帮助和鼓励,这集子里的作品不会产生,不会存在。”

邵洵美来协商办杂志没有了下文,杨振声、沈从文他们兴趣不减,正好商务印书馆有此意向,《文学杂志》应运而生。据常风回忆:“1937年1月初,沈先生告诉我已决定办个刊物了。”过了几天,常风到慈慧殿朱光潜住处与杨、沈商量开始工作的事情,常风助理编辑工作,当时他们决定创刊号5月1日出版,3月1日集稿。编辑委员会以朱光潜、杨振声、沈从文为核心,另有叶公超、周作人、朱自清、林徽因、废名,考虑到这些人都在北平,参照文艺奖金评选委员会的做法,又增加了上海的李健吾和武汉的凌叔华。朱、杨、沈三人通读所有稿件,然后由沈从文审阅小说、杨振声审阅散文,诗歌交给废名,论文由朱光潜把关。遗憾的是,出了一期就遇上抗战不得不辍刊。

战端一开,万事失序。杨振声经济条件比沈从文好得多,收藏了很多字画,逃难也就因为这些最容易被人发现的字画变得更难,每一道关卡都要检查,被查没或损毁的可能性随处存在,据芦笛回忆,当时杨振声非常着急：“这怎么办啊？没办法动啊。”这已由不得他，战端甫启，南京政府就打算把北大、清华、南开三校南迁，为此还召三校校长与杨振声去南京开会。杨振声和编辑组的人以及京中学术圈朋友反复商量，觉得以尽早南下为宜。沈从文也只好抛下弱妻幼子随同，一来不愿做亡国奴，二来杨振声走了就意味着工作单位走了，不走就失业。8 月 12 日，杨振声一行各取化名登上去天津的第一班车。在他们到达南京之前的 8 月 19 日，教育部已经召开先期抵宁的教育界人士会议，合并成立西南、西北、东南三个临时大学。其中北大、清华、南开迁到长沙为临时大学第一区，其他京津高校皆弃而不顾。26 日杨振声等才到南京，他还必须留在教育部帮忙，旋因教育部次长周炳琳脱不开身去长沙，就由杨振声前去代理临时大学筹委会秘书主任（相当于办公室主任），因为他和这三校都熟。沈从文不属大学，只能先随大批逃难者到武昌，租房子等事还必须请示杨振声，教科书编辑组已经分作好几拨散在西南各省，但精神核心还是杨振声。这时萧乾也到了武昌，无以为生。

9 月 13 日杨振声从长沙致信沈从文，表示先把萧乾暂时纳入编辑组，只是每月仅有 50 元报酬，至于沈从文信中请托帮卞之琳找工作，“此时各处裁人，得事不易，惟当为留意耳”。同意租下武昌东湖边竹篱笆门横楣贴着五个福字的院子，也就是萧乾所称的五福堂。看来沈从文去信谈及朱光潜还想在战中出版《文学杂志》，杨振声觉得很难，“但此事可决于商务，若有勇气出版，当如孟实所说，由兄及乾弟暂负编辑责任。或更可容得之琳来也，但恐事实均不如此容易耳”。杨振声毕竟长袖善舞，对官商两界都比较了解，这种安排可进可退，但这封信中也透露三校合并之初人事纠扰，他很苦恼，“此处事太难，总在许多人不能看得远些，态度太狭小。由三校人办一校，若个个不肯牺牲，则牺牲者必为学校矣”。后来沈从文进入联大多有曲折，于此已见端倪。不过，教育部之所以任用杨振声，也是因为他有很强的斡旋能力，三校中人都比较信服他。他不仅为西南联大引进了诸如沈从文、李广田这样的人才,还对北京大学光复回京贡献很多。从文学界的角度看他的成就逊色于沈从文,从教育家的角度看他的贡献超过了沈从文。

他们编辑教科书的经历可能是现代中国教材史上最为曲折的一例。杨振声作为负责人被公推为大哥,以下便是沈二哥、萧三哥、杨四哥和张五哥。杨四哥是杨振声儿子杨起,此时也"多年父子成兄弟"了,张五哥是张兆和的五弟张寰和,因战争失学流浪至此,当初给来苏州家中拜访的沈从文买过冰糕,沈从文感激之下写了多篇作品都署给这个"小五哥",后来收入《月下小景》。据沈从文回忆,这期间他去过长沙两次找杨振声,"第一次在长沙请吃饭的人可能是王鲁彦,时间是一九三七年。第二次去长沙为商量工作和此后行止找杨振声,时间应当在一九三八年初,记得正在下大雪。正是这次见到了徐特立"。也就是因为与这位老共产党员的见面,沈从文一度产生去延安的念头。第二次同到长沙的还有萧乾,沈从文弟弟沈荃曾替兄设宴招待杨振声、梁思成夫妇、张奚若、朱自清、闻一多、金岳霖、萧乾等。战火迫近内地,1938 年 2 月,杨振声赴昆明筹备联大,沈从文、萧乾他们便转到沅陵在沈从文大哥家里住下,3 月初萧乾、王树藏先行赴滇,为编辑组租房,不久齐聚昆明。直到该年 11 月 4 日,张兆和才带着孩子和九妹到来。本来沈从文只身住在青云街六号临街楼上,也是编辑组的办公室,杨振声处理完联大叙永分校事务就到这里编教材。沈从文一家聚齐了这里就不够住,于是搬到杨振声住的北门街大院,加上从青岛大学时就帮助杨振声管理财务的刘康甫及其女儿,组成一个"临时大家庭"。吃饭就实行原始共产主义制度,杨振声俨然家长,他面南而坐,刘在其左,沈在其右,座位虽无人指定,其他人挨次坐下,自然形成秩序。傅斯年、李济、罗常培等人也经常到这里吃饭聊天。施蛰存与张充和到老年都还记得这些其乐融融的画面。

青云街六号仍然是办公地点,据张充和回忆:"杨振声领首,他不常来。朱自清约一周来一、二次。沈二哥是总编辑，归他选小说，朱自清选散文，我选散曲，兼作注释，汪和宗抄写，他们都兼别的，只有汪和宗同我是整工。”她称沈从文是总编辑应该指的是日常工作，初到昆明时杨振声、朱自清都有校务，沈从文自然忙得多些，等他进入联大教书之后，编书才成为兼职。

1939年6月27日，杨振声在联大常务委员会上提议聘沈从文来任教，最后会议通过聘沈从文为联大副教授，编制在师范学院国文系。这的确是杨振声斡旋的结果。6月6日，杨振声参加西南联大师范学院教师节聚餐会和游艺会，向朱自清提议聘请沈从文到联大师范学院教书，当晚朱自清在日记中写:“甚困难”。6月12日，朱自清拜访罗常培提出此事，“结果甚满意”。之所以要多次协商，是因为联大中饱读旧学或留学资历雄厚者太多而沈从文二者皆不具备，朱自清5月19日日记中的话可为佐证:“下午在今甫家与莘田(罗常培)、今甫商谈大一国文问题。谈到关于闻的态度时，我述说我的学术地位低得可怜，这确实有些失态。”以朱自清已经在清华任教授多年的资历犹有此叹，可以想象杨振声遇到的阻力。从另外的信息也可以明白这一点，朱自清1942年5月24日有记:“今日集体阅大一国文卷，有饭。余参加。下午因雨不得出门。与一多语及颉刚在中大教书，众微笑，一多微笑，余悚然。”顺利聘用沈从文成为西南联大和北大的一个亮点，却不能不首先称道杨振声的眼光和魄力。

沈从文初入联大，受到不少歧视，最为人所知的大概是刘文典，其次是诗人穆旦。这至少反映了联大的两种评价体系，一是国学，一是西学。国学深厚者的鄙薄长期存在，这也是沈从文努力读书钻研文物的潜在动力;至于穆旦说沈从文没有学问，应该是暂时的评价，或者缘于诗人对于小说家的优越感。叶君健在1980年发表的《记沈从文》中记录了自己1940年8月在昆明与沈从文见面的事情，他当时从香港转道越南和昆明去重庆，在西南联大师范学院遇见沈从文。沈从文请他在大学校门外一个小饭馆吃晚饭，在座者有刚留校任助教的穆旦。这说明沈从文进入西南联大后很快就得到穆旦的认同，至少不再被看作“没学问的人”了。从另外的事实可以知道，穆旦和沈从文一直保持比较好的联系，翻译家巫宁坤下放安徽农村，沈从文从穆旦那里得到消息后去信宽慰，巫永坤铭记不忘；穆旦去世后，沈从文多次在书信中表示惋惜，彼时穆旦尚未因九叶派复出文坛而广为人知。

1940 年秋，他们终于完成编辑工作，送到重庆教育部，已经被教育部重新任命为教科书组主任的梁实秋阅后虽然满意，但官方觉得“不适于抗战时期，决定建议不予采用，而重新编写，对于此事甚感遗憾”。理由就是“后方急需适应抗战情势的教科用书”。历史上的人事就是如此吊诡，梁实秋提倡过文学创作“可以与抗战无关”，被文学界批得一塌糊涂，不仅政治中立的老舍致信重庆政府宣传部抗议，连一向写才子佳人故事的张恨水也大动肝火斥责梁实秋吃多了牛油面包糊住了心，他皆淡然处之，在《雅舍小品》系列中仍然自如地谈天说地；面对多年精心工作“编得很精彩，偏重乎趣味”的一套教科书，却只能迫于抗战形势“永不叙用”，梁实秋心里或许充满无奈和苦笑。杨振声和沈从文他们也只能接受这个裁决。他们在七年的合作当中收获了一套无法问世的教科书，也收获了真诚的情谊。

此时沈从文已经在创作界受众人瞩目，而杨振声在教育界名声赫赫，仍然常常聚首。1941 年 8 月到 11 月间老舍应罗常培之邀至昆明联大讲学，据他不久之后发表的《滇行短记》：“在这里还遇到杨今甫、闻一多、沈从文、卞之琳、陈梦家、朱自清、罗膺中、魏建功、章川岛……诸位文坛老将，好像是到了‘文艺之家’。”无论是就见面的顺序还是就文学地位的排序，至少在老舍心目中沈从文已是资历与水平都值得重视的“老将”，且与杨振声密切关联。老舍与罗常培是北京胡同里一起长大的发小，又曾有意请沈从文担任文艺家抗敌协会云南分会负责人而被沈拒绝，如此书写既缘于对沈从文创作成绩的了解和认同，也可能从罗常培那里得知了杨振声与沈从文之间的特殊关系。

20世纪40年代后杨振声和沈从文的名字经常并列出现在新闻报道中，他们仍然保持着比较密切的教学合作与社会事务合作关系。1942年暑假前，杨振声与沈从文共同指导吴宏聪的毕业论文《曹禺研究》，吴宏聪因为学业优秀而留校助教。5月25日，联大中文系欢送毕业生，在中法大学礼堂演出吴祖光《风雪夜归人》。次日《云南日报》载：“罗常培主持，孙毓棠导演，杨振声舞台监督，闻一多舞台设计，沈从文罗膺中顾问，……观众无不赞赏。”至少在与新文学相关的领域内沈从文已经在联大站住脚跟。当然这与杨振声的提携大有关系。据联大学生张源潜日记，1942年6月2日晚杨振声参加中文系座谈会，先由吴宏聪主讲《曹禺戏剧研究》，在讨论发言阶段杨振声指出曹禺剧作的某些不足，罗常培调侃他讲喜剧则捧丁西林，讲小说则捧沈从文，杨振声听了笑笑，算是默认。

联大在抗战中培养了大批英才，得益于教授们安贫乐道的心境，文学出版困难并没有遏止他们写作和雅集的兴致。冯至女儿冯姚平记得大约是1943年底或1944年春，杨振声建议，彼此熟识的朋友每周聚会一次，互通声息，地点就选在昆明钱局街敬节堂巷的冯至家。聚会举行了很多次，参加的有杨振声、闻一多兄弟、朱自清、沈从文、孙毓棠、卞之琳、李广田等，漫谈文艺问题以及一些掌故，连重庆的一些人都知道了，这和杨振声当年在青岛时汇集酒中八仙的盛况相似。1944年滇局危急，教授生活清苦，4月份闻一多开始卖印补贴家用，具名相应者九人，包括梅贻琦、杨振声、沈从文、蒋梦麟、唐兰等。闻一多曾经找沈从文，希望他加入民盟工作，一向疏远政治的沈从文拒绝了，杨振声作为创建人之一的九三学社成立于1946年，沈从文也未加入。他们在对现实政治的热情上差异甚大，毕竟杨振声对中国的上层政治了解很多，又长期与教育部打交道，就个人性情与社会阅历来看，他都希望对现实体制有所建言，沈从文则始终不曾介入，同样缘于性情和社会阅历。

1945年秋，杨振声回北平筹备北大光复各项工作，住在离红楼孑民堂不远的中老胡同32号北大公共宿舍，沈从文次年才到京，和朱光潜、冯至等都居住在这里。杨振声这时任北大中文系主任，沈从文已经是中文系名正言顺的教授了，同事兼好友的他们再度合作，从1946年10月开始，他们与冯至合编《大公报》的"星期文艺"；12月他们与朱光潜、冯至、徐盈共同编辑《现代文录》杂志，由新文化出版社北平总社出版，沈从文"七色魇"之一的《绿魇》与杨振声署名"希声"的《大公鸡》刊于其中。此外，因为商务印书馆准备复刊《文学杂志》，他们从1946年底开始筹备，最终于1947年6月1日复刊，朱光潜仍任主编，和杨振声、沈从文、冯至夫妇组成编辑委员会，朱光潜撰写"卷首语"，重申目标是开拓新的"纯文学"写作。朱光潜、沈从文后来被郭沫若痛斥，部分原因就是因为这种"纯文学"立场。

其时杨振声和沈从文的身体健康都出了问题。5月6日《大公报》披露，教员薪俸不足而物价飞涨，政府管制严厉而学生心理波动："北大负责人称：如此下去，教授即将无法教书，学校无法办理。教授沈从文咯血，杨振声胃病，危险已过，身体尚未复原。清华、师院、北洋等校情况亦相似……"以沈从文和杨振声为例，可能是《大公报》想体现对曾经合作者的声援，不过，沈从文已经成为人们眼中货真价实且可与杨振声并提的北大教授，这种推断应该是站得住的，从后来郭沫若把他与朱光潜并提的标准来看，沈从文此时已经是文学界和教授界都颇有分量的人物了。沈从文打拼多年获得如此评价也堪自慰，然而祸福相倚的古训没错，出头椽子先烂的俗语也常应验，朱光潜、沈从文和杨振声他们显然还没有意识到。

虽然内战已经爆发，学者们已经见惯了战争，尚能安于书桌和讲台，1948年冬天之前，战争离北平还比较远，在平静的教学和写作中他们又度过了一年。这年夏天他们再次入霁清轩避暑，同去的还有冯至夫妇。除了朱自清病体难支于8月12日去世这件事使他们心情抑郁之外，整个夏天过得还算比较愉快，傅汉思本年来华留学结识张充和,据他回忆:“我在北平近郊著名的颐和园度过一个绝妙的假期!沈家和充和,作为北大教授杨振声的客人,住进谐趣园后面幽静美丽的霁清轩。”沈从文在此创作了《霁清轩杂记》,于娓叙流水游鱼佳木繁荫中将颐和园的变迁与近代中国文化兴替的轨迹勾勒出来,是一篇难得的大散文,言其大在于那种宏阔的历史视野、悲悯的文化情怀和苍凉却无颓落气息的神韵。杨起在回忆到这篇散文时微有不满,原因是沈从文在文章当中以及发表于《新路》时所附照片的文字注释都没有提到杨振声,这实在是爱乃父太过,宁需处处留痕耶?

10月23日,杨振声、沈从文和俞平伯、梁实秋、冯至、常风应怀仁学会法国神父邀到王府井五福楼赴宴,合影留念。此时离林彪的百万大军秘密入关合围平津还有整整一个月。看照片中诸人仍然意态闲适,如果没有北大学生贴大字报抄录郭沫若的斥责檄文,沈从文的精神也不会崩溃得如此快。他们后来都拒绝乘飞机南下,其实已对国民党政权彻底失望。1949年1月,傅作义委托邓宝珊出面通过《大公报》记者徐盈邀北大汤用彤、周炳琳、杨振声等在邓家吃饭,探询教育界意见,均持和议。杨振声已经做好了心理准备,沈从文却情绪紊乱了,张兆和求助于杨振声,杨振声多次劝解都没有效果。此后沈从文就闷在医院或家中,杨振声加入了欢迎新政权的行列。

有的研究者指出,沈从文这期间写信给丁玲是背着杨振声搞的小动作,恐怕是情感偏向于杨振声而做出的判断。梁思成夫妇与学生地下党组织已有接触,杨振声、张奚若都知道,沈从文与丁玲属旧交更是杨振声所知道的,无须避讳。此外,解放军2月3日入城,28日军管会文管委主任钱俊瑞到红楼宣布正式接管北大,5月4日新的北大校务委员会成立,汤用彤任常委兼主席,杨振声是委员之一,此前宣讲新民主主义、组建党总支工作已经完成,也就是在新校务委员会成立当天,《人民日报》出版《五四运动三十周年纪念特刊》,头版头条是陈伯达的《五四运动与知识分子的道路》,四到六版发表了吴玉章、郭沫若、茅盾、黄炎培、胡风、周建人、杨振声、何干之、俞平伯、宋云彬、叶圣陶、何家槐、臧克家等的署名文章。杨振声同日还在《进步日报》发表《我蹩在时代的后面》,其努力跟进的姿态一望即知。沈从文肯定清楚知道杨振声对新政权毫无抵触,仅为自保致信丁玲丝毫不会影响杨振声,即使没有告知也谈不上什么背着杨振声搞"小动作"。又有人"据说江青进城时给杨振声写了一封信而杨振声没回",对塑造杨振声的形象来说的确是很好的资料,只是不知据何而说。

毕竟是弃暗投明者,地位难免尴尬。人们都知道杨振声是胡适的得意门生之一,人们也都看到了胡适远行而杨振声留守北京;人们都知道杨振声是五四运动时期火烧赵家楼的闯将之一,而自从 1939 年 5 月初毛泽东发表《纪念五四运动》与《青年运动的方向》两文以后,具有杨振声这样身份的人是备受尊崇的。杨振声明白自己这种身份的特殊性,他在去世之前,每逢 5 月 4 日都争取发表文章,始终围绕五四展开。他积极参加报告会学习会,欢迎北大中国文学史小组会议常在他家举行。据与他多年共事的历史学家阴法鲁在 1956 年《九三社讯》发表的《追悼杨振声同志》:"有时为了坚持自己的意见而津津有味地辩论,但也虚心地倾听并接受别人的意见,他的进步是在剧烈的思想斗争中得到的。"这段话说得非常微妙,不过,尽管杨振声在努力跟进新时代,结果还是在 1951 年底开始展至 1952 年 10 月的三反运动中被批为"学阀",随即调往东北。

直到 1952 年,杨振声和沈从文依然联系较为密切。据汪曾祺回忆,50 年代初"杨先生有一次托沈先生带信,让我到南锣鼓巷他的住处去"。汪曾祺还以为有什么特别的事情,去了才知道杨振声仅仅是为了让他欣赏自己收藏的姚茫父山水册页,"杨先生对待我这个初露头角的学生如此,则其接待沈先生的情形可知"。也就是在 1952 年的 1 月 20 日前后,已到四川内江参加土改的沈从文致信杨振声,述说当地见闻后写道:"我在此心脏不太好,胃也不大好,每晚必痛醒,大致饭菜中不离辣子酱,或有关系。希望不至于和佩弦同病。……闻兆和说，学校催搬住处，如未能有住处，盼为商……”沈从文已经不是北大职员，被要求清退住房是自然的，他寄希望于杨振声打招呼，看来还是不太了解杨振声的真实处境，就像他看到巴金、郑振铎在天上飞来飞去而不明白他们心中苦楚一样，杨振声自己都已从中老胡同搬到地安门附近的南锣鼓巷了。沈从文此信也透露了一个重要信息，他离开北大之后能够和往常一样倾诉衷肠的同事大概只有杨振声了。风霜临而水落石出，真正的知交须困境中才显现出来，但即使真正的知交也无能为力，沈从文后来搬到东堂子胡同去了。尽管杨振声在1951年5月4日在《光明日报》发表《抗美援朝运动中纪念“五四”的意义》，也要抱病去东北工作；尽管他抱病在东北努力讲学和培养青年教师，也享受不到舒适的待遇，终于拖得胃切除而于1956年3月7日病逝于北京协和医院。此时，沈从文已经在历史博物馆呆了五年。

3月19日，沈从文给大哥写了一封信：“杨先生前几天已故去了，昨天出丧，是在我们住处附近名叫‘贤良寺’追到的。到的全是卅年来熟人。徽因也是在这个旧庙里停灵的。五十来个老友行行礼后，就用一个卡车送走了。杨四哥来送终。（得年66岁。）大家都老到一个程度了，周鲠生，许德珩，张奚若，李四光……全是卅四十年的朋友。徽因是去年死的，也活了五十岁，见了孙和外孙。梁思成身体还是很不好，上次开会后就病倒。”此信未发出，更衬出沈从文欲哭无泪、欲言难言的悲伤。已经行到该知天命的年龄门槛前却对命运怀有深切的恐惧，沈从文每一次写到故人凋零都用这种俭省平淡的文笔。此后20年间除了“交代历史问题”，沈从文不再提到杨振声，这也难怪，活人尚且照顾不暇，遑论逝者？

在沈从文与杨振声的交往史中，最令人困惑的是他给《杨振声文集》作序一事。这里需要辨析清楚的是杨起何时索序，沈从文的写作过程和背景，此外还必须细读张兆和与萧乾围绕此事留下的文字，三方对照才能梳理清楚。

从1978年10月3日杨文衡给杨起信中说她对父亲的创作情况不熟悉,可以推知此时杨起已经开始着手编辑《杨振声文集》,联系沈从文初稿写作时间,索序一事当发生于1978年。沈从文写的序一共有三份,开始写作时间是1978年11月15日,之后又两次修改。二稿约作于1982年二三月间,三稿约作于1982年3月。三份稿子均存于《沈从文全集》。就时间衔接来看,沈从文还是非常快地投入写作。至于为什么初稿的措辞在萧乾等人看来缺乏感情色彩,从写作时间和文稿题目可以看出来,沈从文这时明显受到前三十年政治环境和流行话语的影响,因为这时为公开出版的文集作序,不是私人书信。"我所知道的"一语,便于应对外界质询。另外,也可能是对杨振声的某些生活经历不够熟悉的缘故。

张兆和1982年3月中旬致杨蔚信的草稿如是写:"从文日内即将南下去荆州,看江陵新出土文物,特抢时间一行。为了怕担(耽)误时间太久,要他行前写下几段关于今甫先生的回忆。字写了太潦草,我匆匆看下来了一遍。内容多叙述工作情况,经历多,事迹不突出。提了许多当时朋友同事,为的是可以提供作者回忆线索。你看若是还有参考价值有用,请改用。"不管这封信最终是否发出,有一点是确定的,即张兆和知道沈从文的写作情况,也知道沈从文没有顺利写完,她最后交给杨家的应该是相对完整的第一稿。《沈从文全集》把这三份未刊稿都收录出版,也应该是想让世人理解沈从文写作此文时的某种摇摆不定,不是对杨振声情感的摇摆不定,而是在特定历史时期对于措辞语气及事件选择的摇摆不定。

从另外一个事实可以侧面看出沈从文对杨振声文学成就的肯定,就在撰写和反复修改杨振声事略期间,他作于1945年8月15日昆明的旧文《湘人对于新文学运动的贡献》发表在《吉首大学学报》1982年第1期。这篇文章的重点在于梳理新文学运动30年间较有文学成就的湘人,而论及湘人所受外部影响时,沈从文列举了不同阶段的四位主要人物:第一个是引发湖南维新变法思潮的梁启超,其次是乡土小说发动者鲁迅，再次就是杨振声、郁达夫：“武昌高等师范学校因杨振声、郁达夫两先生应聘主持中文系讲‘中国现代文学’，学生文学团体因之而活动，胡云翼、贺扬灵、刘大白是当时比较知名而又活动的青年文学家。”文前的“编者按”中有：“转抄给沈先生审阅。对于轶稿的发现，沈先生很是高兴，并同意在我校学报上发表。”这是一篇研究杨振声与沈从文关系的重要文献，长期被忽略，从发表过程和文章内容都可以看出沈从文对杨振声的重视程度，所寄托的情感内涵应该是不言而喻的吧。这篇旧文的重新发表似乎也可以视为沈从文对文学界评价杨振声和自己动向的试探，虽然当时国内已经开始有研究沈从文的论文发表，而实际上都集中在湖南或者云南的刊物，北京、上海这些文化中心的刊物还见不到研究沈从文的长篇论文出现。风气已变而仍属初变，沈从文已经蛰居了三十多年，谨慎着笔也是正常的。

现在需要细读沈从文回忆杨振声的三份未刊稿。初稿用民国编年，多处需要查问才能确证的事迹都用括号标出，说明沈从文有信息确认方面的难题。比如对于杨振声在火烧赵家楼后是否和许德珩一起被捕，需要找当事人核实；执掌青岛大学如何受到韩复榘等干扰，需要找时任杨振声秘书的吴伯箫确认。初稿写到联大时期结束。

二稿仍用民国编年，对杨振声北伐前后文学创作与社会活动着墨较多，写到离开青岛回北平编教材即结束。就文章篇幅和已成结构来看，要比初稿丰富得多而且文字量大得多，仅叙述民国十四年到1932年辞职的事情就用了一千多字，而青岛大学部分仅用不到二百字，因为一些信息还要去向吴伯箫查询。就写作始迄来看，符合“我所知道的”题目所指。

三稿则废去民国编年，纯用公历，开始于1924年《现代评论》时期，看来沈从文始终在围绕题目作整体叙述结构的调整，从《现代评论》写起缘于他和杨振声在此结识。他重点写的是杨振声的教育家身份，从武昌与郁达夫共事，转到北大、燕京、青岛，叙述杨振声的任职与成就，然后是编教材和联大时期，到北平和平解放结束。这一稿最符合他与杨振声交往的过程和内容。

三次写作都没有涉及新中国成立后的事情，这样看来，沈从文在叙述“我所知道的杨振声”时遇到了如下几个难题：情感色彩的调适，历史信息的确认、时间段的把握。不仅因为有丁玲反目的现例，还有当时虽然已经解放却条条框框仍然存在的政治环境。他对杨振声的文学成就试图作出评价，而一下笔就和当时流行的评价标准不一致，他也马上意识到了，所以二稿辍废。此后未再完稿，可能是觉得难以确切表达自己所想，因为“文革”后他没有写出对哪个人的怀念文字，只是在信中多次流露出对故人凋零的忧伤，身体健康状况倒不一定是主要原因。

1990 年 11 月 19 日，张兆和致杨起信：“今甫先生书信复印件 6 件（计 15 页）寄上，请检收。今甫先生为人处事，从几封信中可见一斑。我一直觉得他对从文像慈父严兄一样，十分关切；对其他朋友亦然。这样的忠厚长者，如今已很少见了。”此时沈从文已经去世两年半，张兆和的话是根据他们与杨振声曾经有过的数十年交往而发，当然可以代表沈从文。此信以表达感谢为主，是否包含为《杨振声文集》作序不理想的歉意，不得而知。

萧乾在 1984 年 3 月到 6 月多次与杨起姐弟通信，他认为沈从文是比较合适的写序者，后来确定文集由山东大学教授孙昌熙编辑后非常欣慰，孙昌熙是杨振声在西南联大的学生，为完成课堂作业写了《小队长的故事》，杨振声交给沈从文，沈从文便推荐给凤子主编的《中央日报》“平明副刊”发表，这激励孙昌熙又创作了几篇作品，1941 年毕业后任联大助教，《杨振声文集》得他编辑可谓桃李之报。从萧乾 1991 年月 1 日给杨起的信中可以看出他才刚刚读到沈从文写的东西，而他的反应耐人寻味。

信的正文很短，而写完复信和祝语之后又附加的文字较长，应该是萧乾附带写下的突然产生的感慨。先看正文相关内容：“至于沈所写杨先生小传（不知还写了序否？记得兄说过他谈起杨先生的阶级成分，并未见）弟当妥为保存。没想到他会写得那么冰冷，严峻，而没有对杨先生一生的为人及事业作只字评价！”萧乾不满的重点在于沈从文所写缺乏对杨振声的感情，而从《我的启蒙老师杨振声》《他是不应该被遗忘的——悼念恩师杨振声》等文都可以看出萧乾本人对杨振声的深厚感情。

再来看附带写下的话：“再者此信如果不了解当时的情况，也不了解沈与杨先生的关系，几乎看不出什么问题。弟多少是知情人，读后十分气愤。①提《玉君》时，一字对它在中国文学史上的价值贡献也没有，只说是西滢如何为何肯定。而西滢曾为鲁迅骂过，解放后是作为反动分子看待的，是多么恶毒。②提到杨先生办学提倡民主，就五七年的经验而言，那是“资产阶级”的代语。③最奇怪的是你沈先生从1930年就在杨先生身边工作，那时毕恭毕敬，十分钦仰，而全文既不提他与杨先生的关系（显然是怕沾边儿），对杨先生的为人及学问，更是只字不提，似乎在谈一个完全陌生的人。亏他写得出！”

萧乾逐一列出的三点，其实是他对沈从文所写内容最不满的地方。需要逐条解读。首先就是萧乾不满而沈从文比较强调的陈西滢对《玉君》的评价。沈从文除了“交代历史问题”的文字，在书信中始终对鲁迅的文学成就和评价标准不认同，他选择陈西滢对《玉君》的欣赏，其实是对鲁迅当年编选《新文学大系》小说卷时评价杨振声的回应，含有为杨振声正名之意。杨起以鲁迅有对杨振声的一句话“极要描写民间疾苦”，就判定鲁迅欣赏杨振声，估计没有细看鲁迅《小说二集·序》，因为鲁迅先指出杨振声“要忠实于主观”，引了杨振声的基本观点之后，最终的评语是：“他先决定了‘想把天然艺术化’，唯一的方法是‘说假话’，‘说假话的才是小说家’。于是依照了这定律，并且博采众议，将《玉君》创造出来了，然而这是一定的：不过一个傀儡，她的降生也就是死亡。我们此后也不再见这位作家的创作。”如果看到这段话，就应该明白沈从文援引陈西滢的评价正是为了肯定杨振声的文学成就。杨起是著名的煤地质专家,中科院院士,对文学史上的一些资料不熟悉是很正常的。萧乾到20世纪90年代还把陈西滢当作反动分子,认为沈从文这样写用心恶毒,不免令人诧异。1935年鲁迅那篇著名序言问世时,萧乾已经是《大公报》的编辑,难道他没有读过?

其二,沈从文说杨振声主张民主办学,萧乾“就五七年的经验而言”认为那是“资产阶级”的代语,应该是受了80年代中期反对资产阶级自由化观念的影响,民主办学作为北大的一个传统,源自蔡元培提倡的八个字,似乎从未被人否定过,而沈从文没有写杨振声新中国成立后的活动,用“五七年的经验”来衡量,让人读来怪怪的,仿佛有一种“乃不知有汉,无论魏晋”的感觉。

其三,除了时间记忆略有出入(如果说沈从文在杨振声身边工作,要么从1925年《现代评论》编辑部算起,要么从1931年秋青岛大学算起,都不应该是1930年),萧乾最不满的是沈从文没有高度评价杨振声的成就,“只字不提”是激愤之辞,不妨作此推测,萧乾是为了安慰杨起的失落而一时口不择言抨击沈从文的,从他身后发表的那篇理智亲切地怀念沈从文的文章可以理解这一点。耐心的读者完全可以从沈从文的字里行间,读出他对杨振声的特殊感情。

董桥《无灯无月也无妨》结尾一段话,对人们冷静审视杨振声、沈从文与萧乾三人关系很有帮助:“其(沈从文——引者)去世后萧氏左右多有撰文,不言偏听亦是妄信,实有萧个人蠡测,直至前几年又有杨家子弟指责《沈从文全集》未曾一言道及杨振声甚感不忿,实则《全集》中不下几十次,还有《白玉兰花引》诗为证:‘闻才雄杰杨稳妥’怀青岛岁月。”董桥所说的,是1962年夏沈从文至青岛,在玉兰花路忆及早年与杨振声、闻一多等游崂山,赏上清宫古白玉兰花。后作旧体诗《白玉花引》,直到文革末期才改定,1975年,沈从文将诗题写在黄永玉《木兰花长卷》上。同年,臧克家索诗,沈从文便书此诗相赠,开头几句:“引思深感生命奇,还忆海月车轮大。

同观奇景五七人，闻才雄杰杨稳妥。"杨、闻二人嵌于诗中。

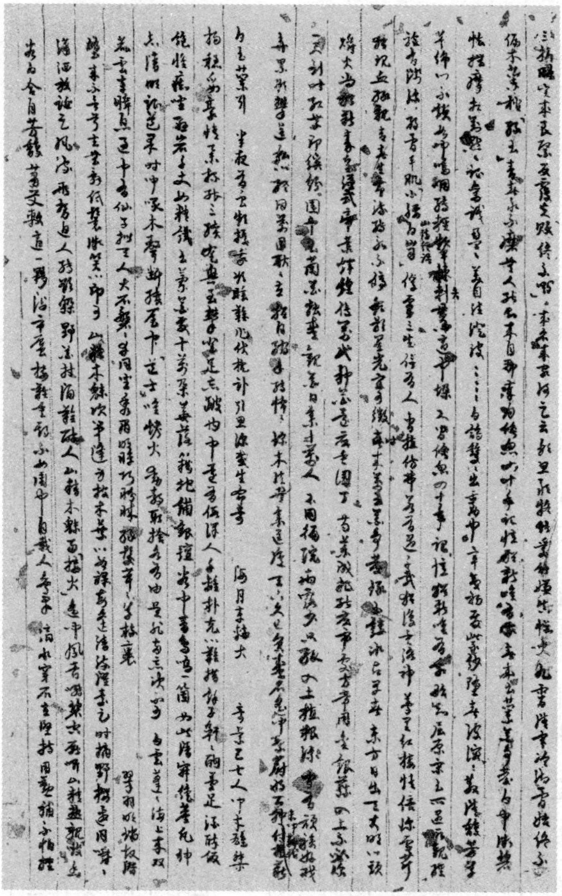

右起第十、十一行，即"闻才雄杰杨稳妥"等句。

《杨振声文集》迟至2009年才由线装书局出版，沈从文已经谢世二十多年，纷纷是非只能由后人述说，他没有为交往二十多年的杨振声写出完整的回忆文章，的确遗憾，也只是遗憾而已，从当年为杨振声送葬后写下的文字已经可以看出他们之间的情谊。张兆和整理出版的《从文家书》多次提到"杨先生"和"杨小姐"，留下了他们在乱世飘零之中的牵挂，已足可见出他们的心情。如今这些心情都被收藏在《沈从文全集》里。

“强烈憎恨中复一贯有深刻悲悯浸润流注”

——沈从文与鲁迅、周作人

在沈从文写小说的时代，鲁迅是一个巨大的存在；在沈从文的一生中，没有和鲁迅正面交往过，但是鲁迅作为一个无所不在的参照系，自沈从文进入文坛开始就影响着他。如果沈从文一生无所祈求、无所成就也罢了，那样的话，鲁迅对于他，就如同蒋介石对于一个安守几亩土地的农民，存在而毫无意义。一旦他进入现代文学的圈子，如同漂浮在宇宙中的小行星，即使远离恒星轨道之外漫游，也会接受恒星的光照和引力，方式和量度不同而已。小行星在不断壮大之后也会有自己的轨道，乃至成为恒星，发出自己的光芒，对于曾经光照自己的抱以光芒，作温情回馈；对于曾经黯蔽自己的也会报以光芒，以示自己的存在和壮大。他们都在20世纪中国文学这个小宇宙之中，作为特殊的交往方式，折射出现代文化生态的别一层面。

在鲁迅生前，沈从文的文字中如果出现鲁迅的名字，每含嘲讽不满意味，可以感受到鲁迅对其影响的明确存在和沈从文自觉的排拒；鲁迅谢世之后，沈从文对历史与时事、文学与生活的评价参照体系中越来越少不了鲁迅，这或许只能说明，沈从文在潜意识里逐渐认同鲁迅，而在写作表达时往往克制这种认同。是因为曾经的心理挫伤，还是个性使然，或者是交往圈子所限，不得已而采取的策略？抑或沈从文越过漫长的时间逐渐能够俯视历史，看清他和鲁迅都曾置身的那个历史现场真正深沉的演进脉络?

沈从文与周作人的关系则呈现为有趣的另外一种特点,接触不多而精神呼应,同被誉为京派文学的代表和现代自由主义思想的重要人物,新中国成立后不再来往而又各自以不同的方式回忆鲁迅,构成了那个时代最为清醒的鲁迅研究景观。反观之,鲁迅即使认同沈从文是个优秀小说家仍然保持冷淡态度;周作人则多次赞许沈从文。沈从文与这兄弟二人的关系折射出现代文人交往的圈子效应是非常明显的,理想的交往方式是和而不同,沈从文与周作人之间大概可以这样说,沈从文与鲁迅则是"不和"而且"不同"。

话要从当年的误会开始。人们普遍认为鲁迅对沈从文的误会源于丁玲那封信的字迹和沈从文相似,其间又有孙伏园对沈从文的不良评价推波助澜。1980 年,金介甫见沈从文过程中曾问当时是否知道此事,沈从文说他几乎立即就知道了。那么他从什么渠道知道的呢?

首先最可能的渠道是当时和胡也频、项拙一起编辑《民众文艺》周刊的荆有麟。荆和鲁迅不仅书信来往较多,还经常上门走动,《鲁迅日记》当时几乎每天都有"有麟来"的记载。鲁迅不仅给《民众文艺》周刊撰稿,还为该刊校阅过从创刊号至第 16 期的稿件。就在1925 年 4 月 30 日的日记中,鲁迅记"得丁玲信",还记"有麟来",按照这则日记文字的先后顺序,他应该没有对后到的荆有麟提到丁玲的信,否则就不会有后来的误会。荆有麟在 1942 年在重庆《新华日报》以"艾云"笔名发表《鲁迅所关怀的丁玲》一文中,提到了另外的细节,即鲁迅收到丁玲来信的次晚,孙伏园就来报告消息说,周作人那里也有同样的一封信,而且笔迹很像休芸芸。按照这个说法,荆有麟这天晚上也是在鲁迅那里的,而且他这时还不认识丁玲,因为他在这篇回忆文章中写道,就在鲁迅收到丁玲信"过了不到半月,胡崇轩(即也频)忽然跑来找我。要我代他弄一点路费,说他当天要到湖南去。问他什么事,他说:'昨天晚上,在老项(项拙)一个同乡房里吃饭。有一个女的我马上爱上了。高兴得不得了。当时竟喝醉。今天早晨起来,打算去看她,便问老项那位同乡,她住在什么地方。据说:她已于今早搭车回湖南去了。我现在马上赶她去。就搭今天晚上车走。你赶快出去代我活动二十元钱罢!我还要再想办法去。你弄到钱,到老项那里等我!'"

既然证明实有丁玲其人,而且并不是休芸芸即沈从文的化名,荆有麟便将胡也频的话转告鲁迅。不知是因为同样的笔迹也出现在已经失和的周作人那里,还是对沈从文以休芸芸笔名已经发表的文字不喜欢,在荆有麟的记忆中,鲁迅只问了丁玲的情况。这样看来,荆有麟当时对丁玲和沈从文两个人都不认识,至于他什么时间把鲁迅的反应告诉胡也频,无可查考,不过荆有麟始终对鲁迅和丁玲态度友好,其他地方也没有见到他对沈从文的评价,在这篇回忆鲁迅的文章中对受了误解的沈从文也没有重点描述。沈从文只能吞下这横空落下的苦果,他这个时候还没有上香山,不久又在香山受了一肚子委屈黯然下来,如此境遇不可能再产生结识鲁迅的念头,和徐志摩那个圈子的人熟悉之后,就自然走到了鲁迅的对面,可以审视对望却不会亲近了。

其次,沈从文在孙伏园辞去《晨报副刊》编辑职务后,与该副刊的联系逐渐密切,会知道鲁迅对他的态度有更复杂的文学立场原因。他后来提到"某编辑"把稿子扔到废纸篓里且出言讥讽的细节,不是报馆中人不会知道,即使孙伏园有这样的举动,也只可能是偶尔为之,人们对这个著名编辑的人品和眼光一直以来评价很高,不过在沈从文初入文坛的时候没有提携罢了。告知这个细节的人大概属于抽掉鲁迅《我的失恋》一诗的刘勉己那样对鲁迅心存芥蒂而对徐志摩比较欣赏的人。受到徐志摩的欣赏,年轻的沈从文非常感激,对鲁迅的不满情绪很快就宣泄出来了,他的宣泄方式是写影射文章。——这也是古今中外文学创作的重要副产品,细究这种影射写作的本事和曲折兴许可以完成很厚的一本书,那时《现代评论》上已经出现以

“某籍某系”影射鲁迅的文章,沈从文有前例可循。

就在徐志摩接编《晨报副刊》的当月,1925 年 10 月 24 日,沈从文以“小兵”的笔名在上面发表了《扪虱(一)》,稍作研读就可以明白这里面有针对鲁迅的内容。文中写到“文坛上擂鼓的鼓手”,“做白话诗与小说尽人欣赏”,在大学讲课,“在一条狗身上捉下几个虱子”,综合这些特点,除了鲁迅没有人能够对得上号,因为在 1925 年之前既写小说又写白话诗且有大名的唯有此公,何况鲁迅以臭虫、虱子、蚊子喻人的《夏三虫》就发表在 1925 年 4 月 7 日胡也频主编的《京报》“民众文艺副刊”上,《阿 Q 正传》中也有众所周知的捉虱子细节,关键是文章末尾还有这么一句:“不过假使这之间若有一个什么‘思想界权威’来证明,那我也当我眼睛花,为的是尊重权威起见。”鲁迅被人讽刺性地称为“思想界权威”,正是 1925 年《语丝》与《现代评论》对峙时期的用语。

大概是鲁迅很快离开北京而沈从文发表作品渐丰的原因,有两年多的时间里,沈从文不再提到鲁迅。这也可以侧面看出现代文学场域的一个特点,一个中心人物牵连若干热议话题,中心人物的离场很快导致话题的转变,恒星是光源也是阴影的源头。沈从文暂时脱离了鲁迅的光辉,而周作人始终和《现代评论》若即若离,所以他们两个也没有发生直接交往。据冯至 1980 年对金介甫说,他曾经和沈从文一起听过周作人的课,按照沈从文的记忆,他在香山时期就和陈翔鹤很熟,冯至、陈翔鹤组织浅草—沉钟社是在 1923 年到 1925 年,也就是在这一时间段内周作人对沈从文的创作开始发生深刻的影响,沈最早出版的文集《鸭子》,就在《鸭子》这个剧本标题下特别注明“拟狂言”,他在《关于〈三兽窣堵波〉》中明确地说:“我近来把故乡中大小皆知的笑话改成像《鸭子》一类的那种‘狂言式’的小剧样;若无《狂言》中各样趣剧作我的启示,纵要写,是无从写,也是很明白的吧。”众所周知,是周作人最早而且最多把日本的狂言译介给五四时期的中国文坛。沈从文也曾在早年出版的小说戏剧合集《入伍后》扉页上写过题识:“内十多篇带点诙谐味,或许受二周译文影响相当多,这是一九二二年到北京,由标点符号学起,到一九二五年开始写作第一本集子。”沈从文喜欢在小说中穿插民间歌谣,一定程度上也是受了周氏兄弟的影响,他在20世纪80年代回复金介甫的信中写道:“《霄神》,可能受当时周作人译日文《狂言十番》或《希腊拟曲》影响而成。故事则出于本乡本土。春秋时孔子说的‘傩’,在我国解放前,还完完整整保留在我家乡中。”只不过,冯至、陈翔鹤都始终和鲁迅交好,沈从文与他们的交往再次显示出和而不同的特点。

沈从文每次把二周并提,都将背景限定在他初入北京阶段,这固然表明周氏兄弟在当时文坛的影响力,更反映了他们二人对沈从文文学起步阶段的关键作用,一个作家生命早期和文学创作早期所受的影响,将伴随其终生,就如同人的回忆深处总是萦绕着故乡、母亲和童年。沈从文的小说《福生》经由胡也频转托周作人,最终在《语丝》上发表,他感谢胡也频,也感念周作人的提携,如同对徐志摩、胡适的感念一样。从偏重古典优美的抒情风度来看,他与周作人也是性相近而渐习相通,而与鲁迅既非性相近,终将习相远。

一旦沈从文到达上海,鲁迅便无法不再次出现在他的视野中,他上海期间的作品多次直接写到鲁迅,以上海的商业化写作氛围作为背景。其原因当不出两点:首先,鲁迅是当时上海文坛的旋涡中心,每有论争必当其锋,拥戴者少而排斥者众,或出于宗派之见,或出于积久的隔阂,都是不愿被鲁迅强烈光芒笼罩的情绪反弹所致,沈从文属于后者。其次,鲁迅虽然是众矢之的,却为出版家和报馆所欢迎,他的文章能够使已经兴起的波澜继续起伏,有读者自然有传播市场,给予较高的稿费会吸引更多的读者注意,这是划算的商业考量。鲁迅为论争浪费了不少精力,对上海书报杂志业的繁荣却也贡献不小;沈从文努力写作却所获菲薄,对书商不满又无可奈何,讽刺畅销作者以凸显自己的存在也是情理中事。文学史上借否定权威以立足的事例实在太多,充满文学自信而尚未得到普遍认同的沈从文有此举动,合情合理,何况他终生都持冷观鲁迅的态度,和那些一度欲棒杀鲁迅终而大捧鲁迅的人有着根本的区别。《不死日记》(1928 年)、《元宵》《一个天才的通信》(1929 年)、《血》(1930 年)、《一日的故事》(1931 年),五篇作品构成了一个系列,反映出贫病交加中的沈从文对鲁迅以及上海文坛的认识和评价。他没有把鲁迅作为叙事重心,主要在描写其他人与事时提及,不过,多篇作品叠映出此时沈从文心目中的鲁迅形象:可笑的偶像、挣钱容易的著名作家、脱离实际的演说者。

《不死日记》记载一个青年作家日常生活的苦恼,主要是无钱无人爱,顺带着讽刺了靠写作生活的鲁迅:“即如鲁迅,也只是一个无用东西,可怜之至!”“中国有一百个法朗士,中国还仍然是中国! 年青人还是成天在各处被杀,年老人还是可以各处作官,买人口的贩子还是用二十两大秤一毛钱一斤的行市。”他还引用了成仿吾讽刺鲁迅“老头子完了”的时髦说法,不能不说,写这篇小说时的沈从文有点“打落水狗”的心理。当时鲁迅初到上海就被无产阶级文学的理论家们如钱杏邨、成仿吾围攻,鲁迅的文学成就几乎被全部抹杀,钱杏邨文章标题非常醒目:《死去了的阿 Q 时代》,他们觉得鲁迅已经落伍了。就在 1928 年 5 月 15 日出版的《戈壁》第 2 期上,成仿吾在署名石厚生的《鲁迅先生》中辛辣地写道:“阴阳脸的老人,挂着他以往的战迹,躲在酒缸的后面,挥着他‘艺术的武器’,在抵御着纷然而来的外侮。”所谓文变染乎世情,1930 年 3 月 19 日远在新加坡的《星洲日报》的“野葩”副刊上还发表了一篇《文艺的方向》,指责鲁迅、郁达夫一类的老作家把持着中国文坛的首席。沈从文的小说在当时根本没有引起鲁迅的注意,只能说明其攻击的力度远不及左翼文学家。单拎出沈从文的这些作品,也只是想还原一个真实的沈从文。

《一个天才的通信》是篇带有很强自叙传色彩的小说,主人公是一个被人称为天才的青年作家,生活无着,穷困潦倒,几乎是沈从文的自画像,这种笔法从郁达夫那里学来。其时沈从文已经在中国公学教书,经济情况和写作状态仍然不稳定。“我”在丧魂落魄的境遇中做了一个梦,“梦到鲁迅做寿,有许多人都不远千里而来,穿一色拜寿衣裳,成天磕头,膝上全绑得有护膝。他们拜完了寿就听那老头儿说笑话演讲,大家觉得比吃寿面还好。大家说文艺复兴了,唱文艺复兴的歌,领班的是姓林的人。我到那里看热闹,我心想,莫非有人认识我,我应当好好躲藏起来才是事。我就躲到一个肥人身后从肥人胳膊下望去,很有趣。寿堂仿佛又是北新书局,那穿制服作招待员陪席的就是北新书局那些作家,到后来听人喊我的名字,我吓跑了。”

鲁迅比较大规模地过生日是在50岁那次,他一直以阴历为自己纪年,且按照虚岁算满的方式,1930年9月17日鲁迅有记:“友人为我在荷兰西菜室作五十岁纪念,晚与广平携海婴同往,席中共二十二人,夜归。”这次为鲁迅五十寿辰而举行的庆祝晚宴,由左联发起,美国友人史沫特莱出面租用场地,近二十位文艺界进步人士应约参加。这次活动充分显示了鲁迅左联旗手的地位。沈从文的小说写于这次过生日之前,显然纯粹是文学创作而无事实依据,因此只能从文学想象的角度去解读。沈从文的讽刺重点其实是“北新书局那些作家”,他是对稿费优厚而作品不佳者心存鄙薄。

鲁迅被肥人包围,像偶像一样被崇拜者跪拜磕头,而且崇拜者膝上全绑有护膝,这些和沈从文在1929年6月发表的小说《元宵》中,借一个书店小伙计之口塑造的鲁迅形象差不多:“我还见过鲁迅先生!是一个胡子,像个官,他不穿洋服!”另外一个细节也很有意思,“寿堂仿佛又是北新书局”——沈从文对北新书局绝不陌生,他的文集《鸭子》就是北新出版的。熟悉中国现代文学史的大抵都知道鲁迅与北新书局老板李小峰的特殊师生关系,鲁迅因为开明书店的版税过低且出版过程不够灵活,虽然与其老板章锡琛、编辑叶圣陶私交不错,却从不在那里出版,也没有把主要著作如《呐喊》《中国小说史略》等交给商务印书馆、中华书局一类大出版社去印行,而是委托给自己信任并一直努力扶植的北新书局。北新书局也投桃报李,支付鲁迅著作的版税明显高于其他地方,一般是 20%,甚至达到 25%。鲁迅从北新书局那里获得了大量的稿酬,仅从 1925 年至 1929 年北新书局拖欠鲁迅的版税就高达两万多元,由此可见鲁迅从北新书局获得的经济回报之丰厚。据赵家璧回忆:"《良友文学丛书》对所有作家都实行版税制,一般都是按售价,作者抽版税 15%,年结两次,交稿和录用时,都可预支一部分。仅对鲁迅作品按 20%计,这是上海各书店为尊重鲁迅而共同执行之惯例。"李小峰也因出版鲁迅的书籍而成为 20 世纪 20 年代和 30 年代中国著名的出版商。就算他们为版税欠账问题打过官司,仍然不耽误出版往来,陈明远《鲁迅时代何以为生》对此做过非常详细的考证。

以现在的目光来看,鲁迅和北新书局实现了作家和出版商的双赢,是现代文学生态平衡的良例。但在当时稿酬屡遭盘剥的沈从文看来,鲁迅和北新书局的特殊交往(从 1923 年起鲁迅和李小峰见面、通信、联系,14 年间总共达到 704 次之多,平均每年 50 次,即大约每周一次)是鲁迅这样的作家爱钱的表现,当然是对"新文化事业"的一大讽刺。沈从文这时期对鲁迅的讽刺,反映了无名无钱年轻作者与享大名挣大钱作家的心理对峙。

《血》发表于 1930 年 2 月,写的是"我"去医院看望一个因热心革命而遭人暗算被投入监狱严刑拷打,又因莫名其妙的政治交易而被释放送进医院治疗的朋友,在挂号处看到一个武装同志跟挂号处工作人员吵架以至于动手对打,双方流血。回去后"我"感到自己似乎落伍了,"偶尔看到书中写着这么一句:'从血管里喷出的才是血'"。鲁迅这句话又使"我"感慨起来:"医院白天所见到的血俨然还在眼前,我觉得鲁迅这个人,也不过是呆子之一,若见到事情较多,这样呆话也不说了。"沈从文此处倒不全是讽刺,他也常自称呆子,有憨厚率真而不太识时务的意思,正如金介甫所指出的:"对沈从文来说,爱是一种宗教行为;'呆'或'痴'存在于天真、朴质和乡民所说的'老实'这些美德之中。"不过在沈从文的心目中,鲁迅的总体形象不佳,所以在《一日的故事》这篇小说中,沈从文借主人公之口发出这样的感慨:"只要上面写得是字,说是鲁迅这老汉子作的,在上海方面,就有人竞争出钱印,出钱买,这事情,不是就说明读书人与著书人,近来全是天真烂漫的做着所谓文化事业。"既然从未与鲁迅晤面,那么他借小说中人物之口说出的鲁迅形象,无疑是他自己对鲁迅的一种心理定位,这在相当长的一段时间里成为他评价鲁迅的基调。羡而不近,远而难忘,称之为鸡肋心态是比较贴切的。

处于多种力量交织中心的鲁迅,偶尔会注意到沈从文,是在关注胡适那个圈子的时候。在 1929 年 7 月致章廷谦(川岛)的信中,鲁迅写道:"青岛大学已开。文科主任杨振声,此君近来似已联络周启明(周作人)之流矣。陈源(西滢)亦已往青岛大学,还有肖景深、沈从文、易家钺之流云。"鲁迅所依的肯定是传闻,因为杨振声的身份不符,陈西滢也未去青岛任职,他所关注的还是《现代评论》那个圈子的动向以及周作人的动静,沈从文是被归入"之流"的。这固然说明了沈从文在鲁迅心目中的分量,更重要的应该是反映了鲁迅眼中的沈从文身份,和周作人一样的"之流"。

尽管郁达夫曾经在沈从文的文学道路上给予了至关重要的帮助,尽管沈从文早期的写作受了郁达夫的不少影响,沈从文对郁达夫的评价却逊于鲁迅。沈从文只要评价文坛人物,就会以最高标准来衡量,而最高标准往往离不开鲁迅,这是一种敬畏疏远与挑战超越并存的心理。1930 年 1 月 12 日,沈从文写给朋友王际真的信中说:"中国目下年青作家,说故事好文字好的,似乎还有几个人,若是想选出说精致话作漂亮文章的人可就难了。依我看,是郭沫若郁达夫都不行的,鲁迅则近来不写,冰心则永远写不出家庭亲子爱以外。"

在同月 29 日写给王际真的信中又提到:许多英文系毕业的大学生,不能读外文报纸,所以在上海,有相当一批靠译日本作品而成伟人的。他所戏称的伟人,包括"从前的周氏兄弟,郭沫若,现在的沈端先等”。沈从文不懂日文,他对周氏兄弟和郭沫若的评价只能源于以下三点:周作人或者胡适(也可能来自梁实秋等人,郭沫若、郁达夫曾经到码头送梁实秋上船),至于沈端先(夏衍),应该是他在上海见到其译作,而且知道夏衍的左联背景后才有意识提到。沈从文当时应该读过鲁迅、周作人翻译的《域外小说集》,1973 年 4 月 20 日,他在复“两昆仲”的信中写道:“记得四十多年前,看过二周译的梭罗古卜一篇小说,名叫《微笑》,提到一个青年,十分无用无能,结果三次不同挫折,均用一种忧郁微笑对付过去,但最后终于还是迈过河边栏杆,投河而死。看后心情十分沉重,四十多年犹记忆如新!因为懂得那个心情。”他在中国公学时期的状态,的确和这个主人公非常相似,从他给胡适、徐志摩的信中都可以看出那种自怨自艾而屡表不甘的矛盾心情。在“文革”期间把二周并提,则体现了沈从文对当时已被高度神话的鲁迅和已经湮没不闻的周作人等量齐观,风浪在身侧,他含蓄而沉稳地固守着自己的文学价值立场。夏志清说沈从文始终不改造自己,至少是在文学品格上深深地理解了沈从文。

能够被沈从文在书信或者文章中提到名字的,绝大多数情况下是他所重视的人,包括亲人、同学或者是社会地位(成就)为他所认同的人,给予援助的,他铭记在心,冷漠置之的,他努力超越而不企图靠近。胡也频、丁玲这时都已经与鲁迅结识,鲁迅对他们的态度也很友好,这些都没有改变沈从文对鲁迅的态度,当然,也没改变他对左翼文学的态度。后来相熟的巴金也没有改变他。就像他在左翼文学繁荣于沪上时曾经说过的:“我不轻视左倾,也不鄙视右翼,我只信仰真实……文学实有其独创性与独立价值。”沈从文和鲁迅就像两个圆,不断相切,却未相交。以今视昔,不能说这成全了沈从文,只能说这就是沈从文。人们往往以成功者沈从文的眼光看待他和鲁迅的关系,殊不知这种在自卑和愤懑中隐忍努力以求超越的性格才是沈从文最终成功的根本原因。

沈从文对鲁迅进行严格意义上的文学评价,是在 1930 年秋到武汉大学任教以后。先是评价鲁迅的乡土小说，然后延至鲁迅的文学思想。因为担任中国现代文学史的教学工作，沈从文为此写过大量评论当时各类作家的评论文章，并在1934年结集为《沫沫集》出版，其中多有涉及鲁迅之处。写于1930年11月的《论施蛰存与罗黑芷》一文，认为"以被都市物质文明毁灭的中国中部城镇乡村人物作模范，用略带嘲弄的悲悯的画笔，涂上鲜明准确的颜色，调子美丽悦目，而显出的人物姿态又不免使人发笑，是鲁迅先生的作品独造处"。应该说，这种对鲁迅小说风格的印象式批评，强调的是鲁迅乡土小说的笔法独特；另一方面，沈从文认为鲁迅乡土小说的特点是"于江南风物，农村静穆和平，作抒情的幻想和表现的亲切"，这是从内容角度对鲁迅的肯定。后者是沈从文越来越突出的特色，自然是他长期坚持观察生活和文体试验的结果。他把鲁迅的乡土小说视为中国现代乡土小说的源头，还分析了鲁迅所欣赏的三个重要乡土作家：王鲁彦、许钦文、黎锦明，认为这三个人分别学到了鲁迅的部分长处。这种隐含着对话和超越的评价立场使得沈从文始终独立于左翼文学思潮之外，而能对左翼文学的成就客观评述。茅盾从鲁迅的小说中看到了"阴郁的老中国的子民"两手空空走向黑暗的图景，沈从文看到的是鲁迅对于"老中国的子民"的俯视，而他自己是立足于大地努力发现美和善的，他和鲁迅的审美视角在根本上没有"同"过。换个角度说，正是鲁迅确立的现代乡土小说传统带着沈从文进入这一领域，也正是鲁迅的小说使沈从文始终保持着独立思考，才有了戛戛独造的湘西叙事系列。这似乎侧面印证了韩愈的那句话："行成于思，毁于随。"

在青岛，沈从文似乎远离了鲁迅的影响，转到北平，因《大公报》编务才真正与周作人接触，关联渐多。周作人1933年9月8日日记写道："上午写联云：试游新奇境，相随阿丽思。因明日沈从文君结婚也。"11月1日《艺风》月刊第1卷第11期刊有补白《沈从文君结婚联》，署名知堂，贺联修改成："领取真奇境，会同爱丽思。"这个对联透露了若干重要信息，即沈从文拜访了周作人，至少是书面告知了结婚消息，周作人才欣然赋联，联语所用典故是沈从文完成于1928年的长篇讽刺小说《阿丽思中国游记》。9月10日又记：“（下午）四时往达子营三九（号），应沈（从文）君茶话之约，谈《大公报》‘文艺’副刊作文事。”9月12日的日记又记载：“复沈从文信。”他们联系得越来越密切。

此后两人书信往还主要是关于约稿和写稿。沈从文主编《大公报·文艺副刊》第一期（1933年9月23日）就发表了周作人的《猪鹿狸》。沈从文代表《文艺副刊》多次招请编辑和作者会宴，以联络感情，和周作人多次同餐聚谈，在周作人的日记中都留有痕迹。1933年10月22日记载，“午（和俞平伯）同往北海漪澜堂‘文副’之会，来者今甫、从文、废名、余上沅、朱孟实、振铎等共八人”。11月26日：“午往丰泽园，应《大公·文副》招，来者金甫、从文、平伯、佩弦、西谛、健吾、巴金、梁思成君夫妇等。”1934年1月21日：“往丰泽园《文艺副刊》之会，来者适之、一多、思成、今甫、平伯、佩弦、公超、上沅、芾甘、饶子离君（饶孟侃）、从文夫人等多人。”从参与聚餐集会的名单来看，“京派”的阵营已经非常整齐了。1934年11月22日，周作人日记：“午返，从文为生儿送红蛋40枚来。”12月25日，又记：“上午遣人送衣料一方，包袱一枚，于从文预贺其子弥月也。”沈龙朱出生是在沈、周二人交往一年之后，根据两个人都是慢热型的性格看来，他们这种报喜与赠礼的互动是关系亲密的表现。也就是因为沈从文与周作人的亲近，他对巴金在《沉落》中嘲讽周作人的态度表示反对。巴金与周作人虽然同桌吃过几次饭，但单独接触并不多，在周作人日记中仅留有1933年11月9日的一行字：“章靳以、巴金二君来访。”

废名深得周作人欣赏，他对沈从文的小说创作影响颇多，因此，他是连接周作人与沈从文的一道特殊桥梁。通过研读废名，沈从文更深地理解了周作人。1934年，沈从文在《论冯文炳》中用了较大篇幅谈周作人:“从五四以来,以清淡朴讷文字,原始的单纯,素描的美,支配了一时代一些人的趣味,直到现在还有不可动摇的势力,且俨然成为一特殊风格的提倡者和拥护者,是周作人先生。”“因为文体的美丽,最纯粹的散文,时代虽在向前,将仍然不会使世人忘却,而成为历史的一种原型,那是无疑的。”“周先生在文体风格独自之外,还有所注意的是他那普遍趣味。他那种绅士悠闲心情,完全为他人无所企及。用平静的心,感受一切大千世界的动静,从为平常眼睛所疏忽处看出动静的美,用略见矜持的情感去接触这一切。在中国新兴文学十年来,作者所表现的僧侣模样领会世情的人格,无一个人有与周先生面目相似处。”沈从文完成于抗战中的长篇小说《长河》第二章,题目就是《动静》,诗意盎然,表现的就是“从为平常眼睛所疏忽处看出动静的美”。

周作人对沈从文的文章也是赞赏有加。1935 年 1 月,他在《人间世》第 19 期发表文章列出“一九三四年我所爱读的书籍”共三本,其中之一便是《从文自传》。1935 年到 1936 年,周作人一共举出过九本“最爱读的书”,其中只有沈从文一个中国作者,其他作者非日本即欧美。周作人在文章中提到同时代人的时候极少,能将沈从文的《从文自传》列为自己喜欢的少数中国现代文学作品之一,显见得他们在文学趣味上的共鸣之处很多。

沈从文对作家之间的火并一向反感,他觉得文学革命绝非喊喊口号就可于朝夕间完成的事情,顶着作家招牌的人最应该做也最能够做的,就是付出持久扎实的努力才有效果,即使彼此见解小有不同,也应该从“条条大路通罗马”的认识上,拿作品来竞赛,不能用吹捧方法抬高自己打压别人。当时《洪水》《太阳》等刊物以及胡风等人的做法,他就看不惯。面对《太阳》围攻鲁迅的情况,沈从文头脑陷入了混乱,这些人先是把鲁迅骂得极其厉害,大有非扫进垃圾堆不可之势;过不多久,又把鲁迅捧上了天,种种桂冠恭敬奉上似嫌不足。这种翻云覆雨,变化太快,令这个乡下人几乎跟不上节奏。他对那些论争中非常活跃实际上很少见像样作品发表的“作家”，始终敬而远之。后来梁实秋在《新月》上和鲁迅对战的时候，沈从文依然觉得，都只是一些空疏理论作武器，对实际写作毫无帮助，从不介入。梁实秋和鲁迅论辩文学要不要描写永久不变的人性这个问题时，还是个兴致勃勃的批评家，没有进入散文创作阶段，可能就是这个缘故，沈从文在青岛期间和他的关系也不亲密。

京派海派论战，由不喜欢论战的沈从文引发，鲁迅的回应也很激烈，他以栾廷石笔名发表的《“京派”与“海派”》一文已经成为研究这一学案的经典文献，人们多从沈从文与鲁迅冲突的角度去看待这场论争。检阅一下二人当年的文字就可以看出，虽然鲁迅的有些措辞指向沈从文，其基本批评重心落在对京津学院派作家倾心古典的创作取向上，沈从文的批评重点是上海作家对商业竞卖的迎合，他还有意识地把鲁迅、茅盾等人和海派区分开来。论争的过程已不必赘述，沈从文对于这场论争的说法是可信的：“鲁迅骂的其实也是我骂的，他骂的就合理，我骂的就不合理，因为我骂的就得罪了他的关系。”在沈从文看来，他“骂”当时创作界一些不良现象，和鲁迅实无区别，而在当时很多人看来，沈从文的批评“得罪”了整个上海文学圈，于是自觉可以代表上海的左翼文化圈和一些不甘于被“海派”的人，起而应之遂成论战。不过这倒使得沈从文在文学史上和“京派”紧密地连接在一起，沈从文越是说没有什么“京派”，越来越多的人和书越是不容置疑地把沈从文列为“京派”文学的代表。人在历史现场中，欲脱而不得。

其实，沈从文挑起的这场论争也和周作人大有关系，1926 年 2 月 27 日，周作人写就《上海气》，指出上海流行的多是“买办流氓与妓女的文化，压根儿没有一点理性与风格。这个上海精神便成为一种上海气，流布到各处去，造出许多可乐的上海气的东西，文章也是其一”。“上海文化以财色为中心，而一般社会上又充满着饱满颓废的空气。”“上海气是一种风气，或者是中国古已有之的，未必一定是有了上海滩以后方才发生的也未可知,因为这上海气的基调即是中国固有的'恶化',但是这总以在上海为最浓重,与上海的空气也最调和,所以就这样的叫他,虽然未免少少对不起上海的朋友们。"沈从文的观点基本没有超出周作人,只是人们因为鲁迅指斥沈从文为"京派大师"而把目光偏离了周作人,按照鲁迅善用旁敲侧击的表达风格,他未必没有顺带着规诫乃弟之意,《"京派"与"海派"》提到的"真正老京派",当指周作人无疑,而周作人在论争中居然没有参与。

继京派海派论争之后,沈从文还曾经与鲁迅有过一次微妙的对话。事情起于著名的《中国新文学大系》(1917—1927),其中《小说二集》的编者是鲁迅,他没有选沈从文的作品。1935 年的 5 月 4 日沈从文发表了《介绍〈新文学大系〉》,虽然书尚未出版,赶在这个时间节点上向《大公报》的八万读者推介,说明沈从文深知这套丛书总结的历史意义。整套十本的大系刚刚出版六本,11 月份他又发表《读〈新文学大系〉》,首先肯定这是一件好事,比当时流行的影印明人小品文集"方法高明多了",已出的六本书比一般选本强多了,又觉得鲁迅选北京方面的小说"爱憎取舍之间不尽合理","有抑彼扬此处"。对于洪深编选《戏剧》一集没有提及李健吾、曹禺的成绩,也表不满。然后提出了自己的感想,第一点就是:"一种书的编选不可免有'个人趣味',不过倘若这种书是有清算整理意思的选本,编选者的自由就必须有个限制。个人趣味的极端,实损失了这书的真正价值。"话说得比较委婉,明眼人还是可以看出沈从文对自己的作品被搁置大系之外的不满,他的《边城》已经问世有年且好评频繁,而许多被选入的作品在编选的时候已经知者无多了。

人们往往只关心沈从文对《大系》的评价,往往忽略了他从"介绍"到"读"的 6 个月中和鲁迅发生的一次交锋,那就是他以笔名"炯之"在 8 月间发表于《大公报》的《谈谈上海的刊物》,和鲁迅写于 9 月 12 日署名"隼"发表于《文学》月刊第五卷第四号(1935 年 10 月)的《七论文人相轻——两伤》。沈从文认为,反复的口号论争无益于创作健康发展，“凡骂人的与被骂的一古脑儿变成丑角，等于木偶戏的互相揪打或以头互碰，除了读者养成一种‘看热闹’的情趣以外，别无所有”。他呼吁：“我们是不是还有什么方法可以使这种‘私骂’占篇幅少一些?”鲁迅对“炯之先生”的说法深不以为然：“至于文人，则不但要以热烈的憎，向‘异己’者进攻，还得以热烈的憎，向‘死的说教者’抗战。在现在这‘可怜’的时代，能杀才能生，能憎才能爱，能生与爱，才能文。”双方的对峙其实还纠结在京派海派论争时期的立场差异。鲁迅在文中讽刺的“象牙之塔”、“今之名人说‘忍字诀’”，都指向周作人；沈从文为之抱不平的曹禺、李健吾都是他在京津地方的熟识，文学趣味也颇相投，虽然曹禺与左联较为亲近，但是话剧《雷雨》是在《大公报》上获得普遍的评论且获得了《大公报》组织的文艺奖金，沈从文和曹禺、李健吾的友谊一直保持到晚年。这次小小交锋侧面说明两个人确实代表“京派”与“海派”，沈从文在鲁迅眼中已经不再是可以视之蔑如的“之流”，成了需要单独清算的人物。

如果尊重历史，就不能不说鲁迅并无过错。《小说二集》编选作品的时间范围是1917—1927年。沈从文在这个时间段内确实没有多少有分量的作品，而这部大系的主要作用是总结五四前后的新文学进程，以蔡元培这个文学圈外的人作总序的设计就表明了这一点。不仅沈从文没有入选是情理中事，李健吾、曹禺在这个时间段内没有入选也是非常合理的。鲁迅在《小说二集》的序中说得非常清楚：“在这里，一九二六年后之作即不录，此后的作者的作风和思想等，也不论。”这句话体现了鲁迅的谨慎，他从1926年8月离开北京前往厦门，转而至广州，终在1927年10月定居上海，对于1927年的小说创作了解不足故而未选。当然，鲁迅是有“个人趣味”的，他对表现民间苦痛和愚昧的作品相对偏爱，不过比起郁达夫编散文一集的“个人趣味”，全书430多页有220页都是周氏兄弟的作品，鲁迅显得理智公允多了。

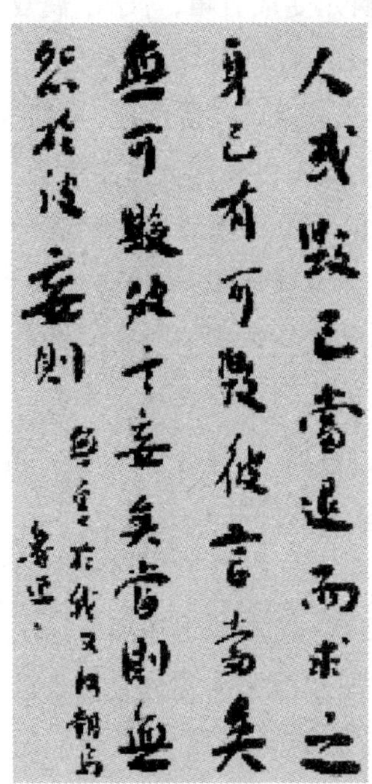

鲁迅手书

其实,沈从文已经引起鲁迅重视,1933年2月鲁迅与美国作家斯诺谈话中说过:“自从新文学运动以来,茅盾、丁玲女士、张天翼、郁达夫、沈从文和田军是所出现的最好的作家。”沈从文已经被排入新文学运动以来出现的“最好作家”之列,鲁迅没有因为论争而只重“个人趣味”,他对小说界的变化还是非常清醒的。他在1935年9月12日给胡风的信中,也曾经劝萧军对左联“现在不必进去”,“就是近几年,我觉得还是在外围的人们里,出几个新作家,有一些新鲜的成绩,一到里面去,即酱在无聊的纠纷中,无声无息”。沈从文显然属于鲁迅所经常关注而且认同其文学成绩的外围作家。值得品味的是,周作人高度评价《从文自传》,缘于他的散文家眼光;鲁迅称许沈从文为“最好的作家”,凭的是小说家眼光。在这两个领域里各首屈一指的人物对沈从文不同领域的成就予以认可,而沈从文还在此后几十年间被众多文学史著作忽略不计,一方面令人无法信服这几十年间的评价标准,另一方面只能庆幸几十年毕竟是极短的时间。回望历史,又不能不感到鲁迅和周作人的文学评价标准理智而通达,不以私相授,也不以好恶而论文。

在鲁迅,他与沈从文不过是道不同不相往来罢了,不相往来不会对他有任何影响的。在历史上不乏这样的先例,先成大名者对后起之秀可以欣赏,但始终取俯视之态,后起者无论多么优秀,都得努力奋斗甚至要等到身后才能得到与先成大名者相等的评价。胡适之于钱穆或冯友兰,都曾发生过这样的事情。试举一例。1943年,胡适评价冯友兰:“冯友兰虽曾出国门,然实无所见。……见解多带反动意味,保守的趋势甚明,而维护集权的态度亦颇明显。”1947 年,冯友兰过访纽约,听说杨绍震夫人许亚芬的硕士论文题目是《1927 年以前胡适对中国文化界的影响》,不禁喜形于色,期期艾艾地说:“这……这……这个题目很……很……好,因为过……过了 1927 年,他也就没……没……没得影响啦!”1950 年,胡适看到冯友兰《中国哲学简史》的英文版,不屑地说:“实在太糟了,我应该赶快把中国思想史写完。”1955 年,胡适又评价冯友兰的《中国哲学史》:“想说几句好话,实在看不出有什么好处!”

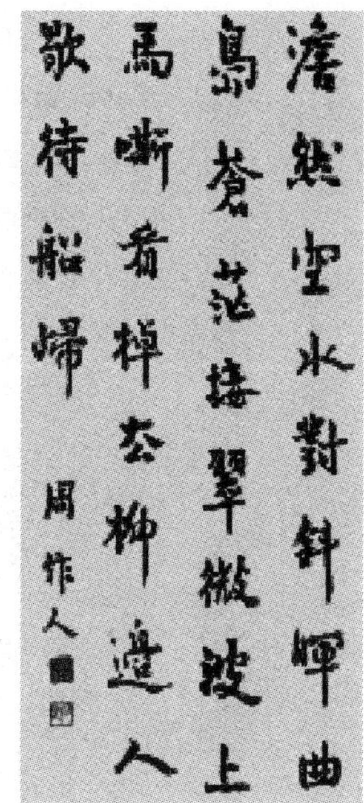

周作人手书

沈从文对于没有入选这件事很重视,直到 1970 年下放到湖北咸宁双溪的时候,还对当年未被鲁迅,或者说未被上海的“主流文坛”接受而遗憾:“当时‘小说作者’虽已抬头,但谁也受不住‘生活上无出路’的严酷考验。翔鹤、蹇先艾等等多是早就出了单行本的。许钦文因得鲁迅一序更著名。上海方面则友好互吹早成战术之一,更显得活泼热闹。至大革命或卅年为止,算算南北同时从事这个工作的不下数百人,看看《新文学大系》三厚册小说集即可知道,我已写了六十本书,却故意不要选我的,这也是趣事。”其实沈从文此时的感受和 30 年代的感受已经有很大不同,那时在给友人的书信中常常说是为了稿费拼命赶作,以至于觉得自己快要废掉了,自己都觉得艺术水平不高。他真正感到遗憾的,不是鲁迅没有选他,而是没有被文坛充分认可。据施蛰存回忆,为了生存,沈从文有时也会写一些勉强凑合的小说。20 世纪 30 年代初期,沈从文给他主编的《现代》写过几篇小说,用佛典《法苑珠林》的故事简单改写一下就成了。抗战期间在昆明时,他坦率地向沈从文指出来,沈从文笑了:“写这些小说,也流过不少鼻血呢!”

京津两地给了沈从文一个舞台,沈从文频繁出现在有影响的文学集会场合,颇有头角峥嵘之象。鲁迅去世后,北平文化界知名人士及进步团体联合发起追悼鲁迅先生大会。发起人中,除鲁迅的挚友许寿裳、曹靖华之外,还有鲁迅的论敌梁实秋、顾颉刚,以及鲁迅批评过的沈从文。这个事件对于沈从文、周作人的交往没有产生大的影响,但肯定是沈从文对鲁迅评价的一个转折点,不对过世者溢美溢恶,是他一贯的做法,就像在丁玲生前对他猛烈批评,他在私人信函中表示不满,丁玲去世后就不再提起此事。如前所引述,他不希望变成丑角而让人看热闹。越过私人恩怨,牢牢站在文学立场上发表观点,即使出语不无偏激,也往往包含了某些对文学和历史的洞见。梁实秋被鲁迅批评得更加尖刻,他后来忆及鲁迅也仍然保持对其文学成就的尊重。

抗战爆发使沈从文离开北平,他和周作人仍然互相关心对方的行踪,保持着精神上的呼应。据常风回忆,沈从文离开北平后常给滞留北平的他写信,几乎每封信都让他代为问候周作人,周作人也十分喜欢看沈从文的来信。“沈先生来信最频繁,每封信都写得很长、很详细,文字也很优美亲切。沈从文的信详细叙述南行朋友的生活、社会上的各种活动,特别是文化界的活动。周作人对南行朋友的信很感兴趣,他更喜欢看沈从文的信。”有一段时间没来信,周作人就写信询问常风。这时的沈从文不仅是周作人的一个精神寄托,还是他窥知大后方动向的窗口。1940 年 12 月 19 日,汪精卫伪政权中央政治委员会第 31 次会议通过“特派周作人为华北政务委员会委员,并指定为常务委员兼教育总署督办”。1941 年元旦,周作人正式上任。2 月,沈从文在给施蛰存信中深表遗憾:“周二先生居然在北方做教育督办一类事情,老年真可怕。”从此他的信中不再问候周作人。

也许是周作人滞留北平使沈从文担忧,也许是鲁迅越来越被打扮成为合乎各种需要的形象引起了沈从文的深思,他在关注周作人的同时也在关注鲁迅去世之后世人的反应。1940 年 1 月 1 日香港《大公报》"文艺副刊"发表了沈从文的《谈人》,新历元旦是个特殊的日子,北方解放区还没开始高调标举鲁迅,沈从文以各地的鲁迅纪念会为窗口,透视着人们对鲁迅的理解和社会文化的走向。

"如鲁迅,可说是个对人充满同情也充满敌对心的人,不特得过他的好处益处或可以利用利用他的作家,书店经理,对于他的死亡,感到极大的损失。便是玩政治的,帮闲跑龙套的漠不相干的,甚至于被骂过的,如《二丑艺术》所提到的几种人,不是也俨然对于他的死亡,说是感到极大的损失吗?"他接着举了一个例子,四川某地方举行鲁迅纪念会,一个商会执行委员语气激昂地演讲学习鲁迅,博得台下许多次掌声,待年轻人问他鲁迅写了什么时,他结结巴巴地说"这位鲁先生我实在不认识"。沈从文觉得,这类被鲁迅生前骂过的人居然堂皇其事地演讲鲁迅,是个令人痛苦的笑话。相对于众多盲目膜拜鲁迅者或是故意借用鲁迅者,沈从文是在认真阅读鲁迅而且理解鲁迅。

人们对沈从文评价鲁迅的用语没有细心体会,导致不少误解。1940 年 8 月到 10 月,《国文月刊》刊登了沈从文在西南联大师范学院"各体文习作"课程上的讲义《从徐志摩作品学习抒情》《从周作人鲁迅作品学习抒情》《从冰心到废名》,三文的重点是探讨现代散文家在行文中的情感处理策略和情感特征。"周作人和鲁迅的作品……一个近于静静的独白,一个近于恨恨的咒诅。一个充满人情温暖的爱,理性明莹虚廓,如秋天,如秋水,于事不隔。一个充满对于人事的厌憎,感情有所蔽塞,多愤激,易恼怒,语言转见异常天真。"关于鲁迅、周作人的"隔"或"不隔",实际指的是对人情人性是否洞彻明悟,沈从文评价周氏兄弟的重点,除了语言风格,侧重于是文明批评还是社会批评的视角差异,而不是认识深度差异或者有无文化关怀。既是由于胡适、周作人的影响,沈从文对沉缓努力以求改良现实的做法是赞同的,也是因为个性的原因,他更倾向于怀抱对未来的信心而踏实工作,与鲁迅极力揭出病苦引起注意的思路判然有别。

引起爱戴鲁迅者不满的集中在这样一句:"鲁迅的作品,便充满与人与社会敌对现象,大部分是骂世文章。"众所周知鲁迅后期对于社会批评的用力远重于文明批评,沈从文称鲁迅多"骂世文章",也是他被左翼作家贬抑的重要原因,其实骂世正是鲁迅的特色,他屡屡将笔锋指向"中国的人们""闲人""庸人",不正是对庸鄙世态和人性的嘲骂?如果把他们三个人的审美心理和笔致放在一起比较,鲁迅是一腔热心入世而出冷峭之语,周作人是悲悯超脱之心出淡泊苍凉之言,沈从文是悲悯情怀而出娓娓温婉之语。沈从文是深刻理解鲁迅的,深懂鲁迅者也应该能理解和接受沈从文。有一个例子为证。敬仰鲁迅的聂绀弩读了沈从文说鲁迅文章多骂世的话后,提笔写了一篇《从沈从文笔下看鲁迅》,为鲁迅辩护;后来他读了沈从文的小说《丈夫》,马上觉得作者对中国农民的悲哀处境理解深沉,转而与沈从文交情甚笃。

人们读沈从文发表于1947年11月1日的《学鲁迅》,往往视为沈从文对鲁迅评价的明显改变,其实也往往忽略了沈从文对鲁迅高度评价的时间限定,需重读原文以正确理解。沈从文对鲁迅的评价分为三方面:"一,于古文学的爬梳整理工作,不作章句之儒,能把握大处;二,于否定现实社会工作,一支笔锋利如刀,用在杂文方面,能直中民族中虚伪,自大,空疏,堕落,依赖,因循种种弱点的要害。强烈憎恨中复一贯有深刻悲悯浸润流注。三,于乡土文学的发轫,作为领路者,使新作家群的笔,从教条观念拘束中脱出,贴近土地,挹取滋养,新文学的发展,进入一新的领域,而描写土地人民成为近二十年文学主流。"

对于鲁迅的人格则概括为"至于对工作的诚恳,对人的诚恳,一切素朴无华性格,尤足为后来者示范取法。"

在说完这些之后,沈从文还写下了这么一段:"我们由此出发,对于工作，对于人，设能好好保持到它，即或走各自能走的路：作研究好，写杂文好，把一支笔贴近土地来写旧的毁灭和新的生长，以及新旧交替一切问题好。若这一点学不到，纪念即再热烈，和纪念本意将越来越远，即用笔，所能作的贡献，恐怕也将不会怎么多！再若教人学鲁迅的，年过四十，鲁迅在四十岁前后工作上的三种成就，尚无一种能学到。至于鲁迅先生那点天真诚恳处，却用一种社交上的世故适应来代替，这就未免太可怕了。因为年轻人若葫芦依样，死者无知，倒也无所谓，正如中山先生之伟大，并不曾为后来者不能光大主义而减色。若死者有知，则每次纪念，将必增加痛苦。”显而易见，沈从文评价的重点是“鲁迅在四十岁前后工作上的三种成就”，他更多尊重的是小说家鲁迅而不是杂文家鲁迅，即使对鲁迅杂文作评价，仍然强调其“否定现实社会”的犀利笔锋，这和鲁迅对沈从文小说有高度评价又多在杂文中顺带讽刺他的情况形成了奇特的呼应态势。反观坊间喋喋不休于鲁迅、沈从文关系的文字，倒真的有点像沈从文所说：“若死者有知，将必增加痛苦。”

一方面是年事渐长的原因，另一方面是在波诡云谲的人世间经历不同社会的原因，沈从文不自觉地开始在精神上发生与鲁迅的共鸣，试看他写于 1950 年 8 月 8 日的这段文字：“重新看到墙上唯一的生母和被钉的耶稣。痛苦和柔情如此调和又如此矛盾。极离奇。可怜悯的是被钉的一位还是钉人的一群？”这种文字和鲁迅《野草·复仇（其一）》的意蕴神似。只是鲁迅文字显得更冷峻，沈从文更伤感；鲁迅是在孤独中写下的《野草》系列，沈从文也是在极度孤独中写下的上述文字。如此迥异的两个人，在孤独中达到了相似的深度。在 1951 年 11 月 19 日从四川内江致张兆和的信中，有如下文字：“特别是一种哀悯感，从文学史上看过去的人成就，总是和它形成一种动人的结合。由屈原司马迁到杜甫曹雪芹，到鲁迅，情形相异而又同，同是对人生有了理会，对生存有了理会。”他把那些被时代所弃而被历史铭记的人物与鲁迅并提，感到“哀悯”，和当时人们手举印有鲁迅头像的各种小册子的欢悦恰成反讽，他对鲁迅的哀悯其实是对自己的哀悯。

新中国成立后，沈从文与周作人各顶着"历史问题"的帽子，不见有他们来往的记载。周作人晚年的《知堂回想录》有大量文字涉及鲁迅，有意思的是他使用的称谓是"鲁迅"，按照周作人的笔法来看，这显然是有意体现自己的客观叙述立场，同时保持距离对世人所称的鲁迅不无审视意味。他大量摘引鲁迅的原话和自己过去日记中的原文，只作比对而无分析，延续了自己典型的文抄公笔法，不言之言其实富有内涵。他在努力还原周树人转变成鲁迅的历史过程，始终平视鲁迅，在这点上他和沈从文达成了深刻的一致。沈从文在1952年"三反""五反"后交代社会关系的文字，不仅说明他对当年左翼文学圈内部群雄分立的情况非常熟悉，更体现了他的一贯立场："和上海搞文运的，也少联系，以为同爱国家，只有各尽其力。个别友谊好的有巴金、叶绍钧、郑振铎、丁玲、芦焚。个别有扞格实由于工作态度不同的，有胡风。个别不相识，彼此工作亦若不相关的，有鲁迅、茅盾。彼此虽不相熟，但对其当时工作仍抱有好感的，有阿英、沈端先等。"直到这个时候沈从文还说自己的工作与鲁迅、茅盾"若不相关"，够倔强也够不识时务的了。

沈从文在1959年3月12日给大哥信中谈到自己刚到北京时的困境，戏谑地写了一句："（当时）国内还无'职业作家'，鲁迅也绝不可能靠写作生活，更想不到将来会有个'鲁迅博物馆'在白塔寺附近。"与那些公开表态的文字不同，沈从文的本心始终把鲁迅当作一个优秀作家而不是偶像。他也没有忘却周作人，1966年5月16日，复邵洵美信中，告知罗隆基已去世，通报了金岳霖、潘光旦、梁思成、赵太侔、卞之琳、陈梦家、饶孟侃、李健吾等人的大体情况，揣想傅雷有新的译作问世。提到了周作人："闻周知堂老人年近八十，尚有新译希腊文学约廿万言完成。并写著自传约四十万言，或在香港出版，日本拟全译。"看来对周作人的近况还是比较了解的，他不仅有井中望星的沉着,也有着从角落里窥望时局的敏感。没有想到的是,所提这些人将有很多和他一样下放到湖北咸宁的五七干校,而周作人和傅雷都将在屈辱中终结生命。此后他就不再提及周作人,"文革"中的书信往来越来越多以鲁迅作为自己的参照,构成了一种潜在的历史评价和自我评价。试录数则如下:

1972 年 6 月 16 日复窦达因信:"廿岁到北京时,标点符号还不灵,却想写小说,用当时人所习知的鲁迅成就,和旧俄契诃夫、屠格涅夫、法国的莫泊桑,以及唐人传奇、宋人白话小说成就看齐,而且'一定要超过他们'作为目标,别的全不过问,也从不看当时极流行的什么'小说作法'影响,就只是用各种不同方式去写。"

1972 年 6 月 30 日给张兆和信:"写《边城》和《龙朱》时,上面凑了些近于山歌的插话,卅多年前熟人就提到不同一般,有诗意!故事散文中也有诗情流注,比许多'大诗人'分行写的诗更像诗!我自己却以为有音乐旋律在其中,还自以为即很好的乐章!可是很少有搞音乐的内行认可。……有几个人称许我的文字中有感情也有思想的,你多想不到,即作家中福将叶老(指叶圣陶),和鲁迅的弟弟。其时我和他们都还不算熟人。"文字中流露出沈从文的自得与自嘲,时局已经教会他把周作人含蓄地写成"鲁迅的弟弟",以兄之名,道弟之实。

1973 年 3 月复杨琪信:"我主要重在学习、试验,看看用不文不白不中不西比较接近语言的文体,不同过去的表现方法,用三五千字组成不同形式的篇章,看看能不能在由唐人形式到《聊斋志异》,以及五四以来如鲁迅先生的短篇的水平上,有所突破,送到世界上去,至少也可以和契诃夫、莫泊桑比肩,或得到超过的效果。"

显而易见,70 岁后的沈从文已经明确认定,于现代国内小说界可作参考者只有鲁迅,于国外则是世界公认的几个小说大家。这种自信在他 1942 年 9 月 9 日,即结婚九周年纪念日,给大哥的长信中已经明确表达:"我总预感到我这工作,在另外一时,是不会为历史所忽略遗忘的,我的作品,在百年内会对于中国文学运动有影响的,我的读者,会从我作品中取得一点教育的。至于日子过得寒酸一点,事情小,不用注意的。眼看到并世许多人都受不住这个困难试验,改了业,或把一支笔用到为三等政客捧场技术上,谋个一官半职,以为得计,唯有我尚能充满骄傲,心怀宏愿与坚信,来从学习上讨经验,死紧捏住这支笔,且预备用这只笔来与流行风气和历史陈旧习惯、腐败势力作战,虽对面全个社会,我在俨然孤立中还能平平静静来从事我的事业。我倒很为我自己这点强韧气概慰快满意。"

1947 年在《八骏图》自存本上写下的题识则已经与鲁迅相比较:"从这个集子所涉及的问题、社会认识,以及其他方面看来,它应当得到比《呐喊》成就更高的评语。事实上也的确如此。这个小书必永生。"人们对这段话的解读多注重沈从文的自信,却往往忽略了沈从文自信的重点:他不是以《边城》与《呐喊》作比而是以《八骏图》,缘于他在这部中篇小说中所揭示的知识分子精神畸形等社会问题,人们对鲁迅的评价往往重其思想认识的深度,沈从文自认思考的深度可与鲁迅比肩。按照沈从文喜欢隐喻的表达习惯,这段题识大概还包含了一句潜台词:世人评价更高的《边城》就不需要与《呐喊》再比较了。沈从文在 45 岁的时候已经平视鲁迅,三十多年后中国大陆读者才可能知道夏志清《中国现代小说史》对他的评价。

《湘江文艺》1983 年第 1 期发表了朱光潜《关于沈从文同志的文学成就历史将会重新评价》一文:"据我所接触到的世界文学情报,目前在全世界得到公认的中国新文学家也只有从文和老舍。我相信公是公非,因此有把握地预言从文的文学成就,历史将会重新评价,而他在历史文物考古方面的卓越成就,也只会提高而不会淹没或降低他的文学成就。"也许是无意地避开了鲁迅,但肯定是有意提到沈从文的文物研究成就,断言它将辉映沈从文的文学成就,应该是提醒人们关注沈从文的文学成就时别忘记文物研究成就背后的辛酸吧。

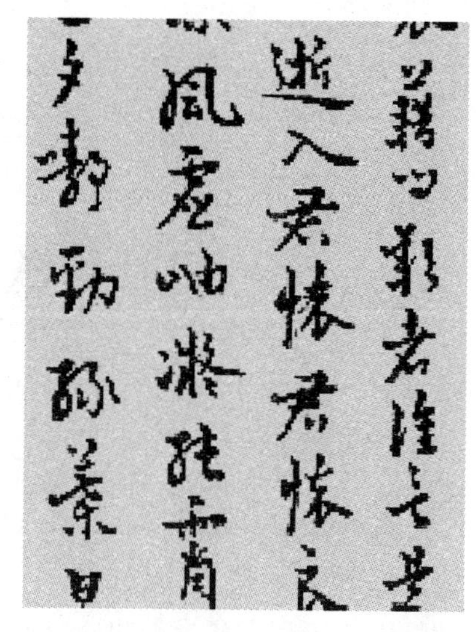

沈从文手书曹植《七哀诗》(局部)

沈从文还是比较沉静的,虽然不能宠辱偕忘,耄耋之年也能够做到宠辱不惊了。在1983年2月给大姐沈岳锟信中表达了对某些人开始推崇他的不屑:“至于自封的‘专家权威’,以吃鲁迅做了文化官的批评家,虽已看出他那种唬人‘权威’,过去还起欺骗作用,对新的一代已失去‘只此一家’的骗人效果,不免要改改过去的提法,却想出新点子,以为‘鲁迅曾称赞过我’。我只觉得十分可笑,事实上我那会以受鲁迅称赞而自得?他生前称赞了不少人,也乱骂过不少人,一切都以自己私人爱憎为中心。我倒觉得最幸运处,是一生从不曾和他发生关系,极好。却丝毫不曾感觉到得到他的称赞为荣。”

沈从文不愿攀附鲁迅以自重,现代文学评价却不得不一再把他与鲁迅放在一起衡斤量铢。

“我多么羡慕他”

——沈从文与巴金

沈从文和巴金的友谊常被人称道，不光是因为他们终生交往且终生感情笃厚，还因为他们两个人在很多方面似乎是不可调和的。就像巴金研究会秘书长周立民所说，他们的友情是一段传奇又像是一个不可解的谜，因为无论从出身、经历、艺术见解还是从他们分别交往的作家圈子，都有天壤之别。按一般的理解，这样的差异不可能成为好朋友的，然而他们做到了，那么其中必然有非常特殊的东西把他们紧密地联结在一起，终生不渝。

要理解相交笃厚的两个人，必须细细品味后逝者对于先去者的评价，尤其是没有溢美之词的评价。最合适的文本便是巴金的《怀念从文》，他写作时已经举笔艰难，视力极差，却忍受这些完成万字长文，毫无疑问是对两个人的生命历程的认真回顾。其次必须细读的是他们的书信往来，尤其是新中国成立前十多年间的书信，在别处或者对别人不能说不敢说的话，在书信中说了，两个人的性情和友情也就可知了。

沈从文于1933年六七月间与张兆和从青岛来到北平，新家安在达子营胡同。他们刚刚住下，巴金也来到北平，就住在他们这个有枣有槐的小四合院。据张兆和回忆，当时，巴金坐在客厅里写，沈从文端一个小桌子到院子的树荫下去写。巴金记得当时正在写《爱情三部曲》中的《电》，沈从文正在写的是此后给予他巨大声誉的《边城》

和带来巨大苦恼的《记丁玲女士》。新房里最能显出办喜事气氛的，应该就是梁思成、林徽因夫妇送的锦缎百子图床单了。

沈从文与巴金初识于上海，成为好友则是在青岛。他们的早期交往与张兆和有着特殊的关联。1932 年夏天，沈从文从青岛去上海，准备去拜访张兆和的家人，巴金正住在环龙路舅父家中，南京《创作月刊》的主编来向巴金约稿，中午在一家俄国菜馆吃饭，席间见到了沈从文。巴金早就听说过沈从文的名字，去法国之前已读过沈从文的小说，1928 年在巴黎期间又几次听文学研究会发起人之一的胡愈之称赞过沈从文的文章。两个人都不大善于言谈，却聊得非常融洽，就此结识。饭后巴金去了沈从文暂住的旅社，沈从文说正想给手上一部短篇小说集找个出版地方，换点稿费，巴金就陪着他去了闸北的新中国书局，当场成交，世间便有了一部《虎雏》。书名后来还成为沈从文小儿子的名字。稿费的一部分，根据巴金的建议买了一大包西方文学名著送给张兆和，这时张兆和刚刚大学毕业。

初次见面就帮了这么大的忙，沈从文便邀请巴金去青岛玩，两个人都是单身青年，且有文学共鸣，于是在青岛又共度了一段很愉快的时光，所谓白首如新倾盖如故，他们俨然有了很深的交情了。沈从文把房间让给巴金写作，见面时他们有话就交谈，无话便沉默。腼腆的沈从文似乎比巴金要健谈些，他把自己在中国公学第一次上课的窘况讲述一番，把自己追求张兆和的事情以及和徐志摩、胡适的交往也告诉了巴金，不是为了炫耀，而是讲述自己所受的帮助和情感上的困惑。都处在卖稿为生的境遇中，还没有后来的盛名，当然也就没有地位高低的攀比。那时的年轻作家交往纯出于性情相投，两个不喜欢在外人面前说话的人反而有很多话互相诉说，应该是一幅很奇特的画面。文学青年的友情发生得一般都比较快，能够在流水一样的时间中保持半个世纪以上的则不多，能够在各享盛名又地位悬殊情况下终生保持的就更少，尤其是在剧烈变动的 20 世纪的中国，所以沈从文与巴金的交往值得细究。

巴金看望新婚不久的沈从文夫妇(府右街,达子营,北平,1933年)

沈从文在北平开始和杨振声一起编教科书,同时编辑天津《大公报》的"文艺"副刊,当时丁玲失踪未久,沈从文托告无果,便在天津《国闻周报》连载《记丁玲女士》(后来出单行本即名《记丁玲》),因为怀疑丁玲已经遇害,既作呼吁,也作怀念。根据巴金当时的印象,不少人焦急地等待着每一周的《国闻周报》,连载受到普遍的欢迎和重视,一方面因为人们敬爱丁玲,另一方面是沈从文的文章有独特的风格,用真挚的感情讲出读者心里的话。巴金从上海动身时,"良友文学丛书"的编者赵家璧曾经委托他向沈从文组稿,愿意出高价得到这部"好书",希望巴金帮忙不让别人把稿子拿走。巴金完成委托,可由于出版界的形势越来越恶化,赵家璧拿到全稿也无法编入丛书排印,1934年花几百元买下一位图书审查委员的书稿,算是行贿,《记丁玲》才有机会作为“良友文学丛书”之一见到天日(作为下半部的《记丁玲续集》要到1939年才得面世)。删节多是难免的,直到2005年,李辉结合唐弢、范用的两个版本校勘辑录才勉强完璧。

巴金这次到北平不仅是会友写作,还担负着另外的工作,也和沈从文有些关联。郑振铎对刊物出版与编辑一向非常敏感,在京派海派论争之后,他意识到需要把京津作家和上海作家的优秀作品汇集起来,不仅可以消弭无谓的争端,还能够扩大文学的影响。他采用了灵活的策略,使得南北方作家都能够接受,那就是一个刊物在两地设编辑部,增强与作家的地域亲近感;在篇幅和容量上,《文学季刊》开辟了中国现代大型纯文学期刊的一个新时代,曹禺的《雷雨》就是在这个刊物上推出的。巴金和靳以被委派到北平主持编辑常务,靳以在三座门大街十四号租房办公,巴金在达子营住了不到三个月就搬过去了。他当时还是单身,到处漂泊,在北平一直住到1934年的7月。

沈从文需要查阅教材资料的北京图书馆和北海公园图书馆都离巴金他们的编辑部不远,虽然都很忙,但见面的机会还是不少,沈从文要定期为“文艺”副刊宴请作者,巴金自然经常出席。沈从文似乎读过巴金发表的所有文章,有时也坦率地提些意见,总是劝巴金不要浪费时间。对于这些,巴金在沈从文过世后回想起来还感到温暖。1934年《文学季刊》创刊,张兆和为创刊号写了她的第一篇小说《湖畔》,受到读者欢迎,她后来唯一的短篇集小说就收在巴金主编的“文学丛刊”里出版。

沈从文和巴金对不少问题的看法都不同,巴金承认有过辩论,却不曾有争论,“我们辨是非,并不争胜负”。辩论的目的是将各持的观点说清楚,争论是用所持的见解折服对方。这就是友直,友诤。

兹举一例。

巴金敬仰鲁迅,对周作人却不大然。他作于1934年的小说《沉落》刻画了这样一个人物:"一个圆圆的光头,一副宽边的大眼镜,一嘴的小胡子,除了得意和满足外就没有表情的鸭蛋形的脸。"再加上该人物对明末文人风度的一再强调,巴金的这几句白描使对现代文学史略有了解的人都会联想到周作人,尤其是那句著名的口头禅"勿抗恶"。这个原来是时代先驱现在却对日本侵占中国东北无动于衷,喋喋不休劝年轻人安心读书的人物,令原本对他心存仰慕的年轻拜访者感到一种颓落到将要完结的气息。沈从文读了之后,写信问巴金:"写文章难道是为着泄气?"巴金的回答是"我写文章没有一次不是为着泄气"。这里的"泄气"兼有发泄怨气和心灰意冷两重意思,分歧在于对周作人的理解不同。沈从文是从文化理性上认同周作人的,他本人也把人类的战争和侵略视为愚蠢的举动,此时中日尚未开战,北京的学者们都在忧虑时局却对战争持淡漠态度;巴金是从五四精神立场和左翼文学家立场否定周作人的,他漫画周作人的目的是要把人们从消极无为和对"恶"肆虐于世的冷淡中唤醒。

后来他们通过几封长信继续这次的辩论,因为巴金又发表过文章,针对另外一些熟人譬如朱光潜展开批评,和鲁迅等人密切呼应,和沈从文等京派人士的文学观念产生冲突。各有充分的理由,各不认同对方的观念,沈从文着急起来,在一封信中充分表达了他的观点:"我以为你太为两件事扰乱到心灵:一件是太偏爱读法国革命史,一件是你太容易受身边一点儿现象耗费感情了。前者增加你的迷信,后者增加你的痛苦。"他提醒巴金,为了人类某一理想的完成,最好把自己感情弄得和平一点,"人活到世界上,所以成为伟大,他并不是同人类'离开',实在是同人类'贴近'"。既然打算"为人类找寻光明",就应该注意中国有那么一群坚韧匍匐在底层的人要如何方可以有光明,要努力增加自己对于活在这地面上四万万人欲望与挣扎的了解。他撇开观念的差异,劝巴金把眼光放开阔,把精力转到更重要的事情上去,不要"那么爱理会小处","莫把感情火气过分糟蹋到这上面"。他责备巴金:"我觉得你感情的浪费真极可惜。"巴金虽然当时并不认可,实际上却把沈从文的劝告当作连声的警钟,他知道自己是个激情来临就无所顾忌的人,需要克制,也懂得沈从文所说的"在一堆沉默的日子里讨生活"非常重要。在信中称他为"敬爱的畏友",但并不放弃自己的主张,还是想通过辩论说服他。

巴金对周作人的态度和他在日本的遭遇有关。1934 年 11 月,他去日本,主要目的是为了学习日语,临行前,上海《文学》社的友人在南京饭店为他饯行,鲁迅也去赴宴。他到日本后化名黎瑞德,怕的是自己曾经在淞沪抗战后发表的文字中有些反日言论会引起注意,七个多月都平静无事,期间也见过梁宗岱和卞之琳。1935 年 4 月 6 日,满洲国傀儡皇帝溥仪到东京觐见日本天皇的前一天,巴金被带到警察署,讯问关押了 14 个小时,此事令他对日本政府心生恶感。上海文化生活出版社创办,邀请巴金去做编辑,他就于 1935 年 7 月回国。这次很不愉快的经历显然使得巴金对周作人的不抗恶立场更加反对,也就与沈从文辩论得更坚决。1935 年底,巴金到北平三座门大街结束《文学季刊》的事情,给房子退租,当然要去达子营的沈家,此时沈从文已经把《大公报》的"文艺"副刊交给萧乾负责,只编辑每周出一个整版的《星期文艺》,为此,还向巴金约稿。在沈从文的小院子里,巴金再次埋头写文章。

他们夫妇到前门车站送行,沈从文微微一笑,紧握住巴金的手:"你还再来吗?"巴金吐出一个"我"字就哑了,执手相看泪眼的情景是他们都熟悉的,都以为会很快在北平相见,当然都没有想到再聚北平已是 14 年之后开国大典前夕。

爱情早晚都要降临到充满激情的人身上。1936 年,巴金恋爱了,中学女生陈蕴珍给巴金递了一个纸条,他们在慢慢的书信往来中情感逐渐共鸣。不过巴金希望陈蕴珍首先完成学业。突如其来的抗战把这个女孩子送到了西南联大——沈从文不久将要任教的地方,因为这个缘故,他们在昆明见过两次,分别是 1940 年和 1941 年的暑假。

为了躲避日军飞机轰炸，沈从文让张兆和与孩子住在呈贡乡下。物价飞涨而薪水菲薄，对沈从文这样没有捞外快天赋的人来说，巴金一语中的："钱可以赚到更多的钱。书常常给人带来不幸。"出书困难，文章便写得少，随之而来的是吃用必须俭省。巴金清楚记得，沈从文的脸上始终露出温和的微笑。他们在昆明一家小饭店里几次相遇，就用一两碗放了西红柿的米线作为晚餐，如果加了鸡蛋，就心满意足。这时他们已经不再辩论，一同跑过警报，一起看见浓烟中血淋淋的尸体，对生命的体悟使得他们珍惜在一起的每时每刻。据龙朱回忆，有一次他们边散步聊天边欣赏景色，突遇空袭，还是沈从文把巴金按在地上的。离开昆明后，巴金每年都要写信请沈从文不要放下笔，希望他多写小说。对于沈从文"埋头做事的主张"，巴金是极赞同的。

1942 年 4 月 16 日，巴金在重庆给沈从文信中表示想回桂林处理书店事务，但是交通非常困难，也想去昆明一趟看看沈从文夫妇，过两天畅快日子，仍因交通条件限制难于成行，他被王鲁彦督促着写了点东西，更多的时间却被浪费了(巴金最后一部长篇小说《寒夜》中提到了在贫病中英年早逝的鲁彦)。他对很久没有小说问世的沈从文有些不满："我们纵使不能点一盏灯给那些迷路人指点前途，却不妨在山道上放一缸水，一把瓢，让那班口渴的行路人歇歇脚，饮口凉水，再往前走。文学是团结人群的，是一件使人头脑清醒的工作，而且是需要理性和智慧来完成的。你极聪明，又不是不明白，而且有大的才能，因此你是极适宜于做这种工作的。那么你为什么要长久搁笔呢？希望你仔细想想。"他劝沈从文多写几个长篇。其实，在昆明"向虚空凝眸"的沈从文也一直想写几个长篇小说，甚至酝酿着以抗战为背景，写出《十城记》，回北平后屡屡向人提起，但是一直没有动笔。

中国远征军第一次出缅作战失利，日本人企图摧毁抗战的大后方乃至摧毁重庆政府的抗战信心，不仅对重庆狂轰滥炸，也经常空袭昆明,巴金忧虑朋友的安全,收到沈从文的两封信知道滇局转安,放下心来。6 月 4 日从成都写信告诉沈从文:“我很高兴为几个熟朋友印书,也希望因此逼几个熟朋友多写点东西。”《昆明冬景》纸型已经带到成都,准备在此印 3 000 册,遗憾的是纸张比桂林的还要坏,战时物资匮乏是谁都无法回避的事,四川当地用土纸印刷的书籍,字迹都模模糊糊。巴金询问沈从文对《长河》作何打算,倘使交给他出版,他可以设法在桂林以较好的条件印出来。他还告诉沈从文自己坏了四颗牙,拔牙时流血颇多,导致精神不佳,好些天没摸笔了,不过对抗战前景和他们的文学前景仍很乐观。“自己走自己的路,不必管别人讲什么。现在有许多人爱说个人努力是无用的,要等大家觉悟,但等来等去,连自己也糊涂了。说好话的人太多,而做好事的人太少。这是目前的一个不好现象。你那埋头做事的主张,我极赞成,也盼你认真做去。”

1944 年,湘桂大会战爆发,这是中日之间正面战场的最后一次大决战。桂林失守后,大后方人心震动,关于重庆政府能否坚持的谣言也很多,沈从文寄来别人的两份稿子,希望巴金能够为之印行,巴金复信说印刷费高涨,销售市场萎缩,恐怕一时印不了。更重要的是,桂林毁于战火,书店都被烧光了,他们只抢出几十副纸型,巴金的所有家当也付之一炬,包括他刚写成的《火》第三部。本来巴金觉得这第三本里面有一两段还勉强可看,偏偏是这一本稿子遇了厄运。沈从文惋惜的是,他那些被烧去的稿子,恰有一部分是专写底层生活的,没有留底。

1946 年 11 月,回到北京大学的沈从文先后在《大公报》上发表《〈文学周刊〉编者言》《从现实学习》等文章,强调作家就应该埋头于创作,用实绩来显示文学的伟大;同时,他还评说已经局部发生的内战,认为这是“数十万同胞在国内各处的自相残杀”。而他,作为一个崇尚“知识和理性”的“乡下人”,对战争双方都是贬斥的。他大概高估了文人对于时局的影响力,或者说他的乡下人理性使他坚持对生命的关爱，却使他根本没有能力认识到两党即将展开大决战这一残酷而真实的历史走势。这迅速招来左翼文化人的集体申斥，也埋下了郭沫若将他斥为“看云摘星的风流小生”的伏笔。

在上海的巴金，因为与左翼人士接触较多，深深明白沈从文对自己并不熟悉的政治问题发表见解会产生什么后果。汪曾祺回忆，就在 1947 年，巴金曾让他给沈从文带了个口信：埋头写小说吧！巴金的苦口婆心，似乎已经有些晚了。

左起：沈从文、巴金、张兆和、章靳以、李健吾（1949 年 7 月，摄于沈家门前）

1949 年 7 月，人们被新中国成立的热情鼓舞着，巴金到北京出席第一次全国文代会，开会之余和靳以、李健吾、王辛笛专门去看望病中的沈从文，留下了一张难得的合影。9 月，巴金因参加首届全国政协会议到京，再去拜访沈从文。据沈龙朱回忆：“我不知道巴老伯的慰问、关怀在父亲克服思想上的病痛中起了什么作用，然而，在我们家庭那么一种艰难情况下，能得到老朋友的关心，就叫人终生难忘!”巴金的话则反映出当时沈从文的强颜欢笑:“首届文代会期间我们几个人去从文家不止一次,表面上看不出他有情绪,他脸上仍然露出微笑。他向我们打听文艺界朋友的近况,他关心每一个熟人。”在那个特殊时期,关心沈从文的熟人,只剩巴金等寥寥几个了。

在1965年之前,巴金每次去北京都要和沈从文见面,聊聊家人和熟人的近况,对方在干什么,彼此都很清楚,沈从文头头是道地谈瓷器、民间工艺和古代服装。巴金主要是听,他暗中也想过自己外表忙忙碌碌,有说有笑,心里却十分紧张,为什么不能坐下来埋头译书默默地干上几年,也许可以做出一点成绩。想归想,他更清楚自己不愿放下久已使惯的笔,即使下决心深入生活却始终沉不下心,始终漂浮在时代风雨中颠簸不定。他们或者絮絮而谈,或者沉默对坐。有意思的是,一般情况下是沈从文问,巴金回答。

沈从文说得多,而巴金话少,此细节透露了若干重要信息,他们交往初期沈从文年长且文学声名绝不弱于巴金,比巴金略微健谈能够显出兄长的关怀和文学自信。新中国成立后巴金虽然总是笼罩在官方话语的审视之中,还是有较高社会地位和写作发表自由的,沈从文的话多在某种程度上是对自己无法写作而内心抑郁的掩饰,谈文物的举动正如汪曾祺所说是“抽象的抒情”。他在1960年10月26日给大哥信中表示了对当红作家的不满,包括巴金:“本来应当是写小说终生,比巴金老舍更宜写作。”从另外的细节也可以看出这一点,沈从文对巴金一直写不出像样的东西深表惋惜,1956年在给张兆和的信中,对巴金社会事务和外交活动频繁感到很奇怪:“这么不从容,哪能写得出大小说?照我想,如再写小说,一定得有完全的行动自由,才有希望。”他用的是一个作家的眼光,自己没有了写作的自由,还希望朋友能够利用自由的权利写出“大小说”,不能不说沈从文有点“乡下人”的迂。井中望星的沈从文,怎么可能拒绝得了偌大国家一个时代的大荒诞。据施蛰存回忆,1963年,沈从文因公出差到上海,住在衡山饭店。他和巴金见面后一起去看刚从“右派”改为“摘帽右派”的施蛰存，虽然是来往30年的文友，却“彼此觉得无新话可说，只能谈些旧事”。面对故人谈旧事，是对往日交往的温馨缅怀，显然也是对现实的无奈疏离。

但是巴金表面上还很风光，沈从文在无可希望中便对他还抱着些许希望。1965年2月24日给巴金信：“只有你和蕴真比较明白曾祺性格和长处，也许在另一时又还有机会可以为安排他今后工作作出一点主张。”他觉得汪曾祺老呆在剧团是个浪费，所以信末又叮嘱：“曾祺今年也四十多了，使用他也要及时！在剧团中恐难于完全发挥他的长处！”巴金如何回复不知道，从沈从文后来不再提此事和汪曾祺工作无变动的事实可以看出巴金的无能为力。4月，张兆和去上海出差，调查采访当地农民开展“故事会”活动的情况，并且为《人民文学》编辑部向上海作家约稿，拜访了巴金一家。因为巴金说他儿子最爱吃甜食，张兆和就送了些蜜饯，巴金一家邀请张兆和吃了午饭，谈起彼此这些年的生活，都感慨不已。7月，沈从文和巴金在北京见了“文革”前的最后一面，郁热的晚上，房间砖地上铺一床席子，张兆和病了，睡在地上，这是比30年前还要糟糕的生活状况。沈从文淡淡地说：“三姐生病，我们外面坐。”各坐一把椅子在院中，都没有讲话的劲头，不久巴金就告辞了。当时他们都没想到席卷八方、绵延十年的“文化大革命”，也没想到又得十多年才能在北京碰头，就如同1935年的前门车站分手。那次分手还是多愁善感的年龄，无语凝噎，这次告别都已经感到险象隐隐，却只能在强颜微笑中互道天凉好个秋。巴金在这年元旦听过周扬一次谈话，嗅出人人自危的气息，周扬已经在保护自己了。

1966年6月初，“文革”大潮即将涌起，巴金到北京参加亚非作家紧急会议，机场迎接的人叮嘱“不要出去找任何熟人”，他还以为自己已经政治过关受到组织保护了，又感觉恐怖，一个多月时间老老实实没去找任何熟人，回到上海，还是在劫难逃，进了牛棚。别人都把他看作罪人，他自己也认为有罪。在灵魂受到熬煎的漫漫长夜里，他偶尔也想到几个老朋友,希望从友情那里得到一点安慰,也恍惚中看到沈从文温和微笑的面容。可是关于他们的消息一点也没有。联系中断了大约六年。

重启书信来往似乎是个巧合。巴金一直在上海郊区奉贤县文化系统“五七干校”劳动改造,有一次被揪回上海接受批判,批判后第二天一早到巨鹿路作协分会的房间“学习”,一个年轻的姑娘过来问他是否巴金,她是沈从文家的亲戚,说沈从文很想知道他是否住在原处。巴金便答住址没变。这个姑娘是窦达因,其父窦祖麟是当时电业系统领导,曾经担任上海几个电厂及电力排灌公司的总工程师。过几天又去说沈从文弄丢了巴金的住址,巴金考虑几天后写给了她。阔别六年之后,陈蕴珍接到了沈从文的信,这也是她在人世间接到的最后一封信,病入膏肓、丈夫与儿女都被发配在外的她拿着五张信纸反复地看。“还有人记得我们啊!”十多年后巴金还记得妻子这句话,其心情之复杂,应该是常人难以想象的。

这封信给巴金夫妇带来的安慰是巨大的,字里行间流露出的苦中作乐和悲凉心境,下放种菜的巴金不会不明白。“菜农三姊,六九年随同文化部五千人到湖北咸宁乡下,在一个荒湖边大家一道开了四千亩湖田,和文学月刊十多熟人同住湖边一个民居家里,六七个人挤在一间黑阴阴小屋中过了一年多,冰心也曾短时期去同住。不能下湖即搞搞菜地。我是十一月下去的,独自住在一个相去百多里的水田富庶兼风景区,过了一年多。……三姊总是步行卅里还坐二小时公共车来看看。有次血压升级到二百五,幸她赶来及时,转车去县里医院住了四十天,得天保佑几乎报废又不报废了。”

沈从文说弄丢了巴金的联系地址,这应该是个委婉的说法。巴金被打倒的消息天下皆知,沈从文不会不知道,按照当时的普遍做法,被打倒的人会被驱逐出原有的住处,沈从文一方面觉得巴金不可能住在原处,另一方面可能是担心冒昧地与原址联系会给巴金带来更大的祸患,甚至给自己带来说不清的麻烦。所以他才从别人那里谨慎地打听和确认。从这封信的开端也可以窥出端倪:“多年来家中搬动太大,把你们家的地址遗失了,问别人忌讳又多,所以直到今天得到X家熟人一信相告,才知道你们住处。”老朋友的住址应该是稔熟于心的,“忌讳”太多才是真正的原因,信中对窦家以“X”相称,即是旁证。

另外,书信中断的六年里,沈从文也一直在关注着巴金。1969年11月10日他给已经在湖北咸阳五七干校种菜的张兆和信中写道:“今凌宏来看看我,帮洗了件衣。带一航院陈女同学来,女孩子父亲,是上海统战部的,和蕴珍住处近,且较熟,得知家还维持,书未散失。”他关心的是巴金家还完整、书未散失,仍是以朋友和作家的心态看待巴金遭遇的。成千上万的教授和作家都去接受工农兵改造了,几本书即使没被抄走,又能济得何事?话又说回来,如果家破书亡,会令人更加绝望的。1971年5月23日他致虎雏信上说:“据窦祖麟女儿说,巴老伯至今还在‘写检’,可不知为什么老没完了。”言辞中充满关心。他听人说巴金的书房一直保存完好,非常高兴,觉得“近来可能不那么为难了”。书的散失与否,成为判断时局和朋友命运的一个参照,大概也是只属于沈从文一个人的思维方式。从时间跨度上分析,沈从文对于恢复和巴金的联系非常谨慎,反复试探外界反应。既然知道巴金家庭和藏书尚完整,那就肯定知道巴金的住址,况且与凌宏同去沈从文家的“航院陈女同学”和陈蕴珍“住处近”,所以他说地址丢失是为双方安全考虑后的委婉措辞。在当时,被管制的人私下联系是要冒很大风险的,不允许“乱说乱动”,更不许“互相勾结”。

1972年4月7日致窦达因信中,沈从文开始试图恢复联系,“巴先生处,见他时,代问好。简单告诉他我们情形就成了。说一切都很好,不必给信看。并希望知道他的爱人和二孩子情形。如在上海,盼知道住处(陈蕴珍住处),我会给她去个信。”这封短信的措辞再次显示出沈从文的谨慎,只要口头转达而不必看信是比较安全的联络方式，他自己因为已被世人忘却而相对安全，巴金是黑名单中的名人；由他写信去上海，并且信是写给陈蕴珍而非萧珊的，这些细节都可以看出沈从文想和巴金联系又顾虑重重而不得不反复斟酌的苦心。这也和巴金回答窦达因询问时说自己姓李的谨慎方式相一致，笔名的使用和回避，在这个特殊历史情境中产生了黑色喜剧的效果。

陈蕴珍的回信与此相类，照录如下，目的是让今人回到历史现场，真实地理解他们曾经的困境，理解他们在困境中渴望且苦痛的精神共鸣。“沈先生：收到你的信，全家都很兴奋，相传阅读。我家里情况还是依然，老巴在干校，他也做了二年‘菜农’，但比起三姐，大大落后。我的女儿已结婚，女婿是同班同学，劳动人民的子弟，婚后女儿女婿住在这里。幸而有他们，要不，住在这里更冷静了。老巴是一个月回家休息四天，可是这次因为我生病，为了照应我一个月没有下乡。我生的也不知什么病，四十余天体温有时高到39度，至今尚未查出病因。我儿子68年春去安徽插队落户，每冬回来过春节。总之，我们家的情况就是这样，你可以放心。”语短情长，叙述自家的难处用笔含蓄，不无自嘲。一封来信全家相传阅读，那种“兴奋”令人唏嘘，说巴金种菜的资历比张兆和落后，又包含了多少无奈和愤懑，写者不必多言而读信者心知。

沈从文获批准回北京看病时，曹禺因心脏病正住在协和医院，俞平伯、钱钟书、吴世昌、何其芳等虽然已回北京，却不能开始研究工作，因为不知道研究什么才合乎需要。1973年2月10日，沈从文在惶然中致信巴金：“初见黎丁，谈及各方面熟人情形，方证实蕴珍已于去年秋天，即因喉病遽尔故去。得悉消息，我们均觉得十分难过。因为四十年熟人，本已不多，衰老谢世，日有所闻，蕴珍正当盛年，还能为国家好好工作廿年！记得去年七月来信，还只说因病，你将返回，尚以为今年春夏间如能和张兆和南来看看亲友，必可重到你家作客！她前信说，孩子还在西双版纳，不知是否已能返回上海？大女儿在身边，有没有外孙？人到一定年纪，有个孩子在身边，生活上必可得到些照顾,可减少许多麻烦。"

回到北京后的沈从文知道了更多老朋友的消息,就写信告诉上海的巴金和程应镠,大概是物伤其类吧:"健吾家中亦大不幸,大女婿和一过十岁外孙,在川中坐民船牺牲,小女儿似因肠病开刀后在家中住,亦不免相当狼狈。萧乾似已调回原工作,孩子铁柱已廿六,还在江西农村中,升学入工厂均不可能。熟人中子弟在相同情况下还不少,一二年间或难望改变……"虽然"文革"前沈从文已经在多处对萧乾表示了不满,内心深处仍然挂念,他在干校虽然没有见到萧乾,只听说萧乾夫妇似乎也在咸宁且被动员退休。故交星散如飘萍,又多殃及子女,他淡淡叙述的这些事情,掩抑着许多哀伤。

1974 年 6 月 23 日,沈从文因病请假往苏州等地休养,顺便访沪,住在上海师范学院历史系教授程应镠家里,程的妻子和巴金已故妻子陈蕴珍曾经同班,事前写信告知巴金,巴金回信说下午晚上都在家,沈从文便和程应镠一起去看望巴金,到了武康路巴金住处,仍然像 60 年代初那样在廊下大花园前喝茶聊天。沈从文恍然忆起,上一次喝茶时,陈蕴珍还一边拿着喷水壶照料花草,或在小鸟笼边喂食,一边招呼客人;更不由想起,1939 年刚到昆明时,陈蕴珍一时找不到住处,便由沈从文安排在编教材办公楼上的空房间与张充和等同住,几个女孩子尚不脱中学生风格,吵吵嚷嚷摊地铺。而当时,傅雷住前屋,傅聪刚刚出生,傅家每天都要播放贝多芬和肖邦的音乐。一晃,顽童成为少壮,青壮已老。十多年前为陈蕴珍画过一个浇花的速写,沈从文自认为非常传神,寄给巴金家人传看,都觉得很逼真。这次做客,女主人已经去世,彼此白头相对,有一搭没一搭地聊着,老朋友了,许多话起了头也没有必要说下去,彼此心知,对于七十多岁的人来说,絮叨不如沉默对坐。他们已经远离辩论的年龄和年代。取暖于熊熊火堆旁的人可以闲散杂坐,笑语喧哗,灰烬将凉时还无语偎依的人才真正情深。

巴金女儿李小林住在医院待产,电话铃响了,外孙女出生,母女无恙,大家的情绪才高涨起来。过去宾主洽谈的客厅,正被保姆整理成为临时卧房,准备迎接母女俩。不过,新生命的降世难掩院中凄凉,廊下似乎很久没有客人了,几张藤椅蒙了不少灰尘,歪歪乱乱搁在廊下,上次的茶几也不见了。怕过分打扰巴金,沈从文没有在巴金家吃饭,由窦祖麟招待,本来还准备和西南联大老同事、语言学家王力见个面,彼此都已年迈,且都有些"不自由",只好作罢。

这次见面的一年后,1975 年 6 月,沈从文给黄裳信中再次提起这幅场景:"百叶窗则如十九世纪法国小说常常描写到的情形,因女主人故去,下垂已多日,园中一角,往年陈蕴珍说起的上百种来自各地的花树,似只有墙角木槿和红薇,正在开放。大片草地看来也经月不曾剪过。印象重叠,不免惘然许久,因为死者长已,生者亦若已失去存在本意,虽依旧谈笑风生,事实上心中所受伤害,已无可弥补。算算日子,又已过去整整一年,估计小外孙女或已能在廊下蹒跚走动,廊下又已有不少花花草草,每天由巴小姐一面为小外孙唱歌,一面用喷壶浇水到花盆中,园中大草地和墙角上百种花木,重新在照料下郁郁青青,生长得十分茂盛。过去四十年种种,只在弟心中留下前后印象,还十分鲜明生动,此外在人世间即已消失无余,即在下一代亦一无所知矣。"

1976 年 8 月,唐山地震,波及北京,张兆和与龙朱及两个孙女住的小羊宜宾五号房子坍塌,幸亏提前几秒逃出门外。一家人无处可住,且不知是否还有后续的灾难,惶惶然中沈从文一家前往苏州,住进当年的小五哥张寰和宅子。巴金心系故人,来信询问,沈从文 8 月中旬复信说:"临动身前,得知北京熟人均无事故。直到苏州后,才知老友左恭,于此十天内因心肌梗阻故去,为本年故去熟人之第十五位。文化革命时即'受保护',关押某处,无音信将近十年。于去年国庆前夕,方无事释出还家。一脚已毁,失去行动能力。……不意数面之后,即成古人。彼因长时期潜伏于国民党内部,也频、丁玲二人先后被捕后,多方营救,左在暗中出力特别多。良友之亡,诚可伤也。”

9月20日左右，沈从文去上海看望巴金等四五个熟人，呆了十天，巴金送了沈从文许多新印的旧书，直接寄回北京。当时，文化界比较混乱，很多学术著作必须和工人阶级合作，连语言学家王力的讲义，也须由工农兵学生改正之后，才能拿到工厂里教授。1977年4月4日给汪曾祺信中，沈从文提到毕业于清华大学外文系的九叶派诗人王辛笛，已经是糖果店的会计或经理了。其实，王辛笛那时的职务是上海食品工业公司副经理。

1978年2月，巴金到京出席第五届全国政协会议第一次会议，沈从文与会，其时中国作协和文联都在酝酿恢复阶段，启动新时期文学的第四次文代会还没召开。巴金到后就成了大忙人，住在城里，根本没有时间来见沈从文，还是沈从文、张兆和一起到臧克家的家里和他见了一面。见面的情形也颇见二人情谊。政协会议结束后的3月11日下午，巴金从夏衍家中出来，去见臧克家；巴金问陪同的吴泰昌，从文家离克家家远不远，吴答不过几百米，他知道巴金想见沈从文，就问在克家家见，还是从克家家出来再去沈家，巴金当时没说什么。随后由臧克家的小女儿苏伊去接沈从文夫妇，十几分钟后沈从文、张兆和缓步而至，给了巴金一个惊喜，他们晚饭后又闲聊了许久，回饭店途中，巴金说聊得很痛快。

度尽劫波兄弟犹在，但毕竟桑榆已逝，夕阳余晖更见情长。1979年3月初，沈从文和家人到上海、苏州、南京等地转了约四十天，这时巴金担任上海市作协主席，他们在最时髦热闹的“红房子”吃了一顿贵而并不好吃的西餐，巴金的外孙女这次已经能够陪着他们上餐馆吃奶油点心了。巴金在“文革”中虽然受的冲击很大，藏书却保存得非常完好，这一点令沈从文非常羡慕。巴金住处的花园有一亩多，大草坪上全是花，“茅房也比我们住处还宽敞清爽得多”。这句调侃的自嘲味道是很浓的，因为这一时期沈从文还见过丁玲在北京木樨地的宽敞住处。当时巴金将由女儿陪同，和徐迟等去法国访问，他头上又顶了许多头衔，又开始身不由己地在天上飞来飞去。虽然多次去北京开会，却只到过沈从文家两次。头一次沈从文不在家，见着张兆和之后就匆匆告辞，连坐下吃一杯茶的时间也没有。沈从文还在一间半的陋室里爬梳文物资料，虽然美国学者金介甫于1980年夏天来访之后，沈从文已经引起国内研究界的关注，他仍然是个四级研究员，

巴金为沈从文的住处问题呼吁过不止一次，在北京开会就向周扬提出来，后来托李季向沈从文询问解决情况如何，刘白羽也表示要呼吁一下，沙汀还以为早就解决了，就在友谊宾馆。京西友谊宾馆可是非常高档的住处，这些作家朋友总是抱着美好的想象。沈从文居陋室的时间久，听领导答复的次数也多，“事实上领导文艺首长，正还有万千种烦心事待解决，并且无法找得出较好方式处理。有关我住处换换事……那夜里即或当面说及‘即可解决’，大致说后也便忘了”。沈从文不仅很理解领导，即所托告的“几位可能也并无实在权力可以解决此事”，也很清楚自己的资格，知道想得到丁玲那样宽敞住处的希望也并不怎么大，只是希望能有四间稍稍过得去的住处，能把工具书摊得开，和别人商量事情时张兆和能有个回旋空间，就够好了。他写信给巴金，期望他从人大方面或者属于国务院系统管理房屋处熟人想想法，说句话。当时有很多“光复”北京的人士，占据了不少住房自用且为子女留用，又不断见到新楼建造落成，沈从文难免有牢骚，而牢骚又只能对巴金发：“住处只一张桌子，目前为我赶校那拟印两份选集，上午她三点即起床，六点出门上街取牛奶，把桌子让我工作。下午我睡睡，桌子再让她使用到下午六点，她做饭，再让我使用书桌。这样子下去，那能支持多久！”

1983年4月，沈从文得脑血栓导致左半身瘫痪，住院两个月后搬回家中，调养至次年才恢复到由人扶着方能缓慢移动的程度。1984年2月9日以尚灵活的右手给巴金写了一封信，充满歉意地说字迹潦草祈求谅解，已经快一年没下楼了，不知窗外是何情形，希望

彼此保重。巴金除了复信宽慰,还寄来一些香港等地出版的关于沈从文作品和研究的剪报,这些东西对沈从文的恢复健康起到了很好的作用,为此,张兆和致信巴金:“谢谢你在病中寄来的信和剪报,令我深深感动,从文看后哭了。我们万分珍重你的友情,希望你保重,今年能够见面。”

晚年沈从文与巴金相见

这一年没有见成,他们最后一次见面是在1985年,这也是巴金最后一次到北京参加两会。去沈从文家之前,听说沈家那幢楼的电梯总是有问题,可能需要走楼梯,巴金说了句:“没关系,我爬楼也要看他!”

沈从文正在家养病,没装假牙,偏瘫未愈,讲话不太清楚,好多地方要请张兆和翻译才能沟通。巴金开头提起的,就是1944年12月信上的几句:“前两个月我和家宝常见面,我们谈起你,觉得在朋友中待人最好、最热心帮忙的人只有你,至少你是第一个。这是真话。”说这话时曹禺也病了。巴金望着对面浮肿的脸,坐在堆满书的小房间里,心情沉重,仿佛回到了沈从文勤奋而热情地写作《记丁玲》《边城》的场景,淳朴的湘西风景和善良小人物的命运,经由沈从文传递给了世界,这个写作者如今垂垂老矣,病体难支,还要在蜗居中用功。

最后真正帮助解决问题的是沈从文的同乡旧友,曾经在《大公报》工作也曾参加东京审判报道的萧离。萧离“文革”后返乡时就湖南的经济发展给时任中共中央总书记的胡耀邦写过一封信,胡耀邦很重视,批转湖南省委,中央书记处还为此向萧离写信转达胡耀邦的问候。有这个前提,在眼见沈从文的住处困难到无法正常工作的情况下,他再次提笔上书。信写于 1985 年 5 月 18 日,三天后由时任国务院副总理的田纪云批转沈从文所在单位中国社会科学院党组,社科院党组迅速以红头文件再向中央上报。这份名为《关于沈从文先生的生活与工作条件等问题的情况报告》开头几行,非常有意思:

纪云同志并报耀邦同志:

5 月下旬,我们收到纪云同志 5 月 21 日批转的萧离同志今年 5 月 18 日给耀邦同志的信。对于沈从文先生的工资待遇、住房问题,耀邦、万里、乔木等领导同志以及中央统战部均十分关心……

沈从文的住房问题居然惊动了这么多部门和国家领导人,除了说明知识分子已经开始受到重视之外,更多的应该是反映了中国政治权力对知识分子命运的强大影响。6 月 29 日就有了中共中央组织部的批复文件,这也是一件奇事,沈从文不曾入党,也不是民主党派人士,发文序列号是中央组织部文件 85(任干)193 号,文件内容也是研究沈从文的难得史料:

社会科学院党组:

6 月 21、26 日报告收悉,中央同意沈从文先生按部长级解决工资、住房及其他问题。工资由 212 元增至 300 元,自 6 月份算起。

萧离从来没说过自己所做的事情,沈从文去世 20 年后沈龙朱才知道。此处之所以把两份文件录出,也是为了和以后的事情对比,沈从文去世后新华社的讣告迟而评价含糊，与这两份文件太不相称，想来最大的原因当是帮助解决问题的胡耀邦那时已经去世了。

巴金对新华社仅以数十个字告知世界沈从文离世的消息感到不满，体现了他对朋友的尊重和对沈从文文学成就的深刻理解，却无法在那个时候改变现实。1988 年还在反资产阶级自由化，他的纪念文章在中国大陆都没有发表的地方，只好转到香港发表，官方权威话语对沈从文这类作家的评价还没有改变。这也不算什么大不了的事，比沈从文早逝两年的丁玲，其家人要求遗体覆盖党旗，得到的答复是级别不够，佐证了沈从文的讣告为什么会轻描淡写。和沈从文地位差不多的宗白华病情危重时，北京大学学校领导和校医都很重视，派专车送他转院。不料，汽车在京城里开了一圈，竟无一家大医院肯收留，不得已仍将其送回学校，原因就在于他只是三级教授，级别不够。家人朋友想尽办法让宗白华住进大医院，仍然由于“不够级别”得不到特别护理，最后还是被大医院强行要求出院，1986 年 12 月病逝于北大校医院。

《怀念从文》是巴金为朋友送行的悼词，有些段落可以看作他们一生交往的总结：“没有一滴眼泪，悲痛却在我的心里，我也在埋葬自己的一部分。那些充满信心的欢聚的日子，那些奋笔和辩论的日子都不会回来了。这些年我们先后遭逢了不同的灾祸，在泥泞中挣扎，他改了行，在长时间的沉默中，取得卓越的成就，我东西奔跑，唯唯诺诺，羡慕枝头欢叫的喜鹊，只想早日走尽自我改造的道路，得到的却是十年一梦，床头多了一盒骨灰，现在大梦初醒，却仿佛用尽全身力气，不得不躺倒休息，白白地望着远方灯火，我仍然想奔赴光明，奔赴希望。我还想求助于一些朋友。从文也是其中的一位，我真想有机会同他畅谈。这个时候突然得到他逝世的噩耗，我才明白过去那一段生活已经和亡友一起远去了。”巴金说自己躲不开这个知识分子的悲剧，处在那个时代的中国知识分子，又有几个能够躲得开？

沈龙朱所说：“作为家人，我反而是从巴老伯的文章和他对父亲的友情中，重新认识和理解了父亲，也认识了他们那一辈作家朋友间深厚感人的关系。”虎雏的话道出了沈从文与巴金交往的古典内涵：“他们两人的‘好’是‘很淡’的，不像现代人的交友方式。”

订文字交，结终生友，成世人范。这应该是沈从文与巴金交往给予后人的启示。

晚年沈从文照片

晚年巴金照片

“我和三十年代以来的这位恩师总算和解了”

——沈从文与萧乾

人们往往以为沈从文与萧乾是师生关系，大概是因为萧乾说过他在文学道路上比汪曾祺更早得到指引提携。人们也往往以萧乾《我与沈老关系的澄清——吾师沈从文》作为依据推测二人的情感纠葛。或者以萧乾变身快追风紧而啧有烦言，或以萧乾所透露的某些信息推测沈从文人格有缺。这都难以使人信服，萧乾这篇文章很多地方是值得推敲的，比如他开头说沈从文在1930年把他引上文学道路，就有明显的时间错误，病中枕上容有记忆偏差，那么下面其他的内容也就需要旁证了。如何还原二人的真实关系，唯有细读诸多资料。

在萧乾对于沈从文的记忆和表述中，有这样几个特点不可忽视：其一，萧乾提到自己初入文坛过程往往是“杨振声、沈从文二位先生”，单独称“沈从文先生”或“沈从文（老）师”的极少，而对杨振声言必称“今甫师”、“杨振声老师（先生）”，称“沈从文”或者“从文”的倒是很多，哪怕是他生前写好逝后由文洁若送出发表的《我与沈老关系的澄清——吾师沈从文》，题目就耐寻味，既是“沈老”又是“吾师”，显示出他审视与沈从文关系时的某种游移不定。更重要的是，这篇文章主要目的在于“澄清”，主标题副标题措辞和汪曾祺、吴小如等人一以贯之的称谓明显不同，而著名新闻记者对于标题的拟制都是煞费苦心的，何况这是萧乾着意留给世人的作品。其二，世人多以为是沈从文和杨振声把萧乾推荐给《大公报》的，事实也如此，不过，萧乾有时提起此事并举杨、沈，无略过杨振声的情况而有时省略沈从文，比如萧乾生前编定的《文学回想录》中明确说，在他毕业于燕京大学前夕，是杨振声约他在北京来今雨轩喝茶并与胡政之当场敲定聘用萧乾，没有提到沈从文参与其事。

1929 年杨振声兼任燕京大学教授时，讲课内容为“现代文学”。据萧乾回忆，他是 1929 年秋听了杨振声的课才比较全面地接触了新文学，“今甫师上半年讲的是五四以来的新文学，鲁迅、茅盾、蒋光慈、郁达夫以及沈从文等二十年代的作家；下半年讲授托尔斯泰、屠格涅夫、陀思妥夫斯基、哈代以及罗曼·罗兰等外国作家。那对我起了启蒙作用。”《他是不应该被遗忘的——怀念杨振声师》《我的恩师杨振声》《我的启蒙老师杨振声》《关于书》等文都提到这些细节。从这些反复出现的表述可以看到萧乾是通过杨振声才接触沈从文的创作，然后才有彼此交往。在杨振声的鼓励下，萧乾试写了反映校园生活的短篇《梨皮》《人散后》，先后发表在《燕大月刊》。萧乾对杨振声和对沈从文的感情缘于不同的起点，所以始终有深刻的区别，杨振声才是萧乾文学创作的真正启蒙老师。

还有一个侧面资料：巴金与这二人都终生交好，萧乾还是通过沈从文结识巴金的，在巴金以残年余力写成的万字《忆从文》中，居然一个字都没有提萧乾。这说明，至少在巴金的心目中，沈从文与萧乾之间的隔膜是比较深的，既为了避免触动沈从文家人的情绪，也为避免扯出更多难以说清的纠葛，干脆略过。虽然萧乾曾说：“沈从文教我怎样写文章，巴金教我如何做人”，至少在对待沈从文这个问题上，巴金和萧乾还是有很大区别的。

既然没有学校讲堂师承关系而只有私相授受的往来，沈从文与萧乾真正的关系应该是亦师亦友，就像萧乾所说，沈从文只是“恩师之一”，沈从文给萧乾的信往往称其“乾弟”。这种辨析有利于理解他们二人之间的交往,曾经是文学上的志同道合者,一度因政见歧异而疏离,终因宽容和世事洞明而趋近。这三种关系随时间和社会演进而逐步叠映,折射出文学对友情的粘合作用、政治运动对友情和性情的考验、沧桑生命体验对人类情感的修复作用等多重内涵。

1931年,萧乾成为辅仁大学外语系学生,由于帮系主任改卷子免了学宿费,零用钱则靠教外国人的汉语来挣。当时在辅仁大学任教的美国青年威廉·安澜(萧乾有的文章也称阿兰)与萧乾合编《中国简报》,希望出一次沈从文专辑,要萧乾写一篇访问记,正好杨振声和沈从文都在北平,便通过杨振声结识了沈从文,访问记发表时题目为《当今中国一个杰出的人道主义讽刺作家》。这个题目当是针对沈从文的长篇小说《阿丽思中国游记》产生的,在这部带有寓言色彩的作品中,沈从文对中国社会各种文明弊病作了全景式的描写和讽刺。

不久,萧乾与系主任发生口角,负气离开辅仁跑到福州,在一所中学当了一年的国语教师。1933年回来考进燕京大学英文系,后转入新闻系。开学没多长时间就收到沈从文的一封信,原来他在报上看到燕大新生中有"萧秉乾"(萧乾原名),猜测萧乾已回北平,而沈从文此时从青岛刚来,暂住西城西斜街55号甲的杨振声家里,还没搬到达子营小院,写信邀请萧乾去玩,甚至说:"晚上不便回校可住在我住处。"

萧乾小说处女作《蚕》经沈从文之手发表在同年10月中旬的《大公报》上。萧乾注意到原稿中别字被改正,虚字被删掉,这对他的写作是一个提醒,再后来,沈从文把萧乾介绍给林徽因家的"沙龙",后来被郭沫若斥为"蓝衣监察"的朱光潜也常往来此间。1934年2月5日,沈从文在《大公报》发表《萧乾小说集题记》,称这些作品"第一个读者几乎全是我。他的文章我除了觉得很好,说不出别的意见"。人们引用这句话时往往理解为大力肯定,其实未必然,沈从文之所以"说不出别的意见",固因为萧乾的初期小说艺术水准颇高，也有沈从文呵护刚出道年轻文友的色彩，“很好”毕竟是笼而统之的评语，也可以理解为没有明显的优点值得称引。与此相比，他与萧乾合著《废邮存底》倒是很有见地的文艺论集，收有 14 篇沈从文的“废邮存底”和萧乾的 22 则“答辞”，各见所持而多有共鸣，于萧乾的文学地位提升大有裨益，于沈从文的理论反思也意义深远。1935 年杨振声把萧乾引荐给《大公报》经理胡霖（字政之），他从此开始编辑《大公报》的文艺副刊《小公园》。在当时的多篇编辑手记和散文中，他都称沈从文为“师傅”，这种手工艺人的亲切称呼也许早就预示了萧乾与沈从文只是文字师徒，而不是真正文学意义上的师生关系。因为沈从文的缘故，萧乾结识巴金等《文学季刊》编辑，开始和靳以关系也不错，20 世纪 40 年代后期在复旦任教时因为靳以左倾而他提倡民主道路逐渐疏远。

萧乾年轻时照片

1936 年秋上海《大公报》创刊，萧乾全面负责津、沪两地《文艺》副刊，与巴金的关系更加密切，毕竟已经有过关于京派海派的论争，萧乾在处理与左翼文化人的关系上比较谨慎。10 月 19 日鲁迅逝世，上海《大公报》的《文艺》以整版篇幅出了悼念特辑，然而同一版面的左下角刊登了一篇不署名的短评攻击鲁迅，引起上海文艺界群情愤慨。萧乾要求辞职而报馆不允，即在《文艺》上登载一篇由他执

左起：萧乾、曹禺、沈从文、靳以（摄于20世纪30年代中期）

笔带有社论性质的悼文，以平息众怒。与王树藏一见钟情缔结婚约也是在这一段时间。也许是爱情美满的缘故，也许是编辑工作更多需要评论文字，萧乾的小说创作渐趋停滞，而沈从文和巴金在这段时间里推出了很多小说，沈从文与萧乾在《废邮存底》时期执着于文学的争鸣消解了，有萧乾忙于新闻工作的原因，更深刻的原因大概是萧乾在与左翼文化人对话的过程中对现实问题思索更多。萧乾这期间最为世所知的工作是他以集束评论的方式推出对《雷雨》的评论，催生《大公报》文艺奖金，在"文革"后的《鱼饵·阵地》一文中还津津乐道此事，侧面说明他对媒体权力的重视，与他抗战结束从英国归来后连续抛出引发舆论焦点的文章的举措形成了比较明晰的呼应。他的舆论运作使曹禺很快耀眼于文坛，在新中国成立后与曹禺的关系却很快恶化，不便宕开去述说他们的事情，只能说政治这个东西，常常比造化还弄人。

1937年“八·一三”之后,《大公报》从十六版缩成四版,不久还是得向后方撤退,萧乾被辞退,他只能带着王树藏从上海逃到武汉。恰好杨振声和沈从文也在,战乱之中弦歌不辍,他们还在编中小学教科书,萧乾夫妇便随他们搬进了珞珈山下编辑组刚刚租下的五福堂。后来由武汉而长沙,又从长沙转到湘西沅陵沈从文大哥的芸庐,1938年春辗转至昆明,八个月期间,萧乾夫妇都和沈从文在一起,萧乾没有工作便帮帮忙。在昆明,杨振声和沈从文每月都送给萧乾50元钱贴补家用,萧乾晚年回忆说:“杨、沈二位老师收留了我,这是我没齿难忘的。”

沈从文与萧乾的关系在抗战初期就出现了不和谐。一个重要诱因是萧乾与王树藏的离婚。1936年秋,王树藏与萧乾在南京中央饭店举行婚礼,从萧乾一度昵称王树藏“小树叶”就可以看出那种热恋浓情(萧乾的一本散文集即名《小树叶》)。王树藏在西南联大与陈蕴珍、张充和、杨苡同学,更名王育常,当然与沈从文、张兆和关系亲密。1938年8月,《大公报》创办香港版,邀萧乾赴港主持副刊,据说情商极高的萧乾很快迷恋上了卢雪妮,准备与王育常离婚。巴金到香港后多方劝解都无法挽回,恐怕友情之外还有陈蕴珍(后名萧珊)的嘱托,或者沈从文的期待。萧乾情热之下专门回昆明说服王育常同意离婚,她看挽救无望就答应了。萧乾回到香港却接到一封只有四个字的电报:“坚决不离”,这才有萧乾赴欧洲战场的七年,与卢雪妮通信五年也未结俪。沈从文肯定知道事情大致经过,他和杨振声都企图劝阻萧乾,虽然无效,以沈从文处理自己与高青子情感的方式,对于他们的最后离婚,当怃然的吧。这在某种程度上会成为沈从文与萧乾之间的一个芥蒂。与萧乾分手后,王育常还保持着与沈从文一家的友好往来,据文史学家刘北汜回忆,1940年夏秋之间,他在沈从文的家里见过王育常。1941年寒假后,沈从文介绍王育常和联大同学马西林转学到移址四川乐山的武汉大学,后来二人结成连理。

对王育常印象颇好的金克木在印度攻读梵文、巴利文等，在 1945 年给沈从文信中报告了自己的学业进展，也对王育常结婚的消息表示祝贺，又言卢雪妮已与他人结婚，信中戏谑地问了一句："第不知萧郎知之否耳?"（借用唐人崔郊"从此萧郎是路人"诗句）从这语气约略可见他也认为沈从文不乐意萧乾与王育常离婚。

抗战中他们再无联系。1946 年 6 月，萧乾从英国回到上海仍为《大公报》工作，编文艺副刊同时研究国际问题，成为该报社论撰稿人之一，对国民党专政不满，呼吁多党竞争制，提倡第三条道路，他全然是媒体人了。不过这时他和沈从文有过比较和谐的笔墨联谊。毕竟对西方文明有了比较深的理解，萧乾回到上海马上就发现了本土文化的诸多弊病，写惯政论和时评的笔很快便推出一组反讽现实的杂文《红毛长谈》，笔名取作"塔塔木林"，行文假托洋人口吻。塔塔像个怪异的外国人名字，"木林"大概取自上海骂人的"阿木林"，正与此杂文系列所取斯威夫特式讽刺笔法相称。这种情况在文化史上很常见，长期浸润于异质文明便不觉发生认同感，再回到本土文明的现场，很容易从本土文明中发现"异质"，其发现还很容易唤起共鸣，因为本土文明场域中早就隐伏着不满的种子。新文化运动岂不是一大批新留洋归来的人作为主力，才掀起滔天波澜的？沈从文为之眼睛一亮，以"巴鲁爵士"为笔名在 1947 年 12 月 1 日出版的《论语》杂志上发表《北平通信——第一》，行文风格与《红毛长谈》相仿，半文半白的文字，针砭现实正话反说。"巴鲁"是沈从文弟弟沈荃的小名，"爵士"则显然是自嘲了。1948 年《红毛长谈》出版时，附录了不少评论文章，以彰其反响。"北平通信之二"即《怀塔塔木林》作为附录放在书的最后，就像沈从文当初所写的：塔塔木林与巴鲁爵士"二人之文同印一书"。这是他们在《废邮存底》之后的再次合作。

不妨看一下当年《红毛长谈》作为《观察》丛书第十种出版时的广告语，以准确理解此时沈从文与萧乾的文章到底是在什么层次上形成呼应："他深究中国政治及社会的种种流弊，并发出可怕的政治预言。他又以想像的笔调描出乌托邦的中国;他做玫瑰的好梦,他神游西南,他谈二十年后的南京,他论新旧上海的变化,令人想起十八世纪 Oliver Goldsmith(奥利弗·哥德史密斯是十八世纪英国著名喜剧家)所著之《世界公民》。其离奇不下《西游记》,其讽刺尤胜《镜花缘》。”不论这则广告是否为丛书主编储安平所写,对中国现实政治体制的批评是重点所在。反过来看沈从文对萧乾文章的评价重点,就不是那么回事了:“塔塔对中国本位文化,既理解透彻,文章写来,自然亦庄亦趣,不古不今,驳杂如诸子、精悍有稷下辩士风,引喻设义,奇突幻异,又兼有墨学家宋荣子,法国学人服尔太翁风味。”沈从文在西南联大教书期间,因为受到刘文典等国学深厚之士的贬斥,努力读书,与施蛰存、冯至、卞之琳等交游也获益匪浅,从这里引录的先秦诸子来看,他主要站在评说文章得失的角度,兼取思想内容。虽然收录于一书,内在诉求还是有点榫卯不和的。也许南北相隔,沈从文仍保留着对萧乾旧时的理解。

萧乾在主持《大公报》国际评论版块期间,曾经在复旦大学任职于外语系,兼任新闻系教授,新闻工作是主业,小说创作已搁置。1947 年 5 月 4 日,他在《大公报》发表社论《中国文艺往哪里走?》,总结“五四运动”的精粹为两个字:“民主”,然后指点中国文坛走向:“我们希望政治走上民主大道,我们对于文坛也寄以民主的期望。民主的含义尽管不同,但有一个不可缺少的要素,那便是容许与自己意见或作风不同者的存在。民主的自由有其限度,文学的自由也有其限度。”他希望“革除只准一种作品存在的观念,而在文艺欣赏上,应学习民主的雅量”。雅量,于人是胸怀,于社会是民主,萧乾的提法没错,时机似乎不大对。

1948 年 1 月 8 日,《大公报》发表萧乾撰写的社论《自由主义者的信念》,已经从指点文艺走向扩展开去:“自由主义不过是通用的代名词。它可以换成进步主义,可以换为民主社会主义。”民主社会主义是俄国孟什维克的主张(尽管有研究者考证出孟什维克才是正统的马克思主义,但是所有介绍进中国的教科书都是以俄国布尔什维克作为马克思主义继承者的),他居然拿来与信仰布尔什维克的左翼文化人对话。两党鏖战正酣,中国大局岂能任几句“自由主义”主宰,萧乾的指点江山遭到左翼文化人的迎头痛击自在情理之中。

郭沫若的《斥反动文艺》之所以被视为重要文献,就在于它给中国共产党不认可的文艺界人士归了类,且各有典型代表,肯定性的归类让人有所趋,否定性的归类让人有所趋且有所避,表扬性文字总是不如惩毖性文字威力大。“这位‘贵族’钻在集御用之大成的《大公报》这个大反动堡垒里尽量发散其幽缈、微妙的毒素,而与各色的御用文士如桃红小生、蓝衣监察、黄帮弟兄、白面喽罗互通声息,从枪眼中发出各色各样的乌烟瘴气。一部分人是受他麻醉着了。”该文点名的几个人都是所谓“京派”的代表人物,另从《大公报》被定义为“集御用之大成”的“大反动堡垒”来看,隐隐接续了当年鲁迅以之为“官的帮闲”的身份定位。文章写于 1948 年 2 月 10 日,据《华商报》1 月 7 日的登载可知,主要内容在 1 月 3 日郭沫若向一群已脱离中山大学的师生发表题为“一年来中国的文艺运动及其倾向”的演讲中已经形成,郭沫若的演讲采取二元对立的历史哲学思维:“文艺方面像政治一样,一方面有为人民的文艺,一方面有反人民的文艺。”在演讲中,萧乾还被归入茶色文艺,排名已在沈从文之前,文章正式发表时变成了黑色文艺,而萧乾也荣膺“黑色买办”的头衔。这种排序和色彩象征的变化,说明郭沫若文章偏重对萧乾政治属性的判断和评价,而沈从文的政治含金量要低于萧乾。

萧乾自然对郭沫若的批评不服气,不过他在杨刚的批评教育下迅速转变了态度。他是热爱中国的,所以拒绝了剑桥大学的邀请;既然留在即将成立的新中国,就必须首先考虑如何才能消除恶感改变形象。沈从文的转变艰难得多,他在恢复清醒后对萧乾的态度转变是什么感觉? 恐怕是意外多于认同。1948 年 11 月 7 日晚,萧乾已经开始反思自我积极修复与左翼文化人关系时,京津已在大军合围中，沈从文和冯至还在把政治当成一个文学比喻，谈论红绿灯问题，迂阔得可爱。次日，沈从文主编的天津《益世报·文学周刊》停刊，紧跟着是他与周定一合编的《平明日报·星期艺文》停刊；北大学生大字报开始转抄郭沫若的檄文，沈从文茫然了，四望皆是红灯而无绿灯。他不过是文学艺术上的自由主义者，而真正的自由主义者必然是对体制深怀疑虑的，疑虑难解，几欲疯癫。虽然福柯说疯癫也是一种文明，但他是法国人，没有经历过新中国成立初30年间的文化变迁，不然他会引用沈从文作例子。沈从文在接近疯癫之际自杀，未遂，手腕上留下一道疤痕。从身体政治学的角度看，伤痕也是一种文明。

萧乾在没到北京之前，就在进步色彩鲜明的《华商报》上发表了一系列表明态度的文章。1949年5月4日《五四的成果》，“反封建反帝”、“中国人民”是关键词；9月1日《新方向，新生命》虽然标注“九一记者节特刊”，实际是萧乾8月底离港赴京前为《华商报》写的特约稿，“我们都不能再有骄傲自己的隔膜了”，“东拉西扯的‘文人论政’传统也必寿终正寝”。“文人论政”是1941年4月《大公报》收到美国密苏里新闻学院“最佳报纸”称号后在重庆召开庆祝大会时自我总结的一条经验。萧乾在欧美游历七年所受的熏染，使他的言行和思想倾向于政治体制上的民主主义，而沈从文长期浸润于文学，坚持艺术审美上的自由主义，他们在这个时候已经不是同路人，萧乾邀请沈从文加盟《新观察》自然遭到拒绝。实际上，在专业技术领域内坚持自由主义，只是思想上的自由主义，即使遇到专制规范，最多被打成白专路线；一旦在政治体制上指手画脚，就不仅可能成为右派，很快就会沦为“毒草”和“敌人”。

据萧乾夫人文洁若回忆巴金、萧乾交往的文字，新中国成立初期每逢巴金到北京开会，或出国经过北京，他必请朋友们到餐馆去吃饭，聚一聚，“把萧乾和我也邀上”。对萧乾来说，那就像是过节一样，情绪必然会好上几天。巴金这个时期每去北京也要见沈从文的，但从他们三个人乃至张兆和、文洁若的记载中都见不到三人聚首的痕迹，因为巴金在北京请客而沈从文未出席过。萧乾最后有资格参加第一次文代会而沈从文没有，会前巴金、靳以、李健吾去沈从文家看望且摄影留念，这次摄影深见老朋友的情谊。萧乾也未同去。这样看来，沈从文和萧乾一度是朋友，关系远不如人们想象的那样亲密。这也可能正是萧乾性格深层的特点，他在新中国成立后，拒绝了英国朋友福斯特的信函，导致那位友情大于国家意识的作家把两人的所有通信全部销毁，不再联系，侧面反映萧乾在大事上有毫不犹豫的决断能力，而沈从文显然在这一点上弱于他。傅光明在 1999 年《纵横》第 2 期上发表《沈从文和萧乾：从师生到末路》，提到萧乾曾经多次到沈从文家中探望，这应该是事实，不过从“文革”前十多年间沈从文书信中很少提及萧乾看来，他们的关系已经比较淡了。

萧乾在那封逝后才可发表的信中“透露”，沈从文 1957 年在文联大楼曾公开批判萧乾，“竟把我协助美国青年威廉·阿兰编了八期的《中国简报》(这原是一份朴质地对外宣传中国新文学的英文刊物)，耸人听闻地说成是萧乾‘早在三十年代初就与美帝国主义进行勾结’”。两个人都无法再对质了，也没有其他档案资料佐证，只能是悬案。如果真有其事，也应该从以下两个方面理解：陈述事实难免夹带时髦政治词汇，比如与美帝国主义勾结之类；沈从文在交代自己与胡适、徐志摩历史关系时没有靠拢鲁迅或者贬低旧友，如对萧乾用语稍偏当是对萧乾跟进时风的不满所致。至于“竟”、“耸人听闻”等词产生的文学修饰效果，可能会误导后世读者的情感天平。萧乾的七年国外生活，成就了一个著名记者，也成就了他的“洋奴”身份。1950 年，乔冠华本来打算让萧乾参加访英代表团并担任秘书，临行前突然取消资格，“这样的人还是国内走走算了”。政治高层已经判定了他的身份属性。1957 年 9 月 1 日《文艺报》用 2/3 版批判右派，很多名作家、同事、朋友都站出来揭发、批判萧乾，身份定义为：“一个彻头彻尾的洋奴和政客”，“二洋鬼子”，“大量贩卖从英美批发的毒货”,“高高在上、鄙视人民”,“运动来了就装死,运动一过卷土重来,继续向党进攻”。如果沈从文被要求出席批斗会现场,要么缄口而被归为同类,要么是随大流说上几句。没有看到沈从文的揭发文章发表,可知最多有过应景的发言。后人阅读萧乾此文透露的信息也应该注意另外一个事实,那就是萧乾对那些曾经对他口诛笔伐的人没有作过多少点名回忆,是因为他深深理解时代所致的身不由己和口不应心,他提及沈从文的揭发,真实用意应该是想告诉世人他所尊敬的沈从文也曾经有过举世滔滔而无法自清的时候,兼有自剖和剖世的双重目的。

从另外的事实也可以看出,即使有揭发事件,萧乾在当时也是很理解的,双方心理上没有留下多少阴影,文化人往往不得不以揭发或批判友人以求自保或过关,在丁玲被打成反党集团头领时,老舍也曾发文批判,而“文革”前在作协会议上与丁玲聚首又谈笑风生,丁玲也以笑相还。萧乾在新中国成立后的17年间起落巨大,《人民中国》(英文版)副主编、《译文》杂志编辑部副主任、《人民日报》文艺版顾问、《文艺报》副总编等身份,并行叠加了“右派”、“洋奴”头衔。1957年被打成右派,发往渤海湾边农场改造三年。初识萧乾于燕京大学、曾经以《西行漫记》把中国共产党介绍给世界、与萧乾在欧洲战场上缔结深厚友谊的斯诺,1960年访问中国曾经询问萧乾的情况,参与接待的老舍答:“萧乾正在人民公社快活地劳动着,他对写作已经毫无兴趣。”一方面是因为60年代初有过政治宽松的两年小阳春,此外或许因为国际友人的关照,1961年萧乾顶着右派帽子到人民文学出

1954年萧乾于北京

版社任编辑。回北京后，就去沈从文家拜访，并在有了住房以后还曾请沈从文夫妇吃过饭，这说明他们的友情在持续，这期间沈从文的境遇虽差却起伏不大。另外一个事实也可佐证，萧乾自幼受堂嫂安娜抚养，学习英语，50年代堂兄失业并被送进劳改农场，安娜一人无力支撑生活。萧乾向党组织坦白海外关系后，组织命令他“不要往来”。从此与堂兄堂嫂划清界限，老死不相往来，其中约六年时间里萧乾住处与堂兄家仅隔一条胡同。“文革”后萧乾回忆早年受堂兄嫂照顾的细节充满了感激和愧疚。

1964年萧乾成为摘帽右派，两年之后那场浩劫袭来，面对抄家、烧书、殴打和辱骂，他也撑不住了，1966年9月4日，萧乾企图吃安眠药自杀，未遂，病历上写：“右派，畏罪自杀，已洗肠。”不足十个字道尽世态人情和社会风云，略含革命人道主义的悲悯，应该作为“文革”画像的经典文本存于博物馆。

五七干校，缘于1966年5月7日毛泽东审阅军委总后勤部《关于进一步搞好部队副业生产的报告》后给林彪信中所说的，人民解放军要学政治学军事学文化，还要办工厂搞农副产业，最高指示马上贯彻到全军，指示的最后一句是：“商业、服务行业、党政机关工作人员，凡有条件的，也要这样做。”这给了造反夺权成功的黑龙江省革命委员会一个启发，于1968年5月7日召开万人大会，欢送下放干部，次日将这些人送达庆安县柳河农场门前宣誓入校，农场便挂上了“黑龙江省革命委员会柳河五七干校”牌子。1968年10月5日，《人民日报》头版发表《柳河五七干校为机关革命化提供了新的经验》。虽然没有几个人知道柳河在哪里，但是对“五七干校”这个关键词都高度关注，此新生事物作为样板迅速推及全国，1969年秋，张兆和、萧乾等“比较年轻”且身体状况较好的“有问题”人士被驱遣到文化部系统设在湖北咸宁的五七干校，向阳湖成为现代中国文化的关键词是后来的事情，当时这些人都是被编为某连某班的。萧乾刚满六十，被当作壮劳力使用，抢场时患上了冠心病。

三个月后,沈从文也被遣到左近。在咸宁期间,沈从文给萧乾写过两封长信,称“萧乾同志”,通报自己近况和心境,也谈及文学。不知道萧乾信中内容,也没有必要追究谁先主动联络,这已经不重要,重要的是沈从文家人把这两封信编入了《沈从文全集》,这应该是他们熟悉而且认可的沈从文,那就不能不细读信中的文字。

他在9月22日信中首先介绍居处,虽然住的房屋里面总是潮湿,几场暴雨又开了天窗,地面泥泞要到雨后数日才干,与当年初到北京时住的“窄而霉斋”差不多,他觉得周边环境比桃园还要美,大概是为了安慰萧乾。因为信的后半部分提到,真实情况是连当年大哥建在沅陵房子的马号都不如,他在“文革”中给外人写信,都称备受关怀,对于多年的朋友,他还是比较坦率的。他以自己的经历告诫萧乾:“求多做事如不是时候,也会成差错的!”这是自己常年踏实做事仍不免被人嘲讽的经验总结,从当时萧乾的工作是翻译和编辑来看,当然也包含了善意的提醒。至于社会环境能否允许自己再发挥余热,沈从文难以预料,虽然努力写旧体诗,对多数人不可能产生什么影响,但是对学了点文史的,或者对新旧文学有点爱好的少数人来说,大致是有用的。因为身体“主要机能已近报废程度,会忽然在小小故障中完事的。近年来有不少联大熟人,即于二三天中完事的。平时似乎还比我强得多!”

饮食条件不好,沈从文便自嘲吃的文化不高,把别的同事每月吸烟的钱,用到副食补充上,已经显得很丰富了。似乎很乐观,不过,在夸赞伟大领袖率领万千民众不断努力实现了诸多奇迹之后,又道自己“写了首《红卫星上天》长诗,如有机会再另时公开”。随即觉得难以看到这首诗发表,不过“这也没有什么关系,因为时代多伟大,个人实在小得可笑”。应该说这封信是推心置腹的,有迎合政治话语的痕迹,甚至沈从文可能在“文革”期间都养成了这种表达习惯,语言可以伪装思想,也可以在伪装之下表达真实的情感。沈从文对中国发生的巨大变化一向持欢迎态度,对政治运动则感到恐惧不安,他对于时代变化的夸赞是真心欢迎与伪装欢喜各占一半，当然对五七干校这样的奇迹进行夸赞是思想伪装。

1970 年 10 月 17 日致萧乾信中，则写道 10 月 17 日复萧乾的信中变得谨慎了，大概是期间受到家人来信叮嘱“病中不宜和人随便通信，免出麻烦”（之所以这样推测是因为那个时代人人自危。于光远 1955 年被推选为中国科学院哲学社会科学学部委员，在干校背着“三反分子”的罪名，竟还想着征服自然的问题，独自到广袤的荒地考察，结果招来一通呵斥：“谁要你去研究征服什么自然，还是征服你自己吧！”历史学家何干之含冤去世，夫人刘炼依然被视为“审查对象”，好心替人代领二两花生米，引来了一场“二两花生米的阶级斗争”批斗会）。也可能有其他原因。沈从文不仅要求萧乾把 9 月份的信寄还，而且信里的话也多有矛盾。开头说住处逼仄，下放的老弱病一大堆寄居在公社医疗所里，由贫协主任负责，客人来时询问一切，对客人极不方便，所以似乎不宜来观光；后面又说在此丘陵高处独自居住，远山近村景物如画。“解放以来，凡事多得党和人民厚待，一家人过了廿年特别好日子，却作不了多少对人民有益工作，真是有愧余生。疏散到这里后，还是事事得到特别照顾，区中约百多干部，由医院到大厨房，无处无事不得到照顾。关系之好，也是一生少有！”等等。可能是萧乾来信中对他所描述的美妙环境有所羡慕，也可能是他通信频繁受到了贫协主任的注意，一个将近七十岁的病人，不好好休息，每天写东西，在那个环境里容易被看作“乱说乱动”。诸如凡事多得党和人民厚待，“近廿年在社会剧烈变动中，能免大错，已属万幸，哪里还能妄存非分之想，说什么‘壮志雄心’。……一切工作都永远只抱着个学习试验态度，不存什么个人名利野心，因此直到如今，还能好好活下”云云，都是惭老愧病的套话。信的结尾是时代化的祝语：“学习进步，工作积极，态度端正，少出差错。”一望而知属于思想伪装的笔法。如果据此判断沈从文在“文革”中一度思想驯顺，未免牵强。

可以拿郭沫若作比。郭沫若当年一纸檄文斥得若干人困顿数十年，对此，郭沫若并不是没意识到，在黄淳浩编的《郭沫若书信集》（中国社会科学出版社 1992 年版）中，可以看到另外一个郭沫若。1955 年 9 月 12 日，他对陈明远说：“多年以来，我自己不仅没有写出什么象样的诗歌作品，而且几乎把文艺都抛荒了。”1958 年 8 月 28 日写：“曾有人称我为‘社会主义的哥德’，更希望我写出‘二十世纪中国的浮士德’来。这若不是开玩笑，就是一种嘲讽吧。没多大意思……”吊诡的是，他也是在写这封信的同一时间段内写了很多大跃进民歌。聪明如萧乾、郭沫若、沈从文肯定知道那个时候什么可以写，他们的区别是自己写不写，是否写了公开发表。一面真诚忏悔一面驯顺权威，其悲剧色彩更浓。

还有一件事，也是通过萧乾披露的。沈从文 1972 年从咸宁干校回到北京，1973 年萧乾从五七干校请假回京看病，由于文洁若 7 月间正式调回人民文学出版社，萧乾就留在北京翻译《战争风云》，期间去看望沈从文，见他已经处于“东巴”“西巴”两地奔波状态，就想通过在北京市委工作的一位青年朋友，找到历史博物馆的领导，给沈从文一家解决住房上的困难，后来没办成。萧乾很觉过意不去，就把事情经过告诉了张兆和。不想沈从文得知后，极为不高兴，当即给萧乾写了一封措辞严厉的信，指责他多管闲事。某天二人路上偶遇，萧乾还想解释，不想沈从文劈头就是一句：你知不知道我正在申请入党？

看不到沈从文那封措辞严厉的信，也没见那位“青年朋友”后来说些什么，这事暂且悬置。按常理推测，沈从文申请入党是不可能的，中国共产党那时也不会让他加入，他不会有此念头，当年苏联卫星上天时说入党纪念的话不过是个玩笑。萧乾透露的这个信息有点令人费解，因为有充足的事实表明，他回北京后无片瓦可依，只得于房管所每一接待日老早赶到，同许许多多困难户挤在一条长凳上，一屁股一屁股地往前挪，裤子都快在那排椅子上磨破了，才因为房管所副所长曾是文艺青年，萧乾帮着改过稿子发表过，副所长将一处门洞两头堵死，一头安门一头安窗，成为萧乾一家四口的栖身之所。窗下下水道是院中几十口人的尿池，夏天窗户就是连条缝儿都不开，屋里还是臊气烘烘，而且这样的违章建筑还惹得邻居讨厌。此处一住就是六年，1978 年漫画家丁聪还就此事在大庭广众之下为他鸣冤。萧乾自己的住房困难都难以解决，他又如何帮助解决沈从文的问题呢？两个人那时都属于无产阶级人民专政的对象。

就合理的情景分析，萧乾有渠道顺便提及沈从文的住房问题，而他的渠道正是导致沈从文反感的原因。萧乾翻译《战争风云》期间，曾经用数天时间为毛泽东赶译过《拿破仑论》，当时中国虽然与世界相对隔绝，但与苏联基本断绝往来且与美国建交后，中共领导人对西方世界的了解大大加强，很多外语人才都带着帽子投入翻译工作，萧乾也属此类。不过，以他的身份，即使向某头面人物提到，也不会寄多大希望，他告诉张兆和快解决了，应该是善意的安慰。如果萧乾是向历史博物馆领导提起，那的确会导致沈从文的极大反感，因为博物馆历届领导对沈从文印象好的没几个，沈从文对他们印象好的也没有几个。对不赏识自己的人提起窘况，徒遭其辱。

这不是从庸俗心理推测两个已经去世的人，而是严酷的历史决定了这样的可能。他们都是在胆战心惊中度日，可以为别人进善言，也自然会包含自己哪怕卑微的生存企望，沈从文不会想在政治上压萧乾一头，他的真实心理应该是企望安全和安静，而打破安全或安静的最大威胁就是流露根本不属于自己的奢望，这符合沈从文惯于隐忍的性格。

由李辉牵线搭桥，沈从文与萧乾晚年已经到了相逢一笑泯恩怨的地步，只是天不假年。不过，这并不意味着他们在文学观念上的趋同，那种深刻的歧异仍然存在。从 1985 年 9 月 14 日萧乾致巴金信中可以看出来："我觉得倘若 1936 年我不去上海，不与你朝夕聚首，而继续留在北平，同那些教授学者们相处，我会距时代更远，更没出息。随着岁月的增长,我越来越认识这一点。因为我也不是当学者的材料,不像(卞)之琳、林庚,结果,必然是半瓶醋。同你接触后,我初步懂得笔,不论多么拙,应当为谁,为什么使用。我没堕入唯美的坑去,多亏了你。”他仍然把自己的转变归因于和沈从文交往的初期,实际上从1936年到“文革”开始,他的主要创作是新闻通讯和杂文以及外文翻译,中间还穿插了一段时间的政论写作。虽然抗战后的几年里沈从文也写批评文字,却主要是基于文学家立场,萧乾那时已经在很大程度上是个社会活动家了。沈从文一向对跑来跑去的社会活动家敬而远之的。也就是说,他们深刻的歧异还是从抗战后萧乾从英国回来之后。

80年代后期,萧乾给李辉写信时谈文章之道,仍推重沈从文:“构思要周密,文字要推敲。我从沈从文那里学的主要是多搞搞文字,更含蓄些,更俏皮些。文字要跳动,不呆板,在字里行间多下点功夫。逐渐创出自己的风格——但又永不可停留。”他在20世纪30年代致胡适信中也写道:“写文章最好的老师是从文先生,做学问最好的老师是今甫(杨振声)。”他对杨、沈二人的评价差异是各取其长。萧乾对沈从文的最稳定认同,是其文笔运用,他别有自己的精神疆域。相比于巴金,他和沈从文的文学共鸣处要少许多,他带有京派古典忧郁田园风格的小说创作,仅仅是其走向更广阔世界的一个起点,他对此有过眷恋,但是没有折返。沈从文喜欢从“常”与“变”的对比视角看待社会和人生,努力寻找处“常”不“变”的真谛,萧乾则处“变”而常“变”,也就是在这最深刻的一点上,汪曾祺接续了沈从文的文学精神。

1988年5月10日沈从文因心脏病逝世,萧乾得知后很快告知相熟的友人,七月派诗人王辛笛5月15日的日历上记:“萧乾5/12信到,告沈从文5/10晚病逝。”

也就是在5月12日这一天,萧乾写下《没齿难忘——悼沈从文老师》,刊载在15日的台湾《中国时报》上。这也可以见出萧乾作为资深记者的策略机智，当时新华社对沈从文去世消息的报道措辞含糊，萧乾便采取墙外开花墙内香的办法，引动外部视听，以催动内部风向改变。这客观上起到了光复沈从文形象的作用。文中这样一段话因为萧乾夫人文洁若在多篇文章中提到而广为人知："他是我的恩师之一，是最早(1930年)把我引上文艺道路的人。我最初的几篇习作上，都有他修改的笔迹，我进《大公报》，是他和杨振声老师介绍的。在我失业那八个月时间(1937年至1938年)，他同杨老师收容了我。这些都是我没齿难忘的。"对结识沈从文的时间记忆略有不确，对于两人的关系定位再清楚不过：因为是"最早引上文艺道路的人"，所以是文学上的恩师。

随着沈从文身后越来越大的名声，说清自己与沈从文曾经的交往或纠葛成为很多人的选择，萧乾没能与沈从文见上最后一面，许多可以当面说清的东西变得难为外人理解。世纪老人渐次谢幕，历史当事人有澄清世人视听的义务，他最后的澄清方式很特别，生前写好而身后面世，这样处理的策略大概是"说尽心中事，不与世人争"吧。

1999年2月11日，萧乾去世。其遗文在梳理二人一生来往之后，自我总结与沈从文交恶原因主要在两方面，都含有若许春秋笔法：

其一是萧乾在沈从文与丁玲闹翻后，丁玲在多个公开场合，毫不留情地抨击沈从文，但萧乾仍然与丁玲保持密切来往，没有划清界限。对此，萧乾的解释是，他与丁玲有密切的工作关系："1983年6月，丁玲大姐被任命为全国政协文化组组长，我是副组长。我们经常在一起开会，谈工作，相处融洽。"这个理由完全站得住脚，而萧乾的语气大有玄机，"丁玲大姐"的称谓显出情感亲和，况且萧乾明白说这时期与丁玲"相处融洽"。沈从文晚年虽然多病蜗居，却并不闭塞，不仅来访者众多，而且已经养成了解外部动态的习惯，他研究文物的助手、考古专家王予予在接受采访时说，沈从文对萧乾很生气，告诉家人不许萧乾参加身后事，甚至写了一封措辞激烈的信责骂萧乾。看来在沈从文与丁玲之间,萧乾还是倾向于丁玲的,他和沈从文已多年淡漠,与复归位置的丁玲言谈欢愉,其间此时情感偏重也很正常。

其次就是萧乾透露的 1957 年沈从文揭发他那件事,前面已经分析过。

关于杨起为出版《杨振声文集》索序沈从文一事,与萧乾有关。最初,杨起找萧乾作序,而萧乾认为沈从文更合适,因为沈从文与杨振声相识久且承惠多。沈从文的序言写好之后,杨起很不满意,觉得文字简单而且缺乏作者对杨振声的感情倾向,萧乾读后也不满意,就写下《他是不应该被遗忘的——怀念杨振声师》,这篇文章是执弟子礼的语气,对杨振声评价很高。如果从这次序文写作事件评价沈从文对杨振声感情淡漠,未免过于苛责。沈从文 80 年代后接受采访的谈话很多,却不再创作,或许还有对文字招祸的某些顾虑,而身体情况不佳是根本原因。从沈从文作序的题目可知他是客观介绍的,因为没有精力再去通读《杨振声文集》,只能根据记忆述说,他写下的七百多字对杨振声在现代文化史上的特殊贡献无一遗漏。杨起和萧乾所不满意者,大概是私人情感不够强烈吧。

20 世纪 80 年代后无论是沈从文还是萧乾都对前 30 年间受的不公正待遇屡有怨怼,不过方式不同,沈从文都是在访谈和书信中流露,没有公开发表过相关文章,萧乾在将近 20 年的时间里写下很多文章回忆和评价那段历史,从知识分子良知的角度看,萧乾为后人留下了丰富的精神资源,如果视之为个人行为,则体现了他在政治环境宽松的时候能够焕发出自由主义者光彩,而在强权威压之下会主动放弃自由主义观念,是青年和晚年的自由主义者和中年时期随波逐流的弃绝自由主义者。沈从文也曾经在政治权威笼罩一切时动摇彷徨过,唯其处于风暴的边缘,才得以更多保持了自由主义知识分子精神立场的一贯性。从人类思想史的角度来看,自由主义精神永远和中心权威隐隐对峙,越处边缘越利于保持精神上的自由主义,处于权

萧乾晚年照片

威话语笼罩之内的自由主义表达如果能够长期存在,要么那种表达是尚可容许的姿态,要么那种话语是非权威的。

晚年萧乾在《我这两辈子》中写有这样一段话:“我有时候用‘利害’和‘是非’把人分成三类。甲类是只问是非,不顾利害的。他们是头上有光环的圣者,像伏契克和刘胡兰,像遇罗克和张志新,都是这样的圣者。他们肯为真理、为祖国而掷头颅。对他们,我可望而不可及。另一种是只管利害不问是非的,这当然是人中的败类。这种人谁得势紧跟谁,怎么吃香怎么来。在阶级斗争中,跳得最欢的是这种人。可遇上形势骤变,上午是猫下午就缩成老鼠的也是他们。大多数人都是在利害与是非之间踩着钢丝,可是在那非友即敌的日子里,钢丝踩起来可不易。”

虽然没有明说,当时完全可以明白萧乾这段文字中的第一类人“圣者”不包括沈从文,“人中的败类”也不包括沈从文,或者直接地说,萧乾认为沈从文和他一样都是那种“在利害与是非之间踩着钢丝”的大多数。因为“圣者”的例子都已经以命相殉,他还期待与沈从文和解。萧乾没有给自己涂脂抹粉,也没有像隔代的读者那样仰望或者鄙视沈从文。既有对利害临头的后怕与苦笑,又有对是非难以明确坚持的无奈和苦涩,今天的人读起来都难免有些隔,沈从文他们那代人的体会应该丰富得多。萧乾因为重视利害而会压抑自己的是非之心,从他在 1949 年之后的转变可以看得出来,甚至不妨以他在“文革”之后发表诸多反思“文革”与自我人生的文章为参照,梳理他多次视昨日之是为今日之非的轨迹,这与其说是一种知识分子的勇气,不如说他的人生是在不断反思自我中走向清醒和自知。

李辉说萧乾是《大公报》记者群中“最少悲剧色彩的一个人”,那么他始终是“最少”还是最终走到了“最少”的高度,才真正令人深沉思之。沈从文更重是非而轻利害,当然他也没有纯粹到为是非而超越利害的地步,在政治上的“大是大非”陡起旋落时,他的沉默保证了自己作为人的“是”,虽然没有得到什么“利”,却也规避了不少“害”。他们都有无奈和不甘,缘于他们的某种“不敢”。在阴云驱散之后吐露的“不甘”,恰反映了他们曾经的“不敢”。他们的确是正常的“人”,也没有要求人们视之为“圣者”。他们在耄耋之年发言时多称自己“平凡”“普通”,其实不是谦虚,而是彻悟人生后的自我定位。

“他的小说写得比我好”

——沈从文与汪曾祺

汪曾祺的小说点亮了20世纪80年代中国文坛，人们从这个60岁才“暴得大名”的作家身上发现了沈从文的某些痕迹，然后从汪曾祺一系列评说沈从文作品和回忆西南联大生活的文章感受到他们之间那种浓厚的情谊。无论是从京派文学传统的承续还是从一直与文坛主流话语并行对话的轨迹来看，他们之间都可以衍生无数的话题；就理解作家最好的方式是阅读其作品来看，最重要的事情是捧读，展开轶事可能会越扯越远。好在沈从文与汪曾祺之间诸多轶事都是关于文学的，本文尚有写下去的必要。

要真正理解这两个人的交往，必须从精神共鸣的角度去品味他们之间发生的那些轶事。有关他们的两个问题始终没有得到细致梳理：其一，汪曾祺对沈从文的认同众所周知，沈从文对汪曾祺的认同是如何发生的？如果不探究这一点，我们所能够知道的仅仅是交往的过程与结果，却遮蔽了交往的起因。这个问题隐含的是沈从文到底认同汪曾祺的什么特质，再朝深了探寻，那就是令他们共鸣一生的文学特质究竟是什么。其二，沈从文远离小说创作和汪曾祺从小说转到戏曲再转回小说的创作历程，构成了时间上的有无接续和映照态势，对他们二人来说这是一种怎样的微妙关联？

先看汪曾祺与沈从文如何初识。在1937年12月13日南京陷落之前，沪宁沿线渐次沦陷，正在江阴南菁中学读书的汪曾祺退避江北，在淮安、盐城、高邮三地辗转，直到1939年勉强读完中学，期间除了一些教科书之外，身边另外带了两本书，一本屠格涅夫的《猎人日记》和一本盗版的《从文小说习作选》。能够始终记得这两本书，说明屠格涅夫和沈从文对汪曾祺的影响从青年时期延续到了晚年。他准备报考大学，而中国的大学都已经迁往西南或西北各省，他写作画画都很优秀但数学成绩一直不佳，考大学只能选文科；有深厚的国文功底，又熟读小说，奔西南联大中文系而去也是很自然的选择。1939年夏，他从上海经香港、越南到昆明，以第一志愿考入西南联大中国文学系。如果说汪曾祺当初就是奔着沈从文去的，肯定是夸大之辞。汪曾祺上路赶考的时候沈从文刚被聘进联大，而且是在师范学院，汪曾祺没有未卜先知的能耐，他甚至可能不知道沈从文是否在昆明，只有在到达昆明报考的时候才能打听到。汪曾祺在《自报家门》中写得比较实在："不能说我在投考志愿书上填了西南联大中国文学系是冲着沈从文去的，我当时有点恍恍惚惚，缺乏任何强烈的意志，但是，'沈从文'是对我很有吸引力的，我在填表前是想到的。"

沈从文在西南联大开设三门课"各体文习作"、"创作实习"、"中国小说史"来针对二年级学生，因此，汪曾祺是在大二时才比较全面地接触沈从文。应该是沈从文非科班训练的教学方式比较适合汪曾祺这样洒脱不羁的听课者，他往往让学生在没有命题的情况下"自由写"。——汪曾祺对于朱自清和闻一多的课都是能逃则逃，那么对于沈从文的课大感兴趣，说明这种"自由"包含了想写什么就写什么和不想写则可以不写两种情况。

汪曾祺受到沈从文的重视，不能只肤浅理解为沈从文爱才，关键要看汪曾祺在最初拿出的作品中展露了什么"才"，以至于沈从文眼前一亮，乃至后来称"他的小说写得比我好"。直到新中国成立，汪曾祺还没有堪比《边城》的作品，那么沈从文所看重的，只能是汪曾祺初期小说中足以引起沈从文共鸣甚至让他意外的东西。汪曾祺最初拿出的是《灯下》，后来修改定题为《异秉》发表于1948年。1980

年5月20日再次改写这篇“一九四八年旧稿”投递《雨花》杂志，同日写成《沈从文和他的〈边城〉》——这也是他直到去世推出的18篇与沈从文相关文章的开端。这一系列特殊的时间节点既体现了沈从文认识汪曾祺文学才华的缘起，又显示了汪曾祺复出文坛后梳理沈从文对自己的影响以重新出发的特殊起点。反过来说，当初他在《异秉》初稿中流露的东西引起了沈从文的深刻共鸣，才有后来愈加醇厚的师生因缘。

只要是关于沈从文或者汪曾祺的选本，往往涉及《边城》和《异秉》，大众接受面广泛，正好拿来比较。《边城》写的是较大空间内三五人的故事，两代人互相隐喻；《异秉》写的是狭小空间内三五人的故事，每一个人都是另外人物的生存隐喻。两篇作品最相通的，应该是对命运的争取、无奈和反复窥望。翠翠走不出祖父的渡船和母亲的悲剧阴影，却必须抱着未来可以圆满的期待，在摆渡他人往返的行动中形成自我生命的循环，一面咂摸已经残缺的过去，一面既积极又消极地想着明天。陈相公和陶先生境遇艰难，却窥不透命运的门径，小店中人的谈天也是周而复始的，对命运的窥望也就成为周而复始的潜在企图。从人物身份来说，都和宏大主题或者时代激情缺乏关联，即使成功人士如王二，也不过是个卖卤菜的，陈、陶二位渴望的不过是不挨打能养家或者保住饭碗不被辞退，两篇作品都显示出作者对底层卑微者的深切理解和对其生命愿望的充分尊重，温暖感伤的情感基调是相同的。汪曾祺的早期作品都包含了这种品味幽微人性和叙述温厚情感的特质，这应该是沈从文大力推介他的根本原因，所谓“嘤其鸣矣，求其友声”。至于汪曾祺在联大时期参加文学社团比较活跃，倒不会是主要原因。

人与人的初识多出于偶然，维系交往才使得很多事情成为必然。汪曾祺如果在西南联大没有遇到沈从文，即使成为小说家，也很可能不是今天这个样子。也就是基于这一点，沈从文对汪曾祺的赏识和提携使后者的路向逐渐明确。和郁达夫、徐志摩初见沈从文的传奇色彩不同,沈从文与汪曾祺都不记得他们的最初见面,而往往忆及他们的早期交往,这种相对含糊的交往起点说明彼此是逐渐吸引的,大概也正是这种逐渐确立的共鸣,使他们的情谊久而弥笃,心心相印。1941 年 2 月 3 日,沈从文给施蛰存信中写道:“新作家联大方面出了不少,很有几个好的。有个汪曾祺,将来必有大成就。”

青年汪曾祺照片

汪曾祺的大学生涯本应于 1943 年结束,但因体育、英语成绩不佳而延宕一年。次年,虽两科补考过关,但当局要求这一年的大学毕业生须任“美军翻译官”以支持中国远征军的对日反攻,否则作开除学籍论处。汪曾祺没有到任,故没有取得大学文凭,这种情况即使没有朱自清和罗常培的不满因素也不可能留校任助教的。宗璞获得茅盾文学奖的长篇小说《野葫芦引》中那个自称有很多创作计划而不愿从军的蒋姓学生,大概就是以汪曾祺为原型的,在这部获得茅盾文学奖的作品中,“蒋姓学生”是个不大光彩的形象。肄业的汪曾祺只好先在昆明北郊联大同学自办的“中国建设中学”执教两年,在此认识了后来结俪的联大外语系女生施松卿,创作开始旺盛。1946 年 7 月到达上海,先是在同学朱德熙母亲家里闲住,因没有大学毕业证书而工作无着非常苦闷,在给沈从文信中多有颓废之辞,沈从文非常着急,复信训诫:“为了一时的困难,就这样哭哭啼啼的,甚至想到要自杀,真是没出息! 你手中有一支笔,怕什么!”信中还用他自己刚到北京时的情形鼓励汪曾祺。另外叫张兆和从苏州写一封长信安慰汪曾祺,又托李健吾介绍他到民办“致远中学”任中文教师。沈从文不仅是识才的伯乐，更是热心的师长。汪曾祺不负所望，在昆明和上海期间虽然常发牢骚，笔下却是不慢，作品频频揭载于战后上海的文学期刊，也出版了自己的小说集。更重要的是，此时结识了黄永玉和黄裳，“三剑客”之名由此而得，小说与散文、绘画与木刻、文史与藏书，三剑客各有所擅，互相增益。也正是通过汪曾祺，沈从文才知道了表侄黄永玉的近况，激动之余写下万多字散文《一个传奇的本事》。

检阅汪曾祺这两年的作品发表地，基本上都在《文学杂志》《大公报》《益世报》，也就是说，汪曾祺这段时间的作品大都是在沈从文参与编辑的刊物上面世的。1947 年他们既南北辉映又因个性彰显而歧异渐生，沈从文这一年忙于编辑刊物和发表对于文学界的意见，不少杂文持论中立而令左翼文化阵营不满。巴金、李健吾都察觉到某种对沈从文不利的苗头，忧虑感染了汪曾祺，他两次给沈从文写信，大意是劝他不要再写那些引人争议的杂文。沈家在沈从文去世后把信交还汪曾祺，但未收入《汪曾祺全集》。看来，年轻的汪曾祺比已届中年的沈从文在政治上还要疏远些，他不愿从军也侧面反映了这种生存态度。汪曾祺这时候对小说充满了热情，创作同时努力探讨短篇小说理论，仅 1947 年 5 月就有两篇论文发表，从题目即可以看出他 80 年代表达的一些想法此时已经基本成熟。6 日《短篇小说的本质——在解鞋带和刷牙的时候之四》，30 日《短篇小说的本质》，均见载天津《益世报》。沈从文回到北平后多次向人谈起《十城记》创作计划，却始终没有动笔。就实际情况来看，沈从文的小说创作旺盛期在 1944 年之前，散文逐渐成为他的主要书写方式，当然可以理解为这是他在积蓄生活和思想，未始不可以理解为沈从文的小说创作已到了很难突破的高原期，而汪曾祺无论在文体创作还是理论思考方面才刚刚进入井喷阶段。沈从文大概看到了彼此的差异，所以才在新中国成立后长期对汪曾祺抱有期待。这不是凭空揣测，1947 年 7 月间汪曾祺向沈从文报告黄永玉消息的信中这样写道：

“您这个作表叔的，即使真写不出文章了，扶植这么一个外甥也就算很大的功业了。”看来沈从文曾向汪曾祺吐露过“写不出文章”的苦闷，不然的话汪曾祺这样写就太冒昧了。

沈从文不仅了解汪曾祺的文学才华，也了解他的艺术修养，希望帮助他找到宜于双修并进的工作。1947 年 2 月致信曾经徒步考察西南地区民族艺术的李霖灿、李晨岚，希望通过他们或者考古学家李济为汪曾祺解决问题：“济之先生（李济）不知还在上海没有。我有个朋友汪曾祺，书读得很好，会画，能写好文章，在联大国文系读过四年书。现在上海教书不遂意。若你们能为想法在博物馆找一工作极好。他能在这方面作整理工作，因对画有兴趣。如看看济之先生处可想法，我再写个信给济之先生。”李济与徐志摩是美国克拉克大学同窗好友，与梁思成、梁思永兄弟在抗战中四川李庄精研历史考古，与胡适共创民盟北平分会。沈从文从在北平编教科书时就认识李济，为了帮助汪曾祺而称其“我的朋友”，推重之意宛然可见，其中隐含着受徐志摩、胡适提携转而帮助青年才俊的精神谱系。

1948 年是沈从文与汪曾祺交往的特殊年份，他们的人生态度和处世方式显出了明显差异。汪曾祺三月间到北京，与已在北大外语系任助教的施松卿会合。虽战争尚远，然找工作不易，5 月才在北京历史博物馆找到工作——这个博物馆将成为他们二人命运交替的奇特连接点，到次年春离开北京期间与沈从文来往较多，基本见证了沈从文从心境平和到精神崩溃的过程。沈从文有一些绝望的文字，应该是与汪曾祺晤谈之后写下的：“金隄、曾祺、王逊都完全如女性，不能商量大事，要他设法也不肯。一点不明白我是分分明明检讨一切的结论。我没有前提，只是希望有个不太难堪的结尾。没有人肯明白，都支吾过去。完全在孤立中。孤立而绝望，我本不具有生存的幻望。”金隄 1945 年毕业于昆明西南联合大学外文系，当时在北大读研究生兼任助教，后来成为翻译家；王逊当时是清华大学美术教授，与梁思成夫妇关系密切。沈从文找这几个信得过的人商量“大事”，就是希望在新政权下结尾“不太难堪”，汪曾祺等人无法提供令他满意的建议，故有此激烈表述。从上述索引文字的断句方式，不难发现沈从文此时的精神状况真的趋于崩溃。1988 年汪曾祺《沈从文转业之谜》中也提到沈从文当年“精神失常”时有“呓语狂言”，看来对当时沈从文情绪激动的情景印象深刻。时过境迁，他的回顾非常婉转：“沈先生在精神濒临崩溃的时候，脑子却又异常清楚，所说的一些话常有很大的预见性。四十年前说的话，今天看起来还是很准确。”这已是对师生共同命运的感慨了。沈从文在精神混乱状态下的表述，反映出生存的恐惧和焦虑，却不足以说明汪曾祺的人格有什么问题。鼎革之际玄黄未定，他们的任何抉择都不能不首先考虑生存问题，杨振声、梁思成等人也要试探新政权的态度，遑论尚且籍籍无名的汪曾祺？从后来二人长期的友好往来可知，那几句话都被遗忘了。

与张兆和去华北大学的动机差不多，汪曾祺在北京和平解放后就和金隄报名参加“四野”南下工作团，打算随军到广州，有为下一阶段写作积累素材的打算，更主要企图恐怕是适应新时代，解放大军在北中国大地上的风卷残云已经昭示了江山走势。到武汉就被留下参与接管文教单位，1950 年 7 月回到北京市文联主办的《北京文艺》（后改名《说说唱唱》）当编辑，他的师弟金隄已经回到北京中央军委机关任编译。沈从文一度觉得老舍没有重视汪曾祺的才华，可能是信息相对匮乏的原因，也可能出于心理代偿，自己不能顺利写作就寄望于心爱的学生。他是纯粹从文学创作的角度思考问题，而低估了政治环境的波诡云谲。其实老舍是非常赏识汪曾祺的，汪曾祺对老舍的印象一直都不错。据林斤澜和其他人回忆，老舍曾经说“怕”北京文学圈的两个年轻人，其中之一就是汪曾祺（一种说法是汪曾祺和林斤澜，一种说法是汪曾祺和端木蕻良）。汪曾祺 1986 年为纪念老舍而作的《八月骄阳》借太平湖看门老人张百顺之口说：“合着这位老舍他净写卖力气的、要手艺的、做小买卖的苦哈哈、命穷人？——那他是个好人！”汪曾祺在老舍手下工作至 1954 年秋即调到中国民间文艺研究会《民间文学》任编辑。

从汪曾祺为黄永玉 1951 年 1 月 6 日香港画展所写的文章可以知道,汪曾祺在 20 世纪 50 年代和沈从文一家来往比较多,而且关系非常融洽。《寄到永玉的展览会上》写于 1950 年 12 月 4 日北京而见载于次年 1 月 7 日香港《大公报》副刊,对于黄永玉其人其画的评价暂且略过,看与沈从文相关的文字:“听说今年春夏间他(指黄永玉)在北京的时候,还在沈家说了许多我们从前在上海时的琐事,还向小龙小虎背诵过我在上海所写而没有在那里发表过的文章里的一些句子……小龙小虎后来还不时的忽然提起来,两个人大笑不止。”

汪曾祺这期间与沈从文见面是否谈及文学创作不得而知,估计不多。一方面的原因大概是怕刺激到沈从文,另一方面则因为他虽然编辑文学刊物却未能畅怀创作。黄裳和黄永玉的通信侧面印证了这种状态。黄永玉 1954 年 6 月 12 日给黄裳信:“曾祺常见面,编他的《说说唱唱》,很得喝彩。”他们“常见面”的地点除了编辑部,应该还有沈家。6 月 26 日再致黄裳信:“曾祺有点相忘于江湖的意思,另一方面,工作得实在好,地道的干部姿态,因为时间少,工作忙,也想写东西,甚至写过半篇关于读齐老画的文章,没有想象力,没有‘曾祺’,他自己不满意,我看了也不满意,也就完了。”自己都不满意的东西,怎么会向沈从文提起?非文学的时代谈文学容易遭忌且徒增烦恼,从后来汪曾祺代笔样板戏的实践来看,他只是隐藏了文学梦,在不能尽其材而用的时代韬光养晦,是他和沈从文共同的策略。从另外的资料看,汪曾祺应对时局的能力强过沈从文,新中国成立后老家高邮的大批财产被没收或改造,老父弱妹栖身陋室,他多次在信中提醒和教育家中人一定要正确接受社会主义改造,不应当也不可以有丝毫抵触情绪。

汪曾祺和沈从文的身份不同,好歹他是曾经参加革命队伍的,他在黄永玉眼中的“干部姿态”是不自觉的流露;不过,一旦遇到政治甄别,他就容易被看作“混进革命队伍的”,然后被剔出革命队伍。

邓友梅在汪曾祺去世后写道:“曾祺虽已出过小说集,是沈从文先生的入室弟子,但这没给他戴上光环,倒还挂点阴影,被认为曾是另一条道上跑的车。”他与汪曾祺、林斤澜感情密切,好心的同志还提醒:“交朋友要慎重,不要受小资产阶级意识的影响!”1957 年汪曾祺在鸣放小字报《惶惑》中写有这样的句子:“我爱我的国家,并且也爱党,否则我就会坐到树下去抽烟,去看天上的云……我愿意是个疯子,可以不感觉自己的痛苦。”和沈从文 1949 年 5 月 31 日夜间写下的文字有惊人的相似,感觉到世界颠来倒去的荒诞,却因为这种看透荒诞的清醒而痛苦。沈从文在新中国成立后很少公开发表文字,即使见刊也都中规中矩,在别人看来,危险的思想苗头都被掐灭了,因此只是被冷落在角落里而冲击不大。汪曾祺这番话是诚恳的,诚恳便是有个性,有个性便有危险,怎么可能被“冷落”?应验就在 1958 年夏。单位右派指标未划满,计划经济时代一切指标规定得很死,右派帽子的指标既属上级下达的任务,必须无条件完成,于是“补”给了汪曾祺一顶帽子,下放张家口沙岭子农科所劳动。这种情形非常类似于封建王朝时代,有罪臣子如果缄口不言,尚可在天子脚下戴罪办差,如果恣意妄言,不论语出至诚还是力表忠诚,都会触犯天颜贬往外地,视其悔过情况再作判词。按照无产阶级人性论的观点,犯了错误允许改正向人民靠拢,改得太快了领导反而有些不适应。1959 年底,农科所给汪曾祺等一行从北京来的人做鉴定,参加的有工人组长和部分干部。工人组长一致认为:老汪干活不藏奸,和群众关系好,“人性”不错,可以摘掉右派帽子。坝上沽源隐约有些边城茶峒的风尚。所里领导考虑,才下来一年,太快了,再等一年吧。人民群众的眼睛是雪亮的,领导的考虑是符合政策的。不过,工人组长依据的是无产阶级人性论,就在作政治鉴定的前夕,汪曾祺父亲去世,他为了政治过关,连请假奔丧都没敢提。

1960 年初秋汪曾祺身份变为摘帽右派,农科所的鉴定意见值得录以存照:“有决心放弃反动立场,自觉向人民低头认罪,思想上基本解决问题,表现心服口服。”江青后来强调对汪曾祺“控制使用”,与这个判词相呼应。北京原单位没有回收之意,虽然据林斤澜说老舍等都曾关心过汪曾棋的工作调动,但均无果。汪曾祺在等待组织安排期间给北京友人写了不少信,联络旧谊或咨询工作接收单位,为了给上小学的儿子汪朗写信还自学拼音字母,向沈从文报告这个消息是自然的。1961 年 1 月 15 日给沈从文信中,说自己已经基本适应了环境,身体健康,能担起百多斤洋山芋,如果不能很快回到文化工作方面,就只有在新环境中滚几年。这只是他们师生二人黑色幽默文字中的一例。

沈从文回信写了两稿,从 1 月 21 日医院中开始,回到家抄写后才于 2 月 2 日发出。看来颇费斟酌,也侧面说明沈从文对此时汪曾祺处境和心情的理解。用“天将降大任于斯人”的话鼓励他,希望他能够热忱地、素朴地去生活中接受一切,使生命真正充实坚强起来。沈从文说起自己的“过来人”经验语重心长:“我的生命就是在一种普通人不易设想的逆境中生长的。特别是在旧社会,被生活所迫,到一些毫不相熟,人和人也彼此缺少理解、缺少友谊,脾气全不一样,有很多时候甚至于是被人极端轻视忽视困难环境中去接受一切。但是,不管是勇敢还是懦怯,终于接受了它。到后来,这生活教育,也就变成自己生命的营养一部分,而且越来越丰富。如写作,照托尔斯泰、高尔基去理解人,不仅明白人有多种多样,要表现他也不太困难了。不写作,对‘人’既懂得多些,自己也必然活得硬扎得多! 所以你如能有机会到新的人群中去滚个几年,倒真是不容易得到的好机会,没有别的话好说,接受下来吧。高高兴兴的接受吧。我赞同你!”只要汪曾祺愿意写,至少还有他们夫妇加上黄永玉三个读者,“三人为众,也应当算是有了群众!”

沈从文与汪曾祺两个人在对小说艺术的理解方面心有灵犀,其文字往来自然言约而意丰。汪曾祺听说沈家多了一口人,以为龙朱结婚了,沈从文解释说是家里的龙虎之外,添了个小凤,即三弟沈荃的女儿。沈荃是黄埔四期学员,抗战中奋不顾身抵御外侮,后与程潜一起宣布起义,1951 年被冤杀,女儿辗转于各亲戚家,最后被沈从文接到北京,作女儿养。在信中,沈从文夸赞侄女出落得如水葱一般,能歌善舞,性格也极好。以汪曾祺对沈从文的了解,此时的欢快之辞必然掩抑着哀伤,属于《湘行散记》和《边城》中屡屡出现过的乐景写哀手法。所谓三人成群众,即无可奈何中有意作成的幽默,就像沈从文一向的处世方式,对于外来干扰、人事得失一律用微笑招架抵挡,要证实自己生命存在的意义只有投入学习和工作。

20 世纪 60 年代初沈从文曾经有机会重新写作,因此这次给汪曾祺信中说准备以契诃夫为竞赛对象,写个十来本,比那些很有市场的神仙公主古怪离奇故事要好得多。其实他这时已感心力不足,因为他善于写旧时代,对新社会的读者趣味总是觉得有点隔,所以他对汪曾祺提出希望,希望中又隐隐感到悲凉:“可是你还年青,能在世界上多活廿年,我总多少有点迷信,以为国家十分大,过些日子或许还是要有更多的人用各种不同方法、不同艺术风格来写新的人事,来写‘短篇’或‘特写’,即‘通讯’到另一时也会要变一变,写的十分活泼有生气!你应当在任何情形下永远不失去工作信心。你懂得如何用笔写人写事。你不仅是有这种才能,而且有这种理解。(这才能是现在许多大学里教习作恰恰极端缺少的。其所以缺少,是因为他们主任也缺少)。”括号中的话固然是针对当时所发,今天不少人读来也还应该有些汗颜的吧。沈从文看重汪曾祺的,不仅是才能,还有理解,在许多问题上,理解比才能更重要,这对有独特艺术心灵的师生,大概是一个多世纪来文学界互相理解最深的。

沈从文虽然不想依附别人,却希望借助有限的力量帮助落难的学生。张兆和有个侄女在宣化钢铁厂那边负责宣传,侄女婿是市委书记兼钢铁厂第一书记,虽然有人去写厂史却没成功。他建议汪曾祺,如果有兴趣的话,不妨向组织上提出到宣化龙烟公司去工作,或者到内蒙古大学教散文写作。

沈从文与汪曾祺合影

这不仅仅是安慰落难的汪曾祺，也是沈从文在文坛之外清醒思考的结果。他虽然早就搁笔，对文坛却不隔膜，就在这次住院期间细读了屠格涅夫和托尔斯泰的小说，有如下心得：“难的不是无可写之人，无可写的事，难的是如何得到一种较从容自由的心情……如能得到较从容工作环境，一定还可以写得出几个有分量东西的。”对于山西作家学赵树理、湖南作家学周立波的现象他感到可笑，对于汪曾祺的文学才华始终坚信不疑。一提到“写作机会”或者“写作环境”，沈从文总是痛彻心扉又不无期待。

汪曾祺在张家口等待一年之后无人问津，只得给时任北京京剧团艺术室主任的联大老同学杨毓珉写信求援，终于1962年1月调回北京，不久在《人民文学》1962年第6期发表了《羊舍一夕》，继而出版小说集《羊舍的夜晚》。这一方面是汪曾祺不甘自弃且有老师鼓励，另一方面则得益于文学界暂时迎来的小阳春。不过，张兆和、沈从文都为汪曾祺有了短暂的“出头之机”感到高兴。

汪曾祺却迟迟无法实现沈从文的愿望,他赶上了样板戏的潮流,陪江青看过戏,作为代表登上过天安门,名字上过人民日报,风光在表面,“控制使用”的咒语如影随形。据杨毓珉回忆,当他在饭桌上把江青的四字批语告诉汪曾祺之后,“他老兄在饭桌上汗如雨下,不说话,脸都白了。当时不是夏天,他出了这么多汗,自己后来解释说,‘反右时挨整得了毛病,一紧张就出汗,生理上有反应’”。这不算丑事,当时担任北京京剧团党委书记的薛恩厚也有此状,江青稍发脾气,薛就汗出如浆,辗转反侧。1965 年 5 月,江青在上海的一句话让薛恩厚流了不知多少汗:“老薛,怕什么! 回家种地也是革命。”汪曾祺明白自己只是个暂可使用的代笔者,连老朋友黄永玉想给孩子弄张戏票都不敢答应以至于彼此心中鲠下永远难解的结,履冰之心长在,文学之梦只能长埋。

沈从文始终为汪曾祺抱不平,有些“跛者不忘履”的劲头。他在 1962 年 10 月 15 日致上海师范学院(今上海师大)历史系教授程鎏金信中极称汪曾祺:“若世界真还公平,他的文章应当说比几个大师都还认真而有深度,有思想也有文才!‘大器晚成’,古人早已言之。最可爱还是态度,‘宠辱不惊’!”相比之下,汪曾祺的联大同学朱德熙早已是北大“老教授”,李荣作了科学院“老研究员”,学术地位均已稳定确立。这不能不令沈从文伤感:“我总觉得对他应抱歉,因为起始是我赞成他写文章。”沈从文另外觉得抱歉的是反右时可能说过几句比如“落后非落后”之类不得体的话,影响了汪曾祺,自责之辞足见关爱之情。1965 年 11 月与程鎏金信:“我可惜年老了,也无学校可去,不然,若教作文,教写短篇小说,也许还会再教出几个汪曾祺的。”沈从文实在是天真,一个汪曾祺尚且被控制使用,在那种情况下就算多教出几个汪曾祺又有何用,最多是再产出几部《沙家浜》罢了。“乐莫乐兮长相知”诗句在这种历史语境中读来别有一份苍凉。

沈从文关心汪曾祺出于浓厚的私人情感,也含有对中国文学人才凋零的忧虑,所以才在上述给程鎏金的信中表达对当时中国大学写作教学的不满。对于越来越甚嚣尘上的"三突出"、"三结合"、"三过硬"口号,沈从文感慨不已,他在 1967 年 5 月 11 日年给虎雏夫妇信中悲叹整个中国"旧有的作家几乎在扫荡情形全垮下了",新生力量呼之不出,林彪提倡军中文艺创作班子"三过硬",所谓"技术过硬"一条,沈从文觉得说来简单,其实不然,语言功底岂是根红苗正就能解决的问题?"正如搞《沙家浜》,能如汪叔叔笔下精彩,哪里是从二三年中训练班可以解决?哪里是一般训练方法即可解决?"5 月 15 日给虎雏夫妇信中通报文学界消息时再次强调汪曾祺的价值:《保卫延安》《红日》《林海雪原》《红旗谱》《青春之歌》《三家巷》《暴风骤雨》多已被否定成毒草,都不上市,也不出借,翻译书也不卖,《红岩》听说要改,"《沙家浜》和《红岩》(戏曲改名《山城旭日》)原来均由汪叔叔执笔,经江青改,到目前已肯定是革命新样板戏,成功的戏,虽然报上不见汪叔叔名字,事实上他出的心力最多,我似乎也或多或少分有了一点光荣"。

汪曾祺多次说:"我好像命中注定要当沈从文先生的学生。"即使在"文革"中困厄颠簸,沈从文也没有忘记这个学生。即使下放到湖北咸宁,他还在关注汪曾祺,而且在中国政治文化走势情况下揣想汪曾祺的未来。1970 年 7 月 24 日给张兆和信中,提到许多教师基本作文还不及格,教学生写作的水平和效果可想而知。说到著名演员张君秋可以做人大代表,因为他的戏曲基本功好,能教青衣各种唱腔,却没有听说有什么教基本写作而做代表的。"即曾祺也无名,可知二三年内还不会有这个需要。"真是爱之深而痛之切了。沈从文从湖北干校回京后,向人写信都免不了提到因为样板戏而出名的汪曾祺,不是分享学生写作成功的快乐,而是委婉讲述汪曾祺的有才难用。比如给巴金妻子的最后一封信中:"曾祺在这里成了名人,头发也开始花白了,上次来已初步见出发福的首长样子,我已不易认识。后来看到腰边帆布挎包,才觉悟不是'首长'。"1972 年 6 月致张宗和信："改写《沙家浜》的汪曾祺，你可能还记得住他。在这里已算得是一把手。可没有人明白，这只比较得用的手，原来是从如何情况下发展出来的！很少人懂得他的笔是由于会叙事而取得进展的。"

"文革"后的乍暖还寒，沈从文和汪曾祺都感受深刻而各有滋味。汪曾祺的原因当然就在江青一手抓起的样板戏。当时的文化部部长黄镇认为文艺界清查不彻底，高压锅做了夹生饭，属于火候不够，要采取非常手段。汪曾祺在京剧团被当众宣布重点审查。据汪朗回忆："当时上面认为江青还有第二套应变班子，老头成了怀疑对象。老头天真，别人觉得他日子过得风光，他觉得受苦受累大了，别人对他的认识与他的自我认识有很大反差。把他挂起来，他接受不了，跳得挺厉害，在家里发脾气，喝酒，骂人，要把手指剁下来证明自己清白无辜。天天晚上乱涂乱抹，画八大山人的老鹰、怪鸟、题上字，'八大山人无此霸悍。'"有火只能家里发作，到单位还是老老实实交代"问题"，交代与江青、于会泳等曾经的风云人物的"关系"。

沈从文的原因既简单又复杂，除若干旧友之外文坛早已忘却他。荒芜 1979 年准备在《文汇报》发表诗歌《赠沈从文同志》，沈从文知道后马上写信给他说："弟以为不发表好些，……年来在国内外得来的赞许，实已超过应得的甚多。懔于孔子所谓'血气既衰，戒之在得'的名训，一切赞许不免转成一种不祥的负担……世事倏忽多变，持静守常，在人事风风雨雨中，或可少些麻烦。……若尚存任何不符现实的奢望，恐随之而来的将是意外灾星，实在招架不住。"结尾一句是大实话，也是他最真实的心态。

汪曾祺已经忍耐了 30 年，他已经摔打得很皮实，也深知沈从文的"耐烦"之道，所以反复修改旧作，既是等待也是淬炼语言和记忆。作于 1947 年的短篇小说《职业》，在 1980 年、1981 年和 1982 年被重写三次，最后以同题发表。已经在 1947 年刊于《大公报》的散文《蔡德惠》，1984 年改写为小说《日规》。如果仅仅把这种改写行为看作艺术上的精益求精，就未免太小看经历过"文革"的汪曾祺了，从看虎雏设计图纸到看虎雏女儿沈红写作业的诸多生活事件中，他单拎出沈从文告诫的“耐烦”一词，除了认真细心之外，应该还有忍耐的意思在内。

沈从文面对外部评价一直很谨慎，尤其受到丁玲批评之后，这肯定会影响到汪曾祺对文学界风向的试探。“文革”后他们来往较多，关于文学的话题应当不少，可惜的是没有具体资料留下来，诚为研究沈从文与汪曾祺的双重损失。可以肯定的是，沈从文对汪曾祺的复出文坛持赞同态度，他固有的影响和汪曾祺文学创作的过往都对汪曾祺复出既有积极影响，又难免产生消极因素，这导致汪曾祺重新创作之初在文学圈内既受欢迎又受排斥。1980 年《异秉》的发表过程一波三折，开始由林斤澜交给刚接任《雨花》主编的叶至诚、高晓声，数月未见动静，因为编辑部有人强烈反对，最后两位主编作主终得问世。汪曾祺好歹是江苏作家，在自己本省尚且受到如此冷遇，在其他地方发表作品就可想而知了。这年正是丁玲与沈从文反目之事在圈内到处传闻的时候，一大批解放区背景老作家重执文坛牛耳，青年人容易出头，有国统区背景的人尚待破冰——多年之后巴金《随想录》也只能在香港出版，侧面折射出破冰之艰难。汪曾祺以修改旧作的方式投稿，显然是一种试探，沈从文 1980 年在美国讲演时面对关于他搁笔原因的提问时只能顾左右而言他，也侧面反映了当时的文坛气氛。《受戒》写成于 1980 年 8 月，有知情者觉得这是“小和尚谈恋爱”的故事，准备作为危险的“思想新动向”报上去，大概是题记“写四十三年前的一个旧梦”惹的麻烦。《北京文学》主编李清泉听说此事，出于好奇把稿子拿去看，他在 1957 年任《人民文学》编辑部主任时曾向沈从文组稿，后被打成右派，鉴赏水平颇高，一力推荐发表，最初引起的回应也是否定意见居多。虽然获得了 1980 年度“北京文学奖”，却与本年全国奖项无缘，反映了文学界对汪曾祺拒斥大于接纳的主流态度。要等到 1982 年春天，沈从文才能看到汪曾祺凭《大淖记事》获得 1981 年度全国优秀短篇小说奖的消息。此时汪曾祺已经

62岁,真称得上老树开花了。

汪曾祺的人生态度和沈从文有相似之处,也有深刻的不同,就拿他比较欣赏的“皮实”来说:“能够度过困苦的、卑微的生活,这还不算;能于困苦卑微的生活觉得快乐,在没有意思的生活中觉出生活的意思,这才是真正的‘皮实’,这才是生命的韧性。”皮实到了极致,就是:“单单活着不算数,还活出花朵叫世界看看。”沈从文有足够的生命韧性,但没有他那种超脱,或者说沈从文在面对“没有意思的生活”时努力以工作驱散寂寞,别人看到沈从文在困境中活出了精彩,而沈从文本人是始终没有驱尽心中抑郁的,晚年易于流泪的事实反映了这种永远无法排遣的抑郁。汪曾祺遇到写作的机会便写,遇不到就等,等不到就能干什么干什么,梦想可能搁置,生活还得继续。他在《我的右派生涯》结尾坦率地写道:

> 丁玲同志曾说她从被划为右派到北大荒劳动,是“逆来顺受”。我觉得这太苦涩了,“随遇而安”,更轻松一些。“遇”,当然是不顺的境遇,“安”,也是不得已。不“安”,又怎么着呢?既已如此,何不想开些。如北京人所说:“哄自己玩儿”。当然,也不完全是哄自己。生活,是很好玩的。

特意拎出丁玲对右派生活的评语,显然是有所指的,丁玲用“逆来顺受”四个字重在说明自己受到不公待遇而始终不屈,汪曾祺则轻描淡写地把右派生涯归为“不顺的境遇”,其超脱之态与丁玲的痛切之态恰成对照。“生活,是很好玩儿的。”就显得更加超脱了。不过,这也只是汪曾祺的公开姿态,他晚年的照片很少欢颜,虽然写花写草写美食,却多次把沈从文晚年的一句话转达给世人:“我对这个世界没有什么好说的。”

说到“随遇而安”,汪曾祺深有感慨:

> 随遇而安不是一种好的心态,这对民族的亲和力和凝聚力是会产生消极作用的。这种心态的产生,有历史的原因(如受老庄思想的影响),本人气质的原因(我就不是具有抗争性格的

人)，但是更重要的是客观，是“遇”，是环境的，生活的，尤其是政治环境的原因。中国的知识分子是善良的。曾被打成右派的那一代人，除了已经死掉的，大多数都还在努力的工作。他们的工作的动力，一是要实证自己的价值。人活着，总的要做一点事。二是对生我养我的故国未免有情。但是，要恢复对在上者的信任，甚至轻信，恢复年轻时的天真的热情，恐怕是很难了。他们对世事看淡了，看透了，对现实多多少少是疏离的。

反观“文革”中沈从文给虎雏信中的话，与汪曾祺上述表达形成了特殊的对话态势：

作个“书呆子”比作个“混日子”的人显然是不同的。前者或许会因对国家有个理想，受事实挫折而十分痛苦，但比一个“混日子的人”生命有分量，则极显明。既不宜在“承认现实”中消极，还宜为“爱国家”而作一切努力。

沈从文到底像他的同乡熊希龄那样，儒墨情怀多一些。汪曾祺希望人们不要老是把他和老庄思想联在一起，却往往呈现出恬淡超脱气质。沈从文靠着猪头肉和烧饼在流鼻血的情况下还能够孜孜不倦地研究文物，汪曾祺则是在画土豆吃土豆的情况下不能写作就不写。沈从文期待汪曾祺在文学上成就更多，而汪曾祺理解沈从文更深，甚至因为理解深刻而有意调整自己的文学创作和人生态度。沈从文常感痛苦，汪曾祺“看透了”而安于“疏离”。

汪曾祺理解沈从文的寂寞，更理解那种寂寞中包含的苦痛，1982年11月作《沈从文的寂寞》开头就对文学写作的意义发出质询：

古往今来，那么多人写了那么多书，书的命运，盈虚消长，起落兴衰，有多少道理可说呢。不过一个人被遗忘了多年，现在忽然又来出他的书，总叫人不能不想起一些问题。这有什么历史的和现实的意义？这对于今天的读者——主要是青年读者的品德教育、美感教育和语言文字的教育有没有作用？作用有多大？……

他不怀疑文学的价值,却对文学价值能否被世人真正理解缺乏信心。作者写作首先是为了证明自己的价值,当自我证明迟迟得不到社会认同的时候,难免对文学的价值产生困惑。好在汪曾祺困惑中不失信心,他从作品得以发表的事实获得动力,从沈从文那里获得精神参照。写完《沈从文的寂寞》之后,初冬时分他到了湖南桃花源这个沈从文写过多次的地方,赋诗:“红桃曾照秦时月,黄菊重开陶令花。大乱十年成一梦,与君安坐吃擂茶。”可以安坐共吃擂茶的“君”,大概指沈从文,黄菊重开不仅用陶渊明典故,可能还包含了“前度刘郎今又来”和“我花开后百花杀”的意味,汪曾祺骨子里非常孤傲,这一点和沈从文也相似,沧桑巨变后都到了暮年,彼此的交往相知已经涵濡在对生命的共通感悟中了。这次湖南之行对于汪曾祺来说是加深理解沈从文的重要契机,他甚至可能非常自觉这一点,12月8日作《湘行二记》,即《桃花源记》《岳阳楼记》,回京后又作画纪念,《一九八二年初冬游湖南桃花源,八三年二月一日初雪写菊》后来收入《汪曾祺人生漫笔》。从尽用古题的特点看,可能含有向沈从文《湘行散记》致敬的意味。值得一提的是,沈从文《湘行散记》出版时有不少钢笔插画,汪曾祺也擅长丹青,这不是简单的文人雅趣,而是一般人难以拥有的艺术底蕴。这二人小说叙述中的画意营构,是一个必须真正懂得绘画和小说的人才能解答的学术论题。

汪曾祺作于1986年的《午门忆旧》,表面上看是回忆自己1948年在历史博物馆工作的情形,其实是在写沈从文与自己之间的特殊关联,大段的建筑物介绍穿插了午门的三点历史作用:举行大典、得胜献俘、廷杖惩罪。提到的历史人物有三个,明朝权监刘瑾、洪宪皇帝袁世凯、辫帅张勋:“我有时走出房门,站在午门前的石头坪场上,仰看满天星斗,觉得全世界都是凉的,就我这里一点是热的。”沈从文多次说过自己在博物馆的生活,在满天星斗时捧着一个烤白薯,坐在午门前石阶上等待天明。如果汪曾祺没有读过沈从文的那些文字,就只能归于心灵相通了。社会历史壮阔如大河,滔滔而下;个人

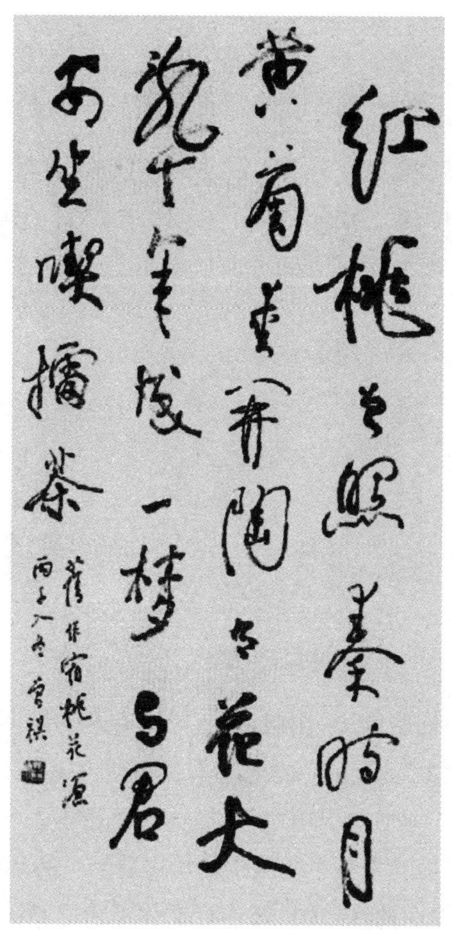

红桃曾照秦时月，黄菊重开陶令花。大乱十年成一梦，与群安坐吃擂茶。——丙子入冬 曾祺

生命微细如树叶，在角落里泛黄、枯萎。汪曾祺采用了读历史的最好方式，借角落一叶衬天下春秋，他只是没有明说那片叶子就是沈从文而已。这应该不是过度诠释的穿凿，当汪曾祺提到故宫午门的时候，了解他与沈从文关系的读者不能不想到这些。“一种风流吾最爱，魏晋人物晚唐诗。”博物馆里藏的是旧物，是遗忘，是文化，也是寂寞的生命。

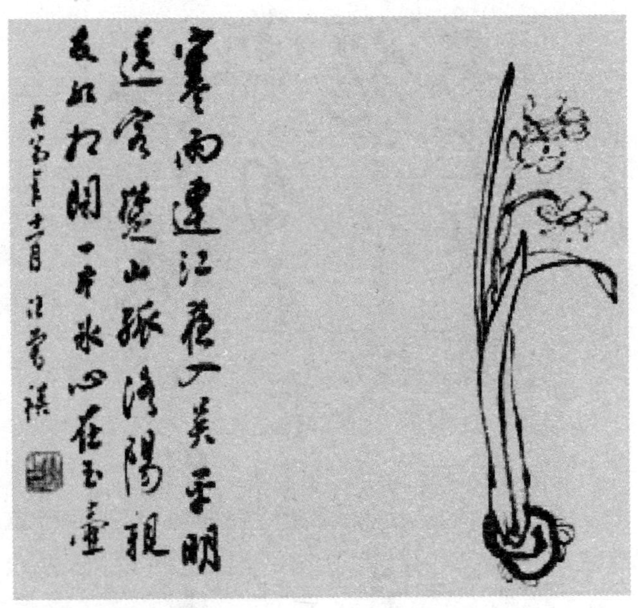

汪曾祺晚年书画作品

沈从文《中国服饰史》出版后，汪曾祺有两句诗评价：“玩物从来非丧志，著书老去为抒情。”他把这本文物研究著作称作沈从文“抽象的抒情”，人们习惯于引用这种说法，却往往不去深究汪曾祺的所指，其实汪曾祺指的是几乎统摄了沈从文后半生的两件事：研文物消解搁笔之痛修养性情，借文物著述抒文化考古之情。其中最堪咀嚼的，当是“老去”一词对沈从文30年间忍耐生存的深深同情。汪曾祺这里强调的是世人不见蚌病时的苦痛，而多瞩目成珠后的圆润灿美。

沈从文对汪曾祺的影响在于小说叙事氤氲缭绕的神韵，在于窥望卑微人生时的温煦感伤，也体现为文章不厌百回改的写作态度。汪曾祺非常赞同沈从文对文字的一种看法，那就是以“组织”的眼光而不是“结构”的眼光，按照汪曾祺的理解，“结构”过于理智，而“组织”更带感情，较多作者的主观色彩。沈从文和汪曾祺骨子里都是浪漫主义者，而沈从文后来在故宫库房里细细琢磨那些丝绸的纹理和图案时,恐怕对“组织”这个含义古老的词汇体悟更深吧。从汪曾祺回忆的一件事可以看出他们对文章反复“组织”的浓厚兴趣,沈从文曾经把一篇小说一条一条地裁开,用不同方法组织,看看哪一种形式更为合适。这几乎可以用作叙事学理论研究的经典例子,沈从文的确是个文体试验者,他的很多原稿都是一改再改直到天头地脚页边布满修改字迹,像蜘蛛网似的牵出很多条线去,有时竟然越改越不如初写,好在有张兆和把关,常常制止他的修改行为。汪曾祺晚年在多次改写旧作之余,开始改写起聊斋志异的故事。

汪曾祺既喜美食,又是良厨,这一点确实像名士,常能于俗事品出雅意;沈从文在饮食方面终生保持乡下人本色,不大讲究。汪曾祺写过沈从文的一次吃饭,温暖而伤感,兼有对乃师的体贴和无奈:

> 他到他的助手王亚蓉家去,先来看看我(王亚蓉住在我们家马路对面,——他七十多了,血压高到二百多,还常为了一点研究资料上的小事到处跑),我让他过一会来吃饭。他带来一卷画,是古代马戏图的摹本,实在是很精彩。他非常得意地问我的女儿:“精彩吧?”那天我给他做了一只烧羊腿,一条鱼。他回家一再向三姐称道:“真好吃。”他经常吃的荤菜是:猪头肉。

紧接着,汪曾祺就写到沈从文的葬礼:

> 不收花圈,只有约二十多个布满鲜花的花篮,很大的白色的百合花、康乃馨、菊花、菖兰。参加仪式的人也不戴纸制的白花,但每人发给一枝半开的月季,行礼后放在遗体边。不放哀乐,放沈先生生前喜爱的音乐,如贝多芬的“悲怆”奏鸣曲等。沈先生面色如生,很安详地躺着。我走近他身边,看着他,久久不能离开。这样一个人,就这样地去了。我看他一眼,又看一眼,我哭了。

先后两段文字浓缩了沈从文的后半生,所有对沈从文的感情也都含蓄其中。

汪曾祺《七十书怀》有句:“书画萧萧余宿墨,文章淡淡忆儿时。”

他在1993年6月浙江文艺出版社推出的小说集《菰蒲深处》自序中则写道："我的小说多写故人往事，所反映的是一个已经消逝或正在消逝的时代。"这是一种挽歌式的写作心态，与当下拉开时间距离的叙事方式意味着与当下保持着一定的心理距离，回顾的历史跨度越大，对当下越具有俯视意味。即使奏着牧歌的调子，其温煦的语流仍难掩伤感气息。沈从文的影子似乎又浮现出来了，就是去世前不久当着他和林斤澜说的那句没头没尾的话："我对这个世界没什么好说的。"就在这年他应邀参加海南岛的一次文学活动，主办者为了招徕听众，居然打出"《沙家浜》作者"的招牌，汪曾祺看了大概会泛起沈从文式的感慨：对这个世界真的没有什么话好说。举一个侧面的例子，1981年为了使他回乡时不至于太受冷落，陆建华好不容易给他想出的头衔也是"《沙家浜》的作者"，领导马上就重视起来隆重接待；目睹弟妹们居住简陋逼仄，汪曾祺转托多次希望高邮县政府发还部分旧宅，生前始终未能如愿。

汪曾祺的小说越写越枯淡，逐渐沉浸在谈吃说茶的散文中，应该不是才思枯竭或者一般人盛称的"衰年变法"，要理解沈从文去世后的汪曾祺，必须细细品味他念念不忘的《边城》(1980年和1993年两次著文专论《边城》)，这里不嫌唠叨，且把《边城》题记的结尾一段录下，供有心者参照：

> 我将把这个民族为历史所带走向一个不可知的命运中前进时，一些小人物在变动中的忧患，与由于营养不足所产生的"活下去"以及"怎样活下去"的观念和欲望，来作朴素的叙述。我的读者应是有理性，而这点理性便基于对中国现社会变动有所关心，认识这个民族的过去伟大处与目前堕落处，各在那里很寂寞的从事民族复兴大业的人。这作品或者只能给他们一点怀古的幽情，或者只能给他们一次苦笑，或者又将给他们一个噩梦，但同时说不定，也许尚能给他们一种勇气同信心！

《长河》题记摘录了这段话，汪曾祺1982年底写《沈从文的寂寞》又摘录了这段话，然后写道：“安于寂寞是一种美德。寂寞的人是充实的。”他喜欢喝酒，喝了酒眼睛发亮妙语如珠，令听者陶醉，自己也陶醉，是别一种寂寞吧。“不惜歌者苦，但伤知音稀。”

1997 年 4 月 2 日的一个深夜，嗜酒的汪曾祺病入膏肓，午夜梦中见到了长衫灰白、神情温和而执着的沈从文，捧着一摞书步履匆匆。次日作《梦见沈从文先生》，也是一个令人吃惊的时间点，再过两天就是清明。汪曾祺似乎有某种预感才记下梦境，他在沈从文 80 岁生日时曾写诗为祝，开头两句是：“犹及回乡听楚声，此身虽在总堪惊。”端木蕻良看到诗后认为“犹及”二字很好，汪曾祺当时觉得有点不吉利，而沈从文再也没能回家乡听楚声。这个简短的梦发表于 5 月 28 日《文汇报》“笔会”版时，作者的名字打上了黑框。汪曾祺去世于 5 月 16 日。

听到噩耗，张兆和很难过：“像这样‘下笔如有神’的人已经不多了，这一辈人已是不多了。”

晚年沈从文照片

晚年汪曾祺照片

“我们相爱一生，一生还是太短”

——沈从文与张兆和

一个男子，无论他的成就大小，要反映其生命轨迹的起伏与灵魂感受的跌宕，最好的方式恐怕是呈现他和用尽心力追求、用一生去守护的妻子之间的事情了，即使他平凡如农夫或街头小贩。这样两个人的故事无法不动人。

从认识张兆和到结俪，可以看出后来沈从文的人生轨迹和交游圈子将会如何拓展和变化，也可以感知沈从文对个人情感、婚姻家庭的真实态度。

张兆和兄弟姐妹共十人，每个人的名字最后都是一个“和”字。女孩的昵称是大毛、二毛……，男孩的昵称则是大狗、二狗……姐妹四人的倒数第二个字，也有着特殊的排列方式：元、允、兆、充，都是两只脚向外走的，似乎父亲取名的时候就已经寄寓了女孩子总要嫁出去的含意。兆和居三。在苏州，张家和叶圣陶的居处相隔一条街，当时已经以小说名世的叶圣陶见了张家的女孩子，说过这样一句话：“九如巷张家的四个才女，谁娶了她们都会幸福一辈子。”

张兆和的曾祖父张树声，历任两广总督和代理直隶总督；祖父张云端膝下无子，就把五房的张武龄过继给他；张武龄名下每年有10万担租，他洁身自好，嗜好读书，接触了不少新思想。他觉得久居合肥，自己的子女会沾染陈规陋习，遂举家迁往上海，后至苏州。合肥张家的这一支从此定居苏州。张武龄后来自己取名冀牖、吉友，受家族办洋务的思想影响，倾其所有，致力于教育强国，而从不接受别人的捐助，故被人称为“忏悔型的贵族”。他创办了苏州的乐益女校和平林中学，自任校长。不妨把曾经在两校任教过的若干人名列一下：张闻天、柳亚子、叶圣陶、匡亚明，分别对应着中共早期领导人、文界名士、著名教育家、南京大学校长的社会身份。如此驳杂的身份背景，考究起来怕要费很多事，对于张家的女孩子来说，有一点是毋庸置疑的，书香门第，清贵世家，气质脱俗，如果加上漂亮的长相，招来优秀的女婿似乎是毋庸置疑的事情。从张兆和四姐妹共有的俏丽丹凤眼，不难窥出母亲的秀雅，只说张兆和的父母结婚的场景就大致可以窥出当年的豪门是什么样子：1906 年，张兆和四姐妹的妈妈陆英嫁给她们的爸爸张武龄时，嫁妆里的一个小木桶都是扬州陆家花十年时间精挑细选、慢慢准备的。光是抬嫁妆的队伍便从合肥市的四牌楼一直延伸到龙门巷，足足排了十条街。男方家不但轻松装下了排满十条街的嫁妆，还原封不动地将这些值钱的嫁妆保存了十几年，直到陆英去世后将它们退给扬州东关街冬荣园的陆家。张兆和父亲对陆家珍爱的女儿倾心呵护，却无法阻止这个为他生育了九个孩子的女子在 36 岁时撒手人寰，头未白而鸳鸯失伴。也许是中年丧妻的缘故，他对女儿们的情感和婚姻非常宽容，成就了民国时期直追宋氏三姐妹名气的张家四姐妹的婚姻。

先看看张家的另外三个女婿就大致可以明白。元和的丈夫是昆曲名角顾传玠，允和的丈夫周有光，早年担任过复旦大学经济学教授，1955 年改变学术方向，曾参加拟定 1958 年公布的《汉语拼音方案》（1958 年公布），外号“周百科”，后来成为《简明不列颠百科全书》中文版三位编委之一，另外两位编委是刘尊棋和钱伟长院士；充和当年被诗人卞之琳苦追，后来嫁给美籍德裔的傅汉思，解放前夕赴美定居，以书画和昆曲研究名世，傅汉思是国际知名学者。沈从文列名其间，彼此辉映。

无论是一般著者还是网络写手，都以传说当年上海中国公学时期沈从文追求张兆和的故事为乐，就一个人的爱情和婚姻对于生命的复杂意义来说，似乎只看开头不重过程，因而难免流于表面。这里所要述说的，以他们的婚后生活为主，尤其侧重在新中国建立之后沈从文境遇多舛的漫长岁月，朋友之间讲究患难见真情，夫妻之间恐怕更应该靠患难之情来彼此呵护。

自从 1933 年 9 月 9 日，沈从文与张兆和在北平的中央公园宣布结婚，张兆和便涵濡在沈从文的生命中，是二人书信中的“三三”、“小妈妈”，是给友人信中的“三姐”，虽然他比张兆和大了八岁；从文“二哥”也成为张兆和生命中最为珍惜的部分，她不得不一次又一次包容和引导这位始终不脱天真的艺术家。沈从文小说里出现过的三三、黑风，《边城》的主人公翠翠，都与雅号“黑风”的张兆和对应。张兆和则始终称沈从文为“二哥”。沈从文一生给张兆和写了几百封书信，能够在因战争而迁徙、因动乱而被抄家的情况下把大多数保存下来，可见沈从文对这些书信的重视，最初的“frog13 号”赢得芳心，临去世胸前还揣着张兆和回复的第一封信，足以让人信服爱情穿越时间的力量。

不能不说，沈从文从最初追求张兆和时就混合着男女之情和纯粹的爱情，而在婚姻之后一度陷入对纯粹爱情的迷惘。他在 1930 年 7 月 12 日给张兆和信中表示出对于爱情的理智和超然，又显出愈挫愈勇的劲头：“诚如莫泊桑所说，爱不到人并不是失败，因为爱人并不因人的态度而有所变更方向，顽固的执着，不算失败的。”随即又表示对张兆和的迷恋：“每次见到你，我心上就发生一种哀愁，在感觉上总不免有全部生命奉献而无所取偿的奴性自觉，人格完全失去，自尊也消失无余。明明白白从此中得到是一种痛苦，却也极珍视这痛苦来源。”相思共鸣时，痛苦便酿成了乡下人渴望喝到的甜酒，新婚后沈从文回湘西，沿途不断写下相思，远在北平的张兆和一句话温暖了他：“长沙的风是不是也会这么不怜悯地吼，把我二哥的身子吹成一片冰？”

他与高青子的纠葛应该是在柴米油盐夫妻度日中对纯粹爱情的一次张望，张兆和是不会按照沈从文小说中人物穿着紫色衣衫的方式来打扮自己的。从他们二人的一生来看，张兆和不曾仰望沈从文，而沈从文一度仰望她，当热烈追求的女神成为妻子，幸福感、满足感固然多多，若这时突然出现一个仰望自己的异性，沈从文的意乱情迷也是合乎人性的倾斜。就像他在给张兆和的情书中已经写过的：“男子为爱而变成糊涂东西，是任何教育不能使他变聪敏一点，除非那爱不诚实。”他非常幸运的是，遇到了林徽因这个导师。当他把和高青子的事情告诉妻子之后，张兆和的震惊和痛苦可想而知，抱着襁褓中的龙朱回苏州去了，从事后张家人绝口不提此事可以明白他们的隐忍和大度。沈从文无法解决男女之情与纯粹爱情的矛盾，只好找人生经验丰富的林徽因。就像处理与徐志摩、金岳霖关系的策略一样，林徽因赞赏他在情感上的坦率，同时用忠诚与责任感唤醒了沈从文，他去迎回了张兆和。高青子可以算是他短暂的“痛苦来源”，张兆和则是他终生珍视的“痛苦来源”，他们互相将生命奉献而无所取偿。

除了高青子事件之外，他们一生中比较大的分歧有这么几次，抗战爆发之初张兆和没有应沈从文的催促迅速离开北平，新中国成立初期沈从文精神不振而张兆和很快适应新社会，“文革”结束后沈从文又忘我地投入工作引发张兆和的怨气。每一次都是在社会剧变期，每一次都是他们在纯粹爱情与家庭责任二者间的对话，每一次他们都淡然和解，重归默契相守。你追我赶、卿卿我我的才子佳人故事，好看；在各种人性考验与锤炼中愈加纯粹的醇厚爱情，耐品。

卢沟桥事变后，沈从文和杨振声、朱自清等人在编写教科书的大院里，将几年来积累的文字资料和成果，一一投入火炉，准备南迁。此时，龙朱不满三岁，虎雏来到人世仅仅两个月，沈从文想携家出走又深知逃难之路漫长而难测，不走，将失去工作且危险更多。张兆和觉得，与其一家人相互拖累陷入绝境，不如暂时分开。最终二人商

1935 年夏，沈从文与张兆和在苏州

定，沈从文先离开北平，张兆和随后再带孩子南下，到上海聚会。8 月 12 日清晨，沈从文和杨振声、朱光潜等清华、北大两校的熟人、朋友，开始向天津出发。因上海很快沦陷，南京政府由武汉而迁至重庆，沈从文也只能跟随人潮先到武汉，一路上他担心留在北平的张兆和，不断写信催促尽快南下，甚至对张兆和发出怨言，觉得她对自己的感情有了问题。张兆和除了复信安慰说明，只能等虎雏长大一点再作打算，直到 1938 年 10 月，才带着沈从文九妹与两个孩子辗转到达香港，由施蛰存协助船行至越南海防，转到昆明。张兆和 1938 年从北平写给昆明沈从文信中一句话读来令人感伤而温暖："我又欣喜你有爱写信的习惯，在这种家书抵万金的时代，我应是全北京城最富有的人了。"

这次分离可以看出他们性格的明显差异，沈从文对家庭和爱情的珍视使他焦躁不安，张兆和的理智使她隐忍而坚持。人们应该注意到，战乱开始时候她首先是一个母亲，其次才是妻子和爱人，何况还有沈从文的九妹需要照顾。高青子在昆明再次进入沈从文的生活，最终沉淀在他那部《看虹摘星录》中，张兆和的理智和隐忍再次调正了家庭的走向，昆明八年对于他们来说是情感锤炼期。在沈从文名声越来越响亮的当下，坊间开始传言张兆和是否配得上沈从文的话题，这简直是看古书掉泪了。其缘由可能在张兆和编完《沈从文家书》后回顾他们共同的一生而发出的叹息：“从文同我相处，这一生，究竟是幸福还是不幸？得不到回答。我不理解他，不完全理解他。后来逐渐有了些理解，但是，真正懂得他的为人，懂得他一生承受的重压，是在整理编选他遗稿的现在。”她说的“不理解”有一个“逐渐理解”的过程，能够如此坦诚地剖析自己和自己的爱人，他们已经拥有了纯粹的爱情，因为她已经“真正懂得”。理解沈从文夫妇的感情，其实有不少逐渐远离今世的参照，比如沈从文好友梁思成与林徽因，朋友杨宪益与戴乃迭，张家另外三个女儿和她们的丈夫。张兆和是在沈从文境遇未佳时允婚的，新婚之物除了一身旗袍和一本字帖，别无嫁妆和聘资，沈从文的风光主要在其身后，张兆和与他甘苦共度了半个多世纪，他们因彼此而生命圆满，何来谁人配不配之说？话已经说得远了，反正坊间永远是靠此类传言滋养的。

抗战胜利光复北平是属于时代的事情，对沈从文夫妇来说不过是和千万人共同经历了若干年的漂泊流徙重新安居而已。更大的考验在社会变革之际，一个将到五十，知天命的岁数；一个年届四十，不惑的关口，沈从文夫妇在新中国成立初期的变化和分歧，可以看作夫妻情感交流和人生抉择冲撞的历史样本。于今看来，走入文物和走进《人民文学》编辑部都是自然而然的，从当时的情况分析，是自然而然也跌跌绊绊。

1949 年春沈从文陷入精神危机，独自搬进清华园居住，过年也不回家，甚至在张兆和给他的信上写道：“我应当离婚了。免得累她和孩子……小妈妈，你不用来信，我可有可无……一切和我都已游离……我本不具生存的幻想。我应当那么休息了……”她得信后当着朋友面流下泪，含泪写下：“我一直很强健，觉得无论如何要坚强

沈从文全家在云南

地扶持你度过这个困难……我哭了一阵，但心里很舒畅……很希望你能够振作起精神，别把自己的忧虑再去增加朋友的忧虑……多散散步好……”张兆和的确一直是强健的，沈从文终于在 4 月份出院，她安置了丈夫和孩子，于 5 月到华北大学二部去读书。华北大学挂牌于 1948 年 8 月，下设四部两院。一部为政治训练班；二部为教育学院；三部为文艺学院；四部为研究部；两院分别是工学院和农学院。一部是中国人民大学的前身，从 1948 年 8 月到 1949 年年底，华北大学共为中共培养干部近两万名，以张兆和的身份和心性都不可能进入一部；二部是北京外国语大学的前身，张兆和在中国公学读的专业就是外语系，她去这所革命化大学的心情绝不会是欢悦的，但理智让她接受新思想。生活仍在继续，家人还得照顾，思想还得接受改造。

反观此时的沈从文仍在恍惚，在孩子们的鼾声里随手写下的《五月卅下十点北平宿舍》从题目到内容反映了他的迷茫：“有种空洞游离感起于心中深处，我似乎完全孤立于人间，我似乎和一个群的哀乐全隔绝了。……世界在动，一切在动，我却静止而悲悯的望见一切，自己却无分，凡事无分。我没有疯！可是，为什么家庭还照旧，我却如此孤立无援无助的存在。为什么？究竟为什么？你回答我。”张兆和是回答不了的，他只能自问。如果读者认同福柯那句名言：“疯癫是一种文明。”大概能够理解这时的沈从文。

“我的家表面上还是如过去一样，完全一样，兆和健康而正直，孩子们极知自重自爱，我依然守在书桌边。”如此完美的家庭，此时已经让他不知所措，孩子们也学会了新名词，并且感受周围因父亲而送来的冷眼，经常与父亲发生争论。这几乎是一个历史寓言了，五四时期屠格涅夫的小说《父与子》作为反抗权威专制的样本已译为中文，从此“父与子”的对话在每个历史转折关头都彰显为文化潮流。母亲在“父与子”的对话中倾向于儿子，家庭情感没有裂痕而理智发生对立。沈从文这时像个哲学家又像天真少年：“什么是我？我在何处？我要什么？我有什么不愉快？我碰着了什么事？想不清楚。”“什么都极分明，只不明白我自己站在什么据点上，在等待些什么，在希望些什么。”人们从这些文字中可以感知沈从文的苦痛，却往往忘记去感知张兆和这一时期的苦痛。她没有说过。不离不弃是美德，患难相守是爱情，于患难中默默相守、从不言爱情之苦又是什么？张新颖《沈从文的后半生》思考的主题是“强大的时代与弱小的个人”，书的结束处写道：“强大的潮流在力量耗尽之后消退了，而弱小的个人从历史中站立起来，走到今天和将来。”这种对沈从文的评价是准确的，而当年的张兆和却不得不在强大的时代中与丈夫风雨同行，没有她的理智和坚忍，如何会有沈从文的后半生？没有后半生的沈从文能否像今天一样被人仰视？跛脚巨人的拐杖是生命不可缺少的支撑，巨人的跛脚之痛催生观者的审美快感，始终伴随跛脚巨人的只能是那支拐杖。也许把张兆和比作拐杖有些不当,但她肯定是巨人跛脚之痛的最直接感受者和承受者。

在历史博物馆工作的沈从文分得三间宿舍,没有床,他就用五个大小不一的书箱、三个煤油桶、十多函旧书、一块宽一尺半长七尺半的床板、三块二尺见方书箱板拼凑成一张床,人睡在上面一翻身,可能就碰得煤油桶哐当响。周末龙朱和虎雏从学校回来,父子三人只一人能睡这“床”,其余两人便打地铺。虽然家中无白丁,却不可能有鸿儒来高谈阔论,张兆和他们孤灯对坐时,怕也不可能有吟《陋室铭》的雅致。张兆和晚年回忆道:“当时,我们觉得他落后,拖后腿,一家人乱糟糟的。现在想来不太理解他的痛苦心情……”他们对新社会的理解有差异,也进行过不少争论,但都小心翼翼地避开孩子,用“黑话”交流,那种混合了苏州话、湘西话和昆明话的交流方式,伴随他们蹒跚前行。

张兆和的生命浸透了沈从文的影响,也就是在沈从文黯然失色于世界时,她的才具始被人们发现。这个 1941 年就出版了小说集的女子隐退了身影,也隐藏了文学天赋,集子中《费家的二小》一篇,完成于 1933 年 11 月,发表于 1934 年 1 月巴金、靳以主编的《文学季刊》创刊号,主人公“在她自己家中,是一盏灯,一朵花,一簇欢欣。颜色光明眩目,声音清新悦耳,青春的愉快酿了一脸的微笑,样子在任何时节见了皆令人高兴。”语言流畅处可与沈从文作品相比,人物命运中混合的那种深沉悲凉和茫然也与《边城》潜在共鸣,而沈从文此时还在回北平途中,《边城》也尚未发表。此后张兆和偶作即收。以这样的水平去《人民文学》做编辑,也算尽其材而用。这个工作岗位所起的作用,对于沈从文的意义是非常特殊的,那就是理解文坛趋势,把握方向以确定介入还是远离,人们常视沈从文转业为文学界的损失,从张兆和的角度看来,可能正是合理之举。从下面一件事情可以看出端倪。

1955 年 11 月 21 日沈从文给丁玲写信求援,丁玲把信转给刘白羽、严文井，再转报到时任中宣部副部长兼中国作协党组书记的周扬那里，周扬12月7日作了批示，批给文化部副部长陈克寒、钱俊瑞和文化部下属的文物事业局副局长王冶秋，提出中国作协方面让丁玲、严文井等去看沈，同时也希望文物管理局对沈予以照顾，王冶秋12月14日约谈沈从文两个小时左右，当天即向周扬等中宣部、文化部领导写信汇报。他提出两点意见：一、若觉得他可以写作，则可调作协，专门写作；二、仍在历史博物馆或故宫博物院搞研究工作。故宫明年（1956年）拟搞织绣服饰馆，沈从文愿意来主持这事也好。王在信中还说：“也许他与丁玲同志谈得更深一些，可以请丁玲同志再提供一些意见，请考虑并指示。”周扬、陈克寒于12月20日对这封信作了批示。周扬提出让沈搞些通讯特写之类，也是有好处的，“把这样一个作家改造过来，也是一件值得做的事。如作协不好安排，可否分配到中央美术学院任教，这样总比在历史博物馆和文艺界接近一些，也许于他的心情也有好处”。在周扬眼中沈从文是个可以改造过来的人，丁玲可能也作此想，所以虽然王冶秋希望丁玲提供意见，丁玲大概是已入困境，不再关注此事。陈克寒的批示是：“请考虑能否让他搞创作。”

这也许是沈从文重新开始创作的一个机遇，但是张兆和非常坚决地否定了。1956年1月中旬，刘白羽又给周扬写信，说严文井已与沈从文的夫人谈了，“她觉得还是主持织绣服饰馆为宜”。信中提到已决定让沈当政协委员。2月16日，中国作家协会党组致函文化部党组，对沈的工作安排提出了建议：“关于沈从文先生的工作问题，经我们几次和他本人及夫人接触，最后他夫人表示还是去故宫博物馆主持织绣服饰馆，同时进行写作为好。”

沈从文实际上最终只是在故宫博物院兼职，他的人事关系仍在历史博物馆。故宫博物院人事科在中国作协党组致文化部党组的函件上注了一段话：“因本人不愿来院工作，现征得组织仝（同）意来我院陈列部兼研究员工作。”时间是1957年1月23日。

沈从文屡动创作的念头，张兆和却宁愿他研究文物，即使搞搞创作也是辅助性的。沈从文绝对不缺文学才华，但是他真的缺乏那个时代所需要的才华，自从1951年就在《人民文学》任编辑的张兆和最明白时代对文学作品选择的标准是什么，沈从文在华北革大期间写的那篇《老同志》虽然努力跟进时风，却不见认同，就在1953年，他收到了开明书店的通知，说他在那里所出的各种书，都已过时了，书店决定将他所有已印和未印的全部书稿和纸型代为焚毁。书店的这个决定，已经昭示他被清理出了文坛。从上述信函与批示中也可以看出丁玲、周扬等人对于他搞创作的且信且疑——不是针对其文学才能而是政治理解能力。新中国的前十年运动不断，文学界落马下水者屡见报端，"胡风反革命集团"已被清算，"丁玲、陈企霞反党集团"已经被点名，理智的张兆和知道，沈从文要么写出时人接受的作品而委屈自己的文学本能，要么苦心创作而无人问津甚至招来麻烦，谁也无法预知数十年之后的风气。相应的，他的文物考证文章已经被普遍认可，1953年发表《中国织金锦缎的历史发展》和《中国古代的陶瓷》，1954年在《光明日报》发表《略谈考证工作必须文献与实物相结合》。张兆和的坚持是合乎理智的，既然这方面的工作已经顺利展开为人接受，为什么还要捡起那支曾经惹祸、一旦拿起还可能再惹祸的文学彩笔呢？

张兆和作出了一些让步，那就是"同时进行写作为好"，沈从文也让步了，那就是暂时放弃创作的梦想，老老实实地去揣摩文物，却只是到故宫博物院做个兼职，他一生中有很多对张兆和既让步又倔强的事情。世间再无沈从文的小说问世，诚为憾事；世间因此多了几部若无沈从文即无人可写的文物著作，岂不也是幸事？小说是沈从文所钟情的，文物也是他所钟情的，在后选的钟情之物中有大成就，且因而避开若干祸端，是沈从文的幸运。不能说归功于张兆和，但是一定要说很大程度上归因于张兆和，如果沈从文时而搞搞文物研究，时而写一些小说散文企图发表，会是什么结果？

沈从文不是没有机会，有一次机会还似乎非常荣耀。1957年7月号称“革新特大号”的《人民文学》上，出现了沈从文的名字，他的短文《跑龙套》被特意安排在该期散文的头条。据当时在编辑部工作的涂光群回忆，这是周扬的有意布置。为了呼应“双百方针”的鸣放政策，周扬指示《人民文学》主编严文井：“你们要去看看沈从文。沈从文如出来，会惊动海内外。这是你们组稿的一个胜利！”于是和沈从文私交不错的严文井就与编辑部主任李清泉同去约稿，也许是张兆和觉得春天来了，也许是没有理由阻拦沈从文，这才有了这篇短文面世。此后反右风潮越来越急，而李清泉被打倒，沈从文与张兆和便都明白他们不过是偶被取用的棋子，沈从文开始潜心于文物研究，这种微妙的转变可以从下面一串书名的时间顺序窥知：《唐宋铜镜》（中国古典艺术出版社1958年）、《龙凤艺术》（作家出版社1960年）、《战国漆器》（荣宝斋1962年）、《中国古代服饰研究》（完成于“文革”中，1981年由商务印书馆出版）。乱世之中，能有如此多严谨论著的中国人有几个？这个时期的张兆和不仅知夫，也知世。双双玉碎的傅雷夫妇是爱情的典范，在为了革命可以断然划清夫妻界限的环境中，隐忍求全的沈从文夫妇也是爱情的模范，坚持了大是，也就远离了大非。

写惯了小说的手有时会痒，沈从文解痒的法子是写了就藏，也算是自娱自乐吧。虎雏在整理《沈从文全集》的资料时，从一堆残稿中发现了大约写于1958年、与土改有关的小说《财主何人瑞和他的儿子》。虽然有阶级斗争的痕迹，但文字俏皮，一些段落甚至重现沈从文原有的叙事风采，张兆和见到后既诧异又兴奋：“不知道还有这种东西……”沈从文跟上新社会的写作努力则始终不成功，大跃进时他五次去十三陵水库参加劳动和采风，写了一篇《管木料厂的几个青年》，被收入当年有关十三陵水库的小册子中。几十年后沈虎雏反复阅读手稿，很无奈：“他那时费了很大的劲写东西，可是一个工地的通讯员写这类文章比他还顺溜。”“平心而论，这篇遵命作品水平很差,他不会写这种东西。在配合形势方面,也没有老舍那样饱满的热情和能力。”不论在多大程度上受到了母亲的影响,儿子对父亲作品的评价是客观的,侧面印证了张兆和在那时理智地约束沈从文的创作冲动非常重要。老舍以饱满热情讴赞新社会的《龙须沟》等作渐渐湮没在历史的风尘中,他以忧伤笔调完成的《茶馆》才真正在其文学生命晚期焕发超越时间的光彩。

张兆和不仅有家庭牵挂,也被裹挟在一波又一波的学习、运动、下乡锻炼之中。沈从文心知肚明却无能为力,《沈从文家书》是张兆和编成的,收录了 1966 年前后多封书信,多处提到张兆和“瘦了些”,“忙”,“体力超支”,录数则如下以见其忧虑:

兆和从乡下四清回来,一回家即工作。人瘦了些,精神还极好。惟照情形估计,或许一二年后,终得退休。因为新的工作,绝不是近六十岁的人所能担负(经常下乡即不是老年人吃得消的)。(1966 年 7 月 4 日致大哥信)

妈妈开会忙,人又瘦了些,精神还很好。……生活若不有新的大变化,大致还能支持下去。(1967 年 2 月 2 日致虎雏夫妇信,以下均出于致次子夫妇)

妈妈依旧忙些,不是开会,即出外串联看大字报,也出外卖报。……妈妈和我这一年中境遇虽不相同,却同样已在风浪中显得老了好些。……妈妈工作即不出岔子,看情形至多二三年也会要受编遣,在“解职”、“退职”、“退休”诸名词中择一而行。这都是从好处设想。也可能会出现新事情。若从可能坏处设想,则也许我还有受大冲击之时……(1967 年 3 月 5 日)

妈妈还是有各种业务性的忙,挤在大卡车,去北大、清华看大字报,一去即半天,摇摇晃晃一二小时,总不免会要腰痛一二天。体力超支,所以见她的人总说瘦了许多,精神还极旺,办公室搞清洁,几乎是包干下来了。年青人多马虎而懒,能说而不善于动手。(1967 年 5 月 11 日)

妈妈还是相当忙，会也多，出门看大字报也多，总是把工作拿回家来继续做。人瘦精神好，但校对用心多，已常感到累。(1967 年 5 月 11 日)

妈妈每星期必下厂校对，星期五到星期天则上街卖报，有时还坐大卡车和同事出城开会，一晒大半天。人瘦了许多，精神还挺好。但是和虎虎情形相同，有“体力超支”现象。(1967 年 6 月 1 日)

妈妈还是极忙，还经常随队伍游行，在星期天也上王府井卖报。体力超支现象，日来有些好转。(1967 年 8 月 5 日)

此时沈从文高血压经常在二百以上，时需卧床。他已经习惯了以《人民日报》为标准观看世界，对主席、总理的话细细品味，以窥测自己的命运，也用以判断张兆和的下放势在必行，甚至预见到了自己也难脱此厄。读他“文革”中的书信，可以看到沈从文的若干侧面：对妻子的处境辛酸无奈，对时局惶惧不安，对子女深情眷念，对友人爱莫能助。这其实是那个时代绝大多数国人的心态。有人说《沈从文家书》中屡屡提到当时的政界高层动向，表明沈从文未能忘情政治，这是缺乏历史常识的推测，他在“文革”中被抄家八次，一切含文字的纸片都在抄没之列，直到 1974 年才发还其中一部分，并告知许多文稿和书信已代为“消毒”。如果没有引用“一刊”“一报”的社论和领袖语录，不仅不能发还，可能会都被当作“毒”给消掉的，甚至也可能“毒”及家人。再说了，那个时期的人，谁不动辄引用最高指示、语录和“中央文件”？

1969 年秋，张兆和下放去了文化部系统设在湖北咸宁的五七干校劳动改造，三个月后轮到沈从文。虽然也开动员会，但是“上面”已决定，老弱病 18 人必须于月底前离京，这是历史博物馆照顾老弱病人员政策的第一批受惠者。沈从文名列于册，没有别的话说，“坚决拥护主席伟大政策，到时上路”。话说得豪迈，沈从文心底是哀伤的，他在行前拜访了翻译家董秋斯，觉得自己不会活着回北京了。

引一个流传很广的故事,原创者是张允和。就在沈从文拥护政策准备下放的1969年初冬,二姐张允和到东堂子胡同看望独自生活的沈从文,屋子里乱得无处下脚,他正在整理东西。他从口袋里掏出一封皱头皱脑的信,像哭又像笑地说:“这是三姐给我的第一封信。”在张允和的记忆中,沈从文那一刻的面色十分羞涩而温柔,她想看看信,沈从文把信放在胸前温一下,并没有给她,又把信塞在口袋里。张允和正望着他好笑,沈从文说了一句:“三姐的第一封信——第一封。”然后就哭起来,快70岁的老头儿像一个小孩子哭得又伤心又快乐。从这个细节可以理解何为天真,也就可以明白沈从文称鲁迅“天真”不仅毫无贬义,而且是充满同情与理解的。沈从文天真的例子太多,下面一个是有时代典型意义的:1957年10月4日,苏联成功发射了世界上第一颗人造地球卫星,消息传到中国,沈从文对人发感慨说:“啊呀!真了不起啊!那么大的一个东西都能搞上天!……嗯,嗯,说老实话,为了这喜事,我都想入个党做个纪念。”

长子龙朱十年未请假,因为家庭缘故被打成右派,而立之年尚未婚,这次只得请假把老父亲送往咸宁干校,好在龙朱所在的学校和博物馆双方都同意了。还有一个小插曲,初到咸宁转车下乡时,沈从文才发现,别人都有某种原因暂留咸宁,只有他这个老病号与另外两个病号及家属同行,座位没了,他只能和儿子坐在车厢地面上,到了指定地点,又知道人家根本没有他的下放名额,连食宿处都无从安排。岁暮严寒、雨雪霏微中,父子俩蹲在接待站前的空地上,等待发落,折腾了约四小时,逼近黄昏,才算得到特许,搭最后一辆大卡车,连同行李运到30里外,借住于为故宫博物院下放人员准备而尚空闲的一间宿舍。

沈从文下放到双溪,住处阴湿难耐,雨季常霉得生出白毛绿毛,他却每以周边的田园风光写信告人,颇有居陋巷而不改其乐的风度。张兆和在数里外任种菜小组的组长,只能偶尔步行来看他。一对白发皤然老人相见情景不会引起别人的注意,他们也许有过“赌书赢得泼茶香”的时光，此处相见肯定是无语话凄凉的居多，也肯定想不到何时返回北京。沈从文已经是病体难支了，一度出现高血压到二百五十低压一百五的情况。有一次非常危急，幸亏张兆和正好赶到，又恰有一辆小吉普路过，请求带到咸宁市住下，半夜里沈从文支持不住了，张兆和扶他去医院，一二里路走了两个小时，在病床上躺了40天才度过险情。

1971年初，沈从文寄住的医院（其实就是医疗所）搬迁，地方要办学校，他们这些老弱病虽然被一再催迁，但是无处可去，如果迁到一个叫杨堡的地方，吃饭问题没法解决，因为那里没有食堂给他们供饭；找了另一处，也不行，前有大牛棚，左有大猪圈，附近即公共茅房，臭得厉害，房间也只有一丈多宽，上见天光，终于只能赖在原来的席棚中。因此，沈从文心存惶恐，多次半夜惊醒，在给张兆和的信中还故作轻松：“人不急疯只因为太老，凡事已无所谓。”他觉得自己像天安门前空中的风筝，飘来飘去。61岁的张兆和是另一只风筝，就在数里之外，每天要挑20担粪肥往返20里路程。沈从文最后搬进了一户农民家腾出的小屋，他马上给张兆和报告了这一消息，细致描述了房东一家的和睦情况和区里人人皆知自己是“老沈”，而且都知道他和毛主席握过手的，其用意，应该主要是让妻子放心。不过他们家这时也确实有喜事，出生六年多只见过数面的孙女沈红将要到咸宁来，37岁的大儿子也要带着新婚妻子来探亲，70岁的沈从文和渴望多年不见的一家人能够团聚，杜甫“人生七十古来稀”诗句此时念起来，五味杂陈，即使相见也如梦寐之中。

美中不足的是，孙女生病只能转送往昆山姥姥家。大儿子夫妇来了，只能先见父亲，打扫房间，温暖一下多病缠身的父亲；再去见母亲，细话家常，温暖一下已下放两年多的母亲。一家人分在四川、湖北和北京等地（大儿媳当时还在江苏工作），真的应了“五湖四海”那句伟人名言，为革命的人从五湖四海走到一起，因为革命运动而很多人如同沈从文、张兆和他们那样被驱遣到五湖四海去。1971年夏，

沈从文在咸宁与房东陈绪芒一家合影，后中为沈从文

沈从文、张兆和从咸宁转到丹江一个采石区的山沟，名为休养区，全是文化部门老病号，一出门，见到的总是手拄拐杖行动蹒跚的老朋友，沈从文觉得像住在伤兵医院里。初到者容易迷失方向，问人时，照例得到回答："向那个白色烟筒走去不会错。"原来他们与丹江市火葬场隔不多远。沈从文到达这里的第二天，《静静的顿河》翻译者金人去世，袁牧之、冯雪峰等人都在这里。有时沈从文看病取药，就看到冯雪峰独自在附近菜地里浇粪浇水，满头白发，如汉代砖刻中老农形象。

时代到底是强大的，能够把无数弱小的个人驱遣四方，也能够把他们召回原地，就像沈从文写给《边城》老船夫的那句"得天保佑"，他们夫妇先后回到了北京，三年下放度日艰难，终成弹指一挥间。麻烦的是东堂子胡同的三间住房被一个"工人阶级"占了两间，好不容易沈从文才要回来一间，兼卧室、厨房与工作间三用，勉强维持。不久张兆和回来，十平方米的空间终究难以旋身，终由她仍隶属的单位中国作家协会负责人李季、严文井出面，在一个大杂院安排了两间。

两处房子相距很远，黄永玉称之为“东巴基斯坦”和“西巴基斯坦”。“东巴”那间房是沈从文重新开启的文物研究室，书和资料搁满了一切平面，晚上，书放在躺椅上，他就躺在书上。“西巴”是吃饭地方，沈从文每天早上在“东巴”凑合着吃点，中午到张兆和的住处吃一顿，晚饭大多数时候是一个烧饼卷点猪头肉自己将就。张兆和难免有点伤心：“在这种情形下，你干什么总还忘不了责任，究竟还有什么责任要你去尽？”按照埋头工作公而忘私的标准来看，沈从文是一个优秀公民，然而在乱世之中如此作为既让人感到尊敬又不免感觉有点荒诞。

爱情如长流水，浪花四溅、峰起谷落固然好看，波澜不惊才是常态，愈到晚年，沈从文与张兆和的感情愈像沈从文的散文，平平叙去，内蕴醇厚。1974 年 2 月，张兆和已经退休，而沈从文经常因为沉湎于工作忽略饮食、睡眠、洗漱等正常生活，除了完全占据“东巴”，还经常在“西巴”接待来访者，为各界不相识的人提供“古为今用”服务，严重扰乱家里的秩序，张兆和往往不得不退避于廊下或者厨房，对沈从文的不满渐多，不得已，沈从文只得用老办法解决，写信。当年他就是靠写信俘获芳心，也是在分离时倾诉衷肠，此时老办法又派上用场。“你当时正在窗下自言自语，或许是和中和（张兆和堂弟）什么人说：‘我一定要想法子把他弄好，恢复到正常生活和正常工作！’小妈妈，我听了你在近于完全绝望中的对我充满信心，而对你自己的同样信心，那忘得了？”这指的是 1949 年沈从文精神错乱时，境遇稍顺，沈从文又天真了。

沈从文写情书的本领是一流的，哪怕到了七十多岁，一写起来，仍然可以七八页纸洋洋近万言。天真是心性，对妻子的身体和心理变化他仍很敏感。1974 年 4 月 27 日，张兆和带孙女沈红去苏州探亲加散心，沈从文写信给虎雏，流露了对张兆和健康状况的担忧：“她回来一年多，似乎出现了在丹江咸宁时体力劳动过重的不良反应，易发脾气。”

尽管张兆和比沈从文小八岁，但大家闺秀的教养使她在处置很多事情方面显得比丈夫成熟理智，沈从文不仅自称“乡下人”，其行为和思维在很多方面也保留了乡下人的天真或者说“不通世故”。在变幻莫测的政治风浪面前，张兆和的理性和沉稳帮助沈从文渡过运动的难关，使他不再有新中国成立前的那种“冒失”。在他们夫妇之间，沈从文因张兆和而改变的居多，张兆和因沈从文而改变的相对少些。在处理文学和学术的时候沈从文完全自主，在处理家务乃至社会事务的时候，沈从文基本上随从张兆和。其实人们常常称道的夫妻之间相濡以沫，必然是某一方让步更多些或者更快些才得以维持，沈从文让步更多是因为他眷恋张兆和，张兆和让步稍少是因为她更理智，抗战初她迟迟不离开北平就是出于理智的考虑，她对沈从文言行的提醒或者掌控也是理智使然。就像人们在文字中看到沈从文一次又一次吐露炽热的言语，张兆和回应少而默默操持了他们共同的一生，也许冷热相济正是滋养爱情的良方。

黄永玉写过一本《太阳下的风景》，回忆了诸多文艺界人士，作为沈从文关系密切的表侄，他在《我所认识的沈从文》中对表叔夫妇的记录有亲情也不乏理性审视：“婶婶像一位高明的司机，对付这么一部结构很特殊的机器，任何情况都能驾驶在正常的生活轨道上，真是神奇之至。两个人几乎是两个星球上来的人，他们却巧妙地走在一道来了。没有婶婶，很难想象生活会变成甚么样子，又要严格，又要容忍。她除了承担全家运行着的命运之外，还要温柔耐心引导这长年不驯的山民老艺术家走常人的道路。因为从文表叔从来坚信自己比任何平常人更平常，所以形成一个几十年无休无止的学术性的争论。”沈从文在私下里有时称张兆和为“政委”，也就是思想上把关的人，这的确有点家庭特色和新中国特色。关于这一点，张兆和的同事涂光群深有感触：“每当张兆和的同事去看他，沈从文往往显得很热情，说起他发现、保管的心爱文物，则如诉家珍。但这些小文人（编辑呀，小说爱好者呀）爱说点当今文坛上的事儿，也常常问及沈从文，‘可还在写作？’‘您的小说选为什么选得那样少？’……每当这种时刻，夫人张兆和总是以眼色、微小的动作，暗示沈从文‘三缄其口’。这种微妙的局势，自然被编辑们感知了。”沈从文往往陷入跛者不忘其履的情难自禁，理智的张兆和的确是个好政委，不仅善于把握时机和节奏，更善于把握方向。

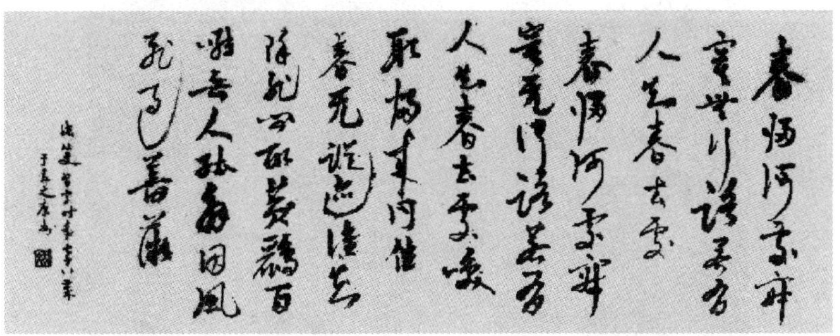

1980 年沈从文访美时为张充和夫妇所写北宋黄庭坚《清平乐》：“春归何处？寂寞无行路。若有人知春去处，唤取归来同住。春无踪迹谁知？除非问取黄鹂。百啭无人能解，因风飞过蔷薇。”

李辉记录自己拜访沈从文的若干细节中，有一次特别能够体现他们之间的这种配合。沈从文大病一场后行动不便，张兆和让他坚持锻炼，每天须在小客厅特地留出的一米多长的空地上走五个来回。刚走了两次，沈从文便问：“够了吧？”张兆和让他不许偷懒，他笑了，接着走了一个来回，说：“这是第四次了吧？”张兆和马上说：“别骗人，刚刚三次。每次都想哄人。”在这种严格监督下，他又走了两圈，最后一个来回，他不等走到头便迫不及待地长吁一口气：“唉，完了吧？”招来的是张兆和的责备：“你总爱偷工减料。”他不反驳，有点调皮地看着她。随即，二人开怀笑了。沈从文对自己的婚姻非常满意，他说：“对于这件事，我却认为是意志和理性作成的。恰如我用笔写成的故事，内容虽近于传奇，但由我看来，都产生在一种计划中。”在政治风浪滔天袭来的时候，他的意志可能脆弱；对于至爱的人，他用理性维护了一生。

1988年5月10日，庐隐的女儿女婿是沈从文去世前最后见面的来访者，他们询问母亲的过往，沈从文道及往事心情激动遂引发心脏病。晚上6点，他对张兆和说："我不行了。"在曾与沈从文九妹有过一段感情的刘祖春记忆中，沈从文临终前说的是："对不起三姐。"

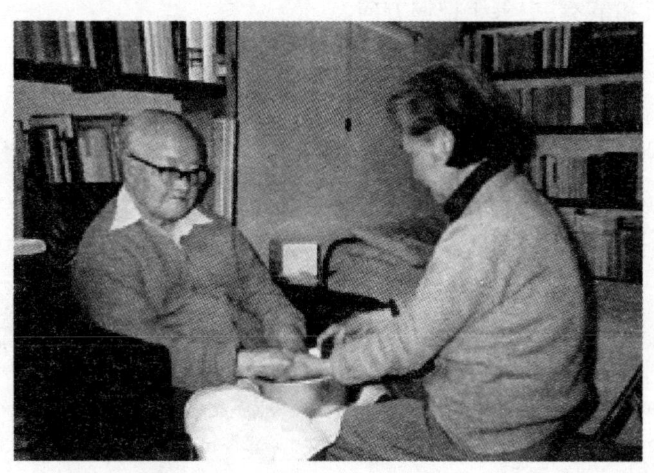

张兆和为病中的沈从文洗手

沈从文有一句名言："我们相爱一生，但一生还是太短。"出自沈从文在西南联大时期的学生林蒲，林蒲在20世纪80年代初回忆文章中写道，当年在联大课堂上有学生问到沈从文对文献的态度，沈从文以此句作答。把这句话转作他和张兆和一生情感的评语，也异常贴切。他们共同生活了55年，从1933年9月9日到1988年5月10日，其间曾经流徙万里或遥隔山水，老来相依，还是在共结同心的北京。他们相爱一生，一生还是太短。

沈从文去世一月后，6月18日，巴金致张兆和信末尾写道："这些年您太辛苦了。从文在困难的时候一直得到您的照顾，这是他的幸福。没有您，他后半生会遇到更多的困难，也不一定取得这么大的成就。因此作为读者，作为朋友，我都要感谢您。再说一句：请保重。"

张兆和承受着沈从文去世后的悲伤，曾经对二姐张允和说："过去在他五年的病中，我时时刻刻在他身边。他一时不见我就叫唤，我总飞快地回到他身边。”她说她有空了，一定要写沈从文的最后五年。

张兆和更大的魄力和毅力显示在沈从文去世之后，那就是编辑整理《沈从文全集》，这种工作应该从20世纪80年代文坛风气改变的时候就开始了。吴小如在张兆和去世后写的纪念文章中提到：1981年他到崇文门内新侨饭店旁边一座小楼上去谒见沈从文，畅谈良久。临别时准备再问候一下师母张兆和，沈从文说：“你师母正在帮我看书稿校样，不要去打扰她了，我替你说一声吧。”在沈从文去世后的十多年里，来访者总是看到几只书架上都放有沈从文晚年的照片，从不同的视角上都能看见，满满都是各种文集和单行本，光是搜集刊本和整理文稿这些工作就耗尽了她的晚年，沈从文的最后五年始终没有写出来，她的生命融入了沈从文的生前身后。

1992年5月，张兆和全家人送沈从文骨灰回湘西凤凰，站在沱江虹桥上，一半骨灰已埋入墓，目送另一半骨灰由儿子和孙女从小船上撒入流水，伴随骨灰的，是她积攒了四年的花瓣。孙女沈红说，爷爷在，奶奶尽心尽力照顾爷爷，爷爷不在了，奶奶才有时间莳弄花草。花草的名字取自沈从文书里那些可爱女孩。沈红的笔触带有沈从文的风范，绵密而安详：“落下的花瓣斑斑驳驳，小心收起来烘焙，花开时一种神气，花干时另一种样子。最出色的是玫瑰和小苍兰，焙干后鲜亮不衰败，雅致不萎靡，脆脆有声。”虽然没有沈从文最爱听的贝多芬交响乐，涛涛水声和沱江畔依然飘扬的傩鼓声足可替代，那是沈从文一听见就为之泪流的楚声。与此相应的是《收获》在此期间发表了《湘行书简》，是张兆和对沈从文的别一种纪念方式吧。

1993年，岳麓书社推出了20卷本《沈从文别集》，由张兆和亲自策划并编订成书。每本书前附有她写的《总序》，说明编选这套书是沈从文的遗愿。香港三联和广东花城出版社联合推出的12卷本《沈从文文集》未收《记丁玲》，《别集》也选入了。张兆和希望世人见到一个完整的作家沈从文，这套《别集》是最终由北岳文艺出版社推出的32卷本《沈从文全集》的先声。沈从文有幸迎来被世界承认的时代，他更有幸的是最终有张兆和对他的一生心血完成整理，因为他生前说过多次："一个作家的成就要看他拿出来的作品，而不是依靠帮派的活动。"

2002年，沈从文百年诞辰纪念的前几日，李辉去看望张兆和。已经92岁高龄的她思维不再明晰，记忆也变得模糊，只能与人进行简单的对话。李辉指着一张沈从文的肖像问她："认识吗？"她回答："好像见过。"又说："我肯定认识他。"2002年5月《全集》开始出版，似乎心愿达成也心血耗尽，2003年2月16日，张兆和去世。

在诸多纪念文章中，笔者觉得吴小如20卷本《〈沈从文别集〉：伉俪情笃的见证》结尾最为符合这对夫妇的情感内涵："在从文师逝世后的十几年里，兆和师母几乎无时无刻不在想着从文师的未竟之业，并为搜求整理从文师散佚的遗著耗尽了心血。这才是真正的伉俪知己。如今两位老人又在泉下携手重逢，从文师如果知道这套《别集》是兆和师母用心血凝成的结晶，并永为后人留下了不朽的遗泽，亦当感到欣慰，彼此相视而莞尔一笑吧！"

沈从文、张兆和晚年合影

后　记

胡适曾经写过："有一种花儿，叫海棠花儿；有一种范儿，叫民国范儿。"

到底什么是民国范儿？三两页纸怕难说得清。最好的办法是去读当时留下的文字，那要比多次批发转销的轶事可靠。

沈从文的价值，今天也难以定论。不过，他和众多贯穿了一个世纪中国的人物相交相知，或始终不渝或渐行渐远，是理解这个作家的重要侧面，也是理解民国范儿的一个窗口。

本书所涉的文人交游发生于现代中国剧烈动荡的时期，迁徙对文人群落乃至现代文化生态的构成性作用是不言而喻的。所谓民国范儿，也是这种迁徙、交往、融合、交撞的产物。正因为此，关涉 1949 年之前的较多，照片与墨迹尽量采用黑白底色，力求与行文照应。

鉴于沈从文与徐志摩、胡适、杨振声等人往来交错，行文时采用了互见法，以免繁冗。其实这也是叙述历史的必要手段，从不同侧面和事件可以见出某种真实。对于不同当事人的各自言说，或者同一当事人不同时期的各异说法，则尽可能综合客观地参照具体情境予以解读。

历史是被叙述出来的，本书也不例外，作者只能尽量采用书信日记中的文字，毕竟这些文字的私密性更强些，也更真实些。

王　力

2015 年元旦